应用型院校财会类专业核心课程规划教材
"互联网+"融媒体系列教材

会计信息化实验
——基于新道 U8+V15.0

主　编　郑秀丽
副主编　王建平　孔令一

图书在版编目(CIP)数据

会计信息化实验：基于新道 U8＋V15.0/郑秀丽主编.
上海：立信会计出版社，2025.2. -- ISBN 978-7-5429-
7763-2
Ⅰ．F232
中国国家版本馆 CIP 数据核字第 2024V9X413 号

策划编辑　　郭　光　张忠秀
责任编辑　　郭　光
助理编辑　　郑文婧
美术编辑　　吴博闻

会计信息化实验——基于新道 U8＋V15.0
KUAIJI XINXIHUA SHIYAN

出版发行	立信会计出版社			
地　　址	上海市中山西路 2230 号	邮政编码	200235	
电　　话	(021)64411389	传　真	(021)64411325	
网　　址	www.lixinph.com	电子邮箱	lixinaph2019@126.com	
网上书店	http://lixin.jd.com	http://lxkjcbs.tmall.com		
经　　销	各地新华书店			
印　　刷	浙江临安曙光印务有限公司			
开　　本	787 毫米×1092 毫米	1/16		
印　　张	16			
字　　数	286 千字			
版　　次	2025 年 2 月第 1 版			
印　　次	2025 年 2 月第 1 次			
书　　号	ISBN 978-7-5429-7763-2/F			
定　　价	49.00 元			

如有印订差错，请与本社联系调换

前言

随着现代信息技术和网络技术的日益普及,越来越多企业的会计工作从手工环境转向计算机环境。用友、金蝶等会计软件的应用也越来越广泛,对传统会计操作实务产生了巨大的影响。因此,读者既需要学习会计理论知识,也需要掌握计算机环境下的会计核算方法并进行实践操作。本书的编写基于强化读者会计信息化操作技能,完成会计从理论到实践的应用,从而达到培养应用型、技能型、复合型会计人才的目标。

本书共分为四篇:第一篇为实验基础,主要讲解实验目的、实验要求、实验方式、实验课时安排以及新道U8+V15.0系统的安装使用说明;第二篇为业务操作指导,以烟台兴茂机械制造有限公司2023年12月份发生的经济业务为主线,结合新道U8+V15.0系统的操作特点及实验培养目标,设计了7个递进式的实验任务,完成了从账簿的启用、记账凭证的填制与审核、登记账簿到财务报表编制各个会计核算环节的指导工作;第三篇为会计信息化综合实验,以《会计综合模拟实验(工业篇)》中的业务内容为依据,将手工实验环节的操作在新道U8+V15.0系统中完成;第四篇为会计信息化发展及规范,介绍新技术对会计信息化发展的影响及企业会计信息化规范性文件。

本书主要特色有:

(1) 一致性。章节设置与《会计综合模拟实验(工业篇)》相契合,实验操作环节与手工会计核算的环节相一致,便于进行手工会计与信息化会计的对比。

(2) 可操作性。操作步骤讲解详尽,对每一个业务环节都设置了操作案例,并采用图文结合的方式展示和讲解操作流程,内容简单清晰,增强了会计信息化系统的易学性与易用性。

(3) 新颖性。实验内容依据最新的《企业会计准则》编制。具体表现为以下三个方面:一是本书详细介绍了如何将系统中预置会计科目体系调整为新修版工业企业会计科目体系,同时,财务报表格式及报表项目计算公式的设置也采用大量篇幅进行详细的讲解;二是本书针对操作性较强的环节,配套录制了操作演示微课,以便学习;三是编者在总结日常教学经验的基础上结合相关科研文献总结出了五种错账更正方法,适用于不同环节的错账更正。

(4) 编者都是从事会计信息化教学的一线教师,根据多年的教学实践经验对每一个操作步骤的易错点和注意事项进行了总结凝练,能够帮助读者迅速掌握新道 U8＋V15.0 系统的操作技巧。

本书可与孔令一、朱淑梅主编的《会计综合模拟实验(工业篇)》同步配套使用,也可单独作为会计信息化实验用书。本书适用于会计学、财务管理、审计学专业学生学习。

本书由郑秀丽担任主编,王建平、孔令一担任副主编,王一平、蒲宁、刘燕、孔祥敏等参与编写,书中蕴含了一线教师们在教学实践中的心得和宝贵经验。编者衷心希望本书能为读者在会计信息化学习道路上提供帮助。

由于编者水平有限,本书难免存在不足之处,恳请各位读者批评指正,以便及时对本书修订和完善。

编　者

2025 年 2 月

目 录

第一篇 实验基础

项目一 实验课程设计 ⋯⋯⋯⋯⋯⋯⋯⋯⋯⋯⋯⋯⋯⋯⋯⋯⋯⋯⋯⋯⋯⋯⋯ 2
 一、实验目的 ⋯⋯⋯⋯⋯⋯⋯⋯⋯⋯⋯⋯⋯⋯⋯⋯⋯⋯⋯⋯⋯⋯⋯⋯⋯⋯ 2
 二、实验要求与培养目标 ⋯⋯⋯⋯⋯⋯⋯⋯⋯⋯⋯⋯⋯⋯⋯⋯⋯⋯⋯⋯⋯ 2
 三、实验方式 ⋯⋯⋯⋯⋯⋯⋯⋯⋯⋯⋯⋯⋯⋯⋯⋯⋯⋯⋯⋯⋯⋯⋯⋯⋯⋯ 2
 四、实验环境与实验准备 ⋯⋯⋯⋯⋯⋯⋯⋯⋯⋯⋯⋯⋯⋯⋯⋯⋯⋯⋯⋯⋯ 3

项目二 新道 U8＋V15.0 系统的安装 ⋯⋯⋯⋯⋯⋯⋯⋯⋯⋯⋯⋯⋯⋯⋯⋯⋯ 4
 一、安装要求 ⋯⋯⋯⋯⋯⋯⋯⋯⋯⋯⋯⋯⋯⋯⋯⋯⋯⋯⋯⋯⋯⋯⋯⋯⋯⋯ 4
 二、安装过程 ⋯⋯⋯⋯⋯⋯⋯⋯⋯⋯⋯⋯⋯⋯⋯⋯⋯⋯⋯⋯⋯⋯⋯⋯⋯⋯ 5
 三、登录问题解决办法 ⋯⋯⋯⋯⋯⋯⋯⋯⋯⋯⋯⋯⋯⋯⋯⋯⋯⋯⋯⋯⋯⋯ 13

第二篇 业务操作指导

项目三 期初建账 ⋯⋯⋯⋯⋯⋯⋯⋯⋯⋯⋯⋯⋯⋯⋯⋯⋯⋯⋯⋯⋯⋯⋯⋯⋯ 18
 一、实验目的 ⋯⋯⋯⋯⋯⋯⋯⋯⋯⋯⋯⋯⋯⋯⋯⋯⋯⋯⋯⋯⋯⋯⋯⋯⋯⋯ 18
 二、实验内容 ⋯⋯⋯⋯⋯⋯⋯⋯⋯⋯⋯⋯⋯⋯⋯⋯⋯⋯⋯⋯⋯⋯⋯⋯⋯⋯ 18
 三、实验准备 ⋯⋯⋯⋯⋯⋯⋯⋯⋯⋯⋯⋯⋯⋯⋯⋯⋯⋯⋯⋯⋯⋯⋯⋯⋯⋯ 18
 四、实验资料 ⋯⋯⋯⋯⋯⋯⋯⋯⋯⋯⋯⋯⋯⋯⋯⋯⋯⋯⋯⋯⋯⋯⋯⋯⋯⋯ 18
 五、实验操作指导 ⋯⋯⋯⋯⋯⋯⋯⋯⋯⋯⋯⋯⋯⋯⋯⋯⋯⋯⋯⋯⋯⋯⋯⋯ 20

项目四 企业基本信息管理 ⋯⋯⋯⋯⋯⋯⋯⋯⋯⋯⋯⋯⋯⋯⋯⋯⋯⋯⋯⋯⋯ 34
 一、实验目的 ⋯⋯⋯⋯⋯⋯⋯⋯⋯⋯⋯⋯⋯⋯⋯⋯⋯⋯⋯⋯⋯⋯⋯⋯⋯⋯ 34
 二、实验内容 ⋯⋯⋯⋯⋯⋯⋯⋯⋯⋯⋯⋯⋯⋯⋯⋯⋯⋯⋯⋯⋯⋯⋯⋯⋯⋯ 34
 三、实验准备 ⋯⋯⋯⋯⋯⋯⋯⋯⋯⋯⋯⋯⋯⋯⋯⋯⋯⋯⋯⋯⋯⋯⋯⋯⋯⋯ 34

四、实验资料 ··· 34

五、实验操作指导 ··· 46

项目五 记账凭证的填制与审核 ··· 61

一、实验目的 ··· 61

二、实验内容 ··· 61

三、实验准备 ··· 61

四、实验资料 ··· 61

五、实验操作指导 ··· 61

项目六 登记账簿 ··· 73

一、实验目的 ··· 73

二、实验内容 ··· 73

三、实验准备 ··· 73

四、实验资料 ··· 73

五、实验操作指导 ··· 74

项目七 期末结账 ··· 90

一、实验目的 ··· 90

二、实验内容 ··· 90

三、实验准备 ··· 90

四、实验资料 ··· 90

五、实验操作指导 ··· 91

项目八 错账更正 ·· 102

一、实验目的 ·· 102

二、实验内容 ·· 102

三、实验准备 ·· 102

四、实验资料 ·· 102

五、实验操作指导 ·· 103

项目九　财务报表编制 ·· 117
　　一、实验目的 ·· 117
　　二、实验内容 ·· 117
　　三、实验准备 ·· 117
　　四、实验资料 ·· 117
　　五、实验操作指导 ·· 123

第三篇　会计信息化综合实验

项目十　综合实验 ·· 152
　　一、实验目的 ·· 152
　　二、实验内容 ·· 152
　　三、实验准备 ·· 152
　　四、实验资料 ·· 153
　　五、实验操作指导 ·· 173

第四篇　会计信息化发展及规范

项目十一　会计信息化发展趋势 ·· 222
　　一、会计信息化发展趋势分析 ·· 222
　　二、新技术助力会计信息化处理流程自动化 ···························· 224
　　三、区块链技术在会计信息化中的应用 ································ 227
　　四、ERP 系统实现企业内部与外部信息的集成 ·························· 231

项目十二　企业会计信息化规范性文件 ···································· 235
　　一、会计信息化发展规划（2021—2025 年） ···························· 235
　　二、企业会计信息化工作规范 ·· 235
　　三、会计行业人才发展规划（2021—2025 年） ·························· 235

附录一　需要增加或修改的会计科目信息 ·································· 237

附录二　会计信息化实验报告 ·· 245

第一篇　实验基础

本篇内容为实验操作前的准备部分,主要包括实验课程设计与新道 U8+V15.0 系统的安装两个项目。项目一介绍了实验目的、实验要求与培养目标、实验方式、实验环境与材料准备四部分内容;项目二从安装要求、安装过程、登录问题解决办法三部分内容介绍了如何安装新道 U8+V15.0 系统及安装过程中的注意事项。

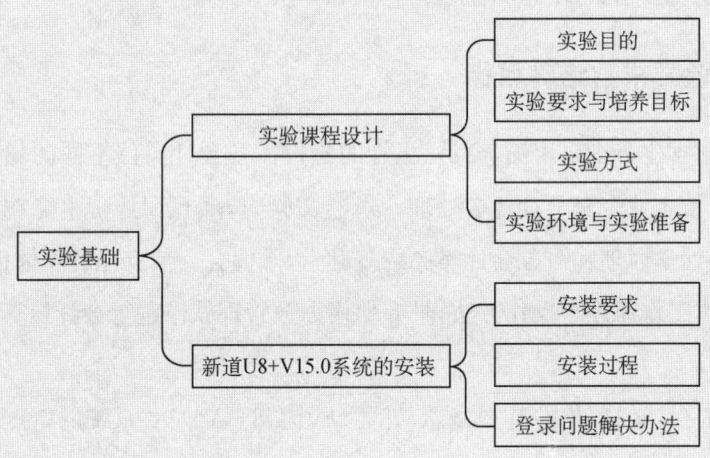

项目一　实验课程设计

一、实验目的

通过实验内容的学习,学生能系统、全面地掌握会计软件的工作流程、操作步骤和操作技巧,实现计算机与经济活动的结合,达到利用计算机进行会计处理的目的。将会计信息化实验结果与手工会计所产生的会计处理结果进行比较,可以提升学生将所学理论知识应用于会计信息化工作实践的能力。同时,学生通过实验操作可以体验企业财务工作的真实情景,增强岗位责任意识和团队协作精神。

二、实验要求与培养目标

实验要求学生分别以出纳、会计、主管的身份按各会计岗位不同的权限进行实验操作,完成模拟企业全套会计业务处理。通过实验内容的学习,学生能在已有计算机基础知识、会计学原理和财务会计实务的基础上,掌握会计信息化的总体概念、财务管理软件的基本工作原理与操作方法,具有使用财务管理软件进行会计核算与管理的能力。具体包括:

（1）了解会计信息化的基本概念,熟悉新道 U8＋V15.0 系统的特点及其基本工作原理。

（2）掌握计算机账务处理、会计报表的主要内容、工作流程和操作方法,具有使用计算机进行会计核算的能力。

（3）掌握期初建账,填制、审核记账凭证,登记账簿,编制财务报表的基本原理和方法。

三、实验方式

运用财务管理软件真实模拟一个企业财务电算化环境下的会计工作场景,按照企业真实财务工作岗位设定角色及其权限,由学生独立或分小组完成企业一个会计周期的全部会计业务处理并生成会计报表。

四、实验环境与实验准备

(一) 实验环境

会计信息化实验需要在机房中进行,运用财务管理软件真实模拟企业财务部门的工作环境,各岗位按照各自的职责和权限对企业的财务数据进行操作,在计算机环境下进行实验。

(二) 实验准备

在实验开始前,需要做好以下准备工作:

(1) 选择并安装财务管理软件(本书以新道 U8+V15.0 系统为例)。

(2) 准备实验的基础数据资料,即模拟企业的基本信息、财务数据和财务制度。

项目二　新道 U8＋V15.0 系统的安装

一、安装要求

（一）操作系统

（1）安装操作系统及其关键补丁：Windows 10（SP1 或更高版本补丁）、Windows 2008 R2（SP1 或更高版本补丁）。

（2）使用 Windows Update 对其他所有微软补丁进行更新（推荐）。

（3）英文和繁体操作系统：必须安装简体中文语言包（通过 Windows 安装盘进行安装）才能正常使用新道 U8＋V15.0 系统。

新道 U8＋V15.0 系统全面支持 64 位环境，推荐安装和使用服务器端产品（包括应用服务器和数据库服务器）。安装之前，需要先安装新道 U8＋V15.0 系统所需要的基础环境补丁和缺省组件。

如果在 Vista、Windows 2008、Windows 7、Windows 2008 R2 等操作系统上安装新道 U8＋V15.0，建议配置 2G 以上内存。

（二）数据库

（1）如果安装数据库服务器，请先安装数据库，新道 U8＋V15.0 系统支持以下 SQL Server 数据库版本：SQL 2000（包括 MSDE）SP4（及更高版本补丁）、SQL 2005（包括 Express）SP2（及更高版本补丁）、SQL 2008（SP1 或更高版本补丁）、SQL 2008 R2。

（2）SQL Server 的安装方法请参照 SQL Server 的安装帮助。

（3）简体中文数据库默认安装即可。

（4）在繁体和英文操作系统上安装相应语言的数据库时，请选择"自定义安装"，"服务器排序规则"设置为简体中文（PRC），安装成功后显示为："Chinese_PRC_CI_AS"，一旦安装完毕，此设置不可修改，只能在安装数据库时进行选择。

（5）在繁体和英文操作系统上安装数据库后，必须先将操作系统的默认语言修改为简体中文（PRC），否则将导致新道 U8＋V15.0 系统数据库服务器无法使用。

（6）支持数据库的多实例使用，但前提条件为必须有默认实例（包括对应的关键补丁),否则将导致安装新道 U8＋V15.0 系统数据库服务器失败。

（7）SQL Server 服务器的登录身份必须要设置为"本地系统账户(local system)"或属于本机管理员组的用户,否则将导致无法正确创建 U8 账套。

（8）SQL Server 服务器的身份验证模式请选择"混合模式"选项,并设置管理员 SA 的账号密码。

（三）浏览器

支持微软 IE 浏览器 IE 6.0＋SP1 和以上版本(IE 7、IE 8、IE 9)使用新道 U8＋V15.0 系统的 Web 产品。

二、安装过程

（1）打开光盘目录,双击"Setup.exe"文件,运行新道 U8＋V15.0 系统的安装程序,进入安装欢迎界面,可以选择"安装手册""下一步""取消"操作,如图 2-1 所示。

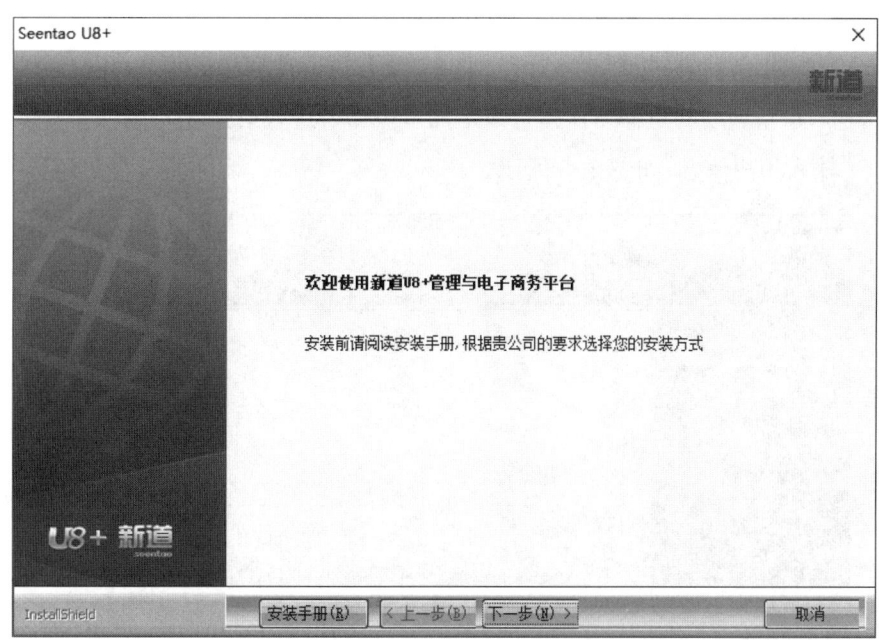

图 2-1　阅读安装手册

（2）确认勾选"我接受许可协议和隐私政策"复选框,如图 2-2 所示。

（3）检测是否存在历史版本的 U8 系列产品。

（4）如果检测到已经安装有 U8 系列产品,系统将提示并开始清理历史版本残留内容(清理 MSI 安装包时间较长,请耐心等待)。

如果因为安装过程(包括卸载、修改或修复过程)异常中断导致失败,系统会在清

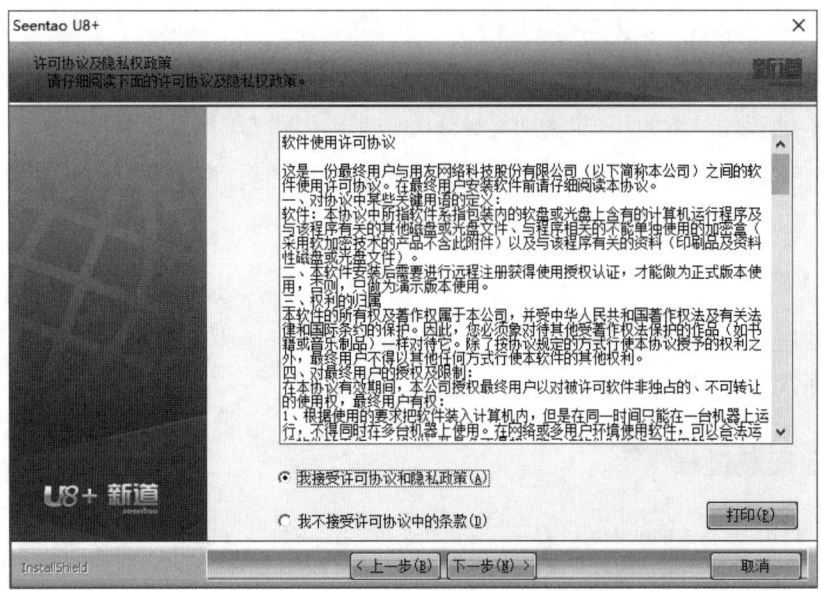

图 2-2　许可证协议

理完毕后提示重新启动,按照提示操作即可。没有执行此操作的情况,系统会直接进入第(5)步,重新启动的机器再次执行以上四步操作后进入第(5)步。

(5) 输入用户信息,如图 2-3 所示。

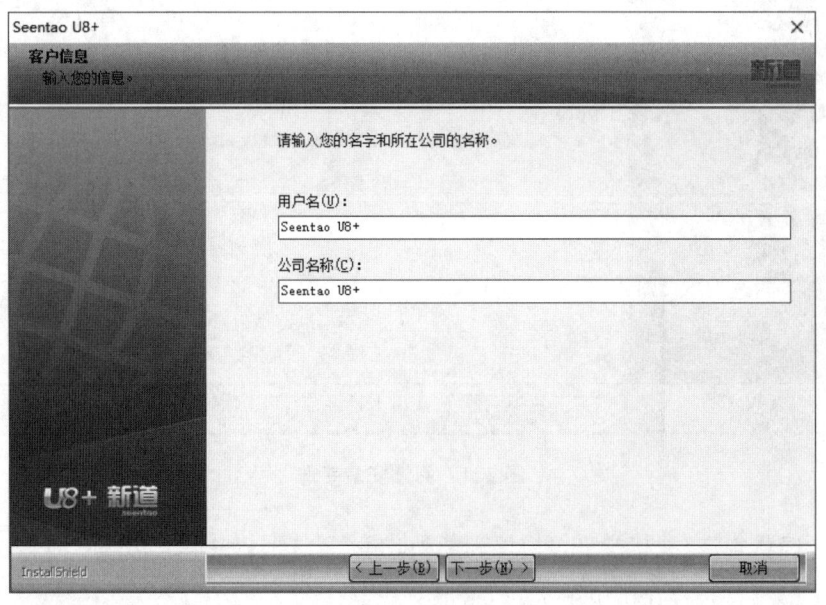

图 2-3　输入用户信息

(6) 选择安装路径,安装路径默认为"D:\U8SOFT",并设置不允许安装在根目录下,如图 2-4 所示。

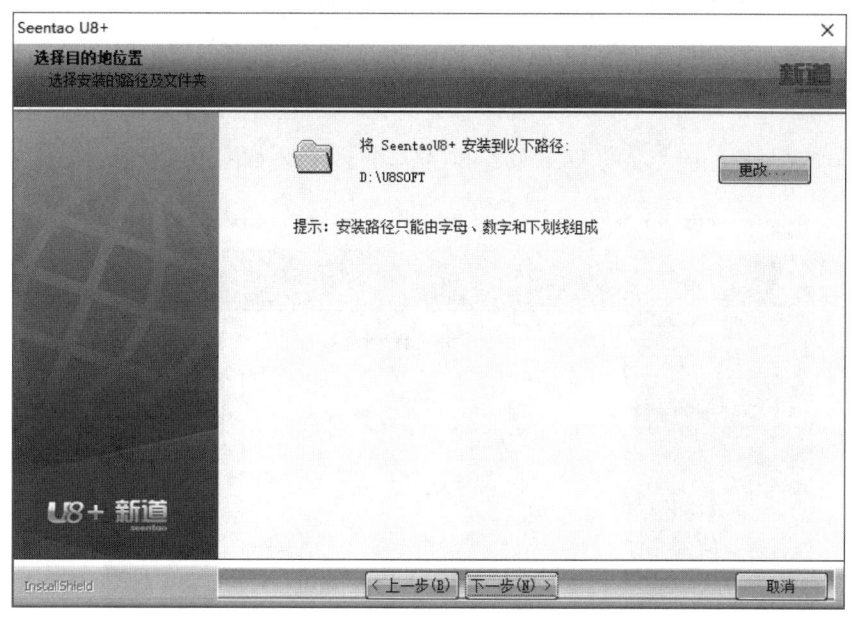

图 2-4　选择安装路径

（7）可以选择的安装类型有"全产品""服务器""客户端""自定义"四种，如图 2-5 所示。除了"全产品"，其他类型的安装都可以自行选择需要安装的产品内容，并根据选择计算需要的空间和可用空间。

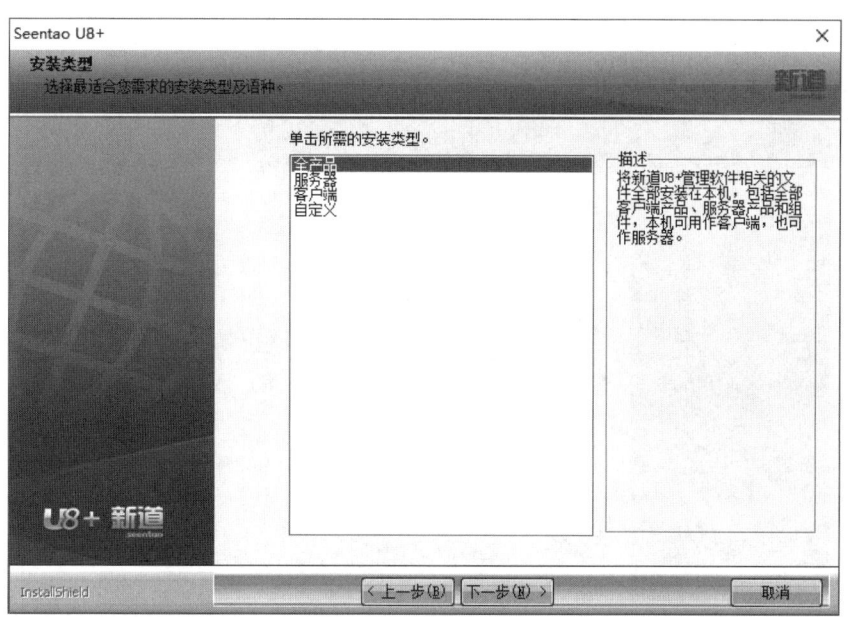

图 2-5　选择安装类型

全产品:安装全部客户端产品、服务器产品和组件。

服务器:可以选择"应用服务器""文件服务器""加密服务器""数据服务器"进行安装。"应用服务器"下的"基础服务"包括C/S所有产品的应用服务器和B/S的基本服务器,其他产品是指相应产品的Web服务器,推荐全部选择,如图2-6所示。

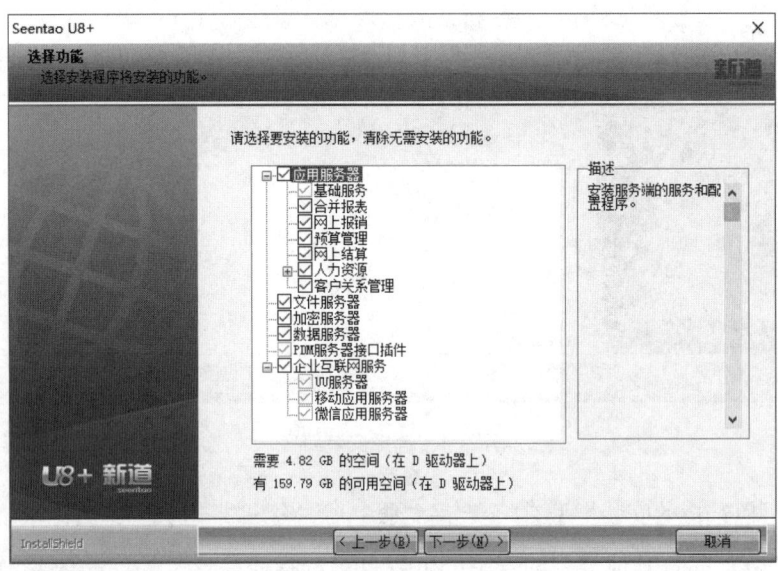

图 2-6　选择服务器安装功能

客户端:按产品组—产品细分,可选择产品进行安装,如图2-7所示。

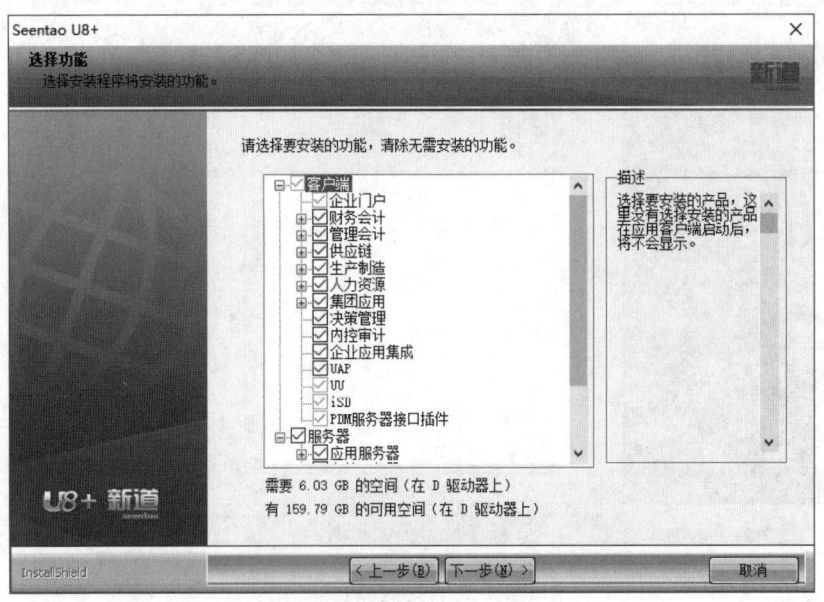

图 2-7　选择客户端安装功能

需要注意的是,如果只安装供应链客户端,供应链产品(包括库存、销售、采购、委外、进口、出口、质量、售前等)中与生产制造相关的功能将不能使用,需要同时安装生产制造客户端才能使用这些功能。

自定义:包含客户端和服务器的所有产品和组件,以及新道 U8＋V15.0 系统实施与维护工具,可选择进行安装,如图 2-8 所示。

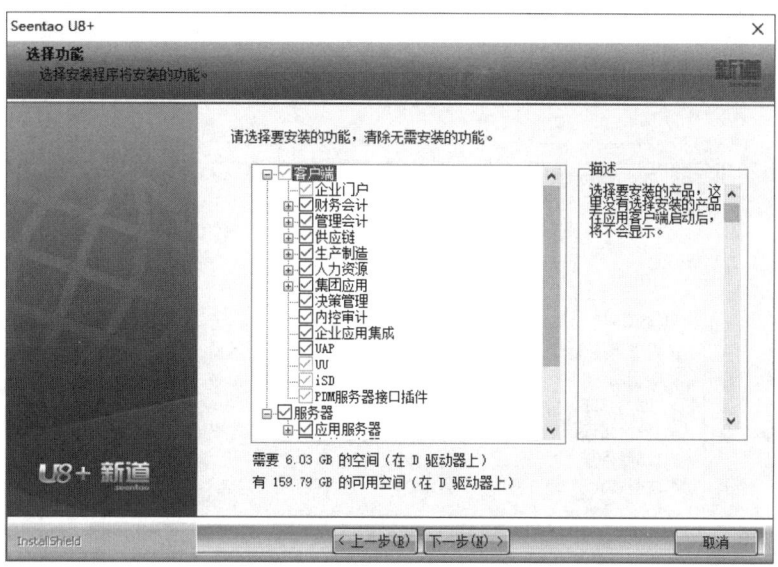

图 2-8　选择自定义安装功能

(8) 环境检测:根据上一步选择的安装类型及其子项检测环境的适配性,如图 2-9

图 2-9　环境检测

所示。当"基础环境"和"缺省组件"都满足要求后,单击"确定"按钮进入下一步,如图 2-10 所示。记事本可以保存检查结果,记事本自动打开并显示系统环境检查结果("基础环境"需要手工进行安装,"缺省组件"可以通过"安装缺省组件"自动安装,也可以选择手动安装,"可选组件"可以根据需要选择安装)。

"缺省组件"中的项目"DHML Editing Component"只在 Windows Vista 及以上操作系统上需要检测。

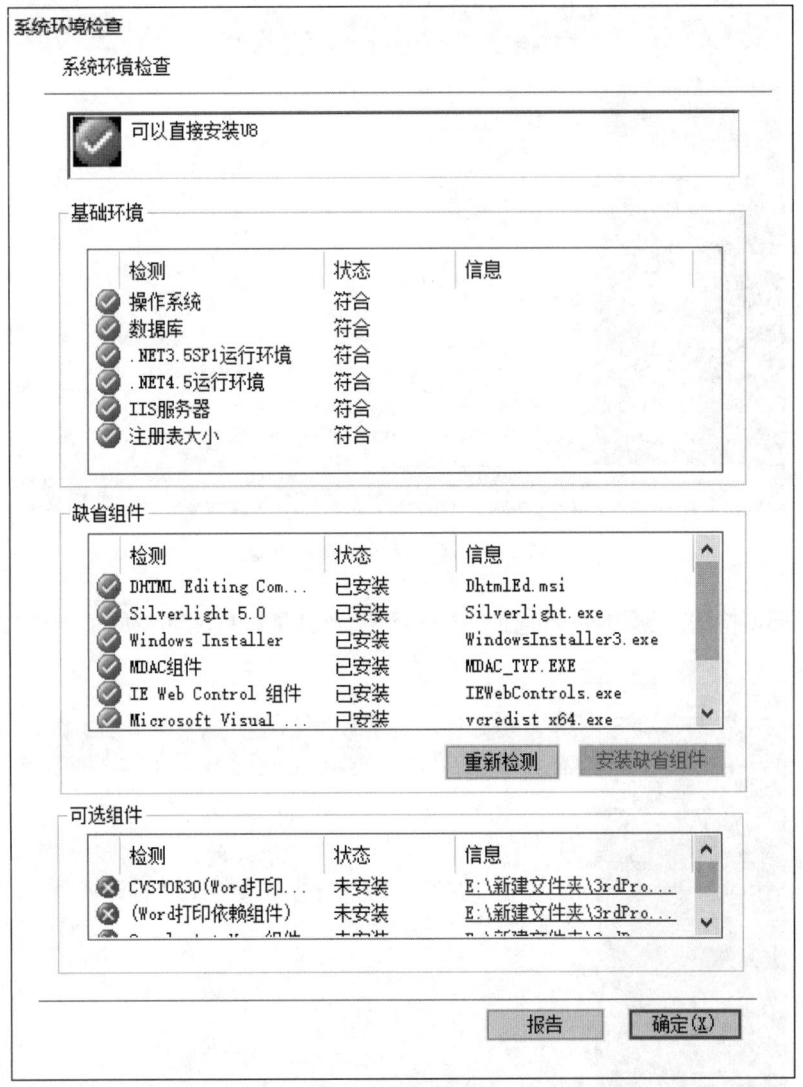

图 2-10　系统环境检查

(9)记录日志:可以勾选"是否记录详细安装日志"单选框,默认不勾选;勾选将延长一定的安装时间并占用部分磁盘空间,正常情况下不推荐使用,如图 2-11 所示。

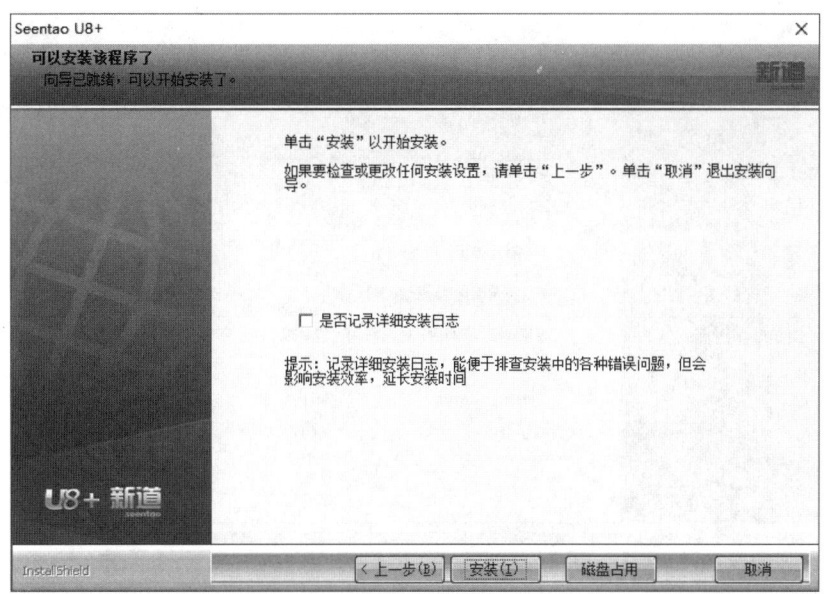

图 2-11 向导已就绪

(10) 开始安装,如图 2-12 所示。

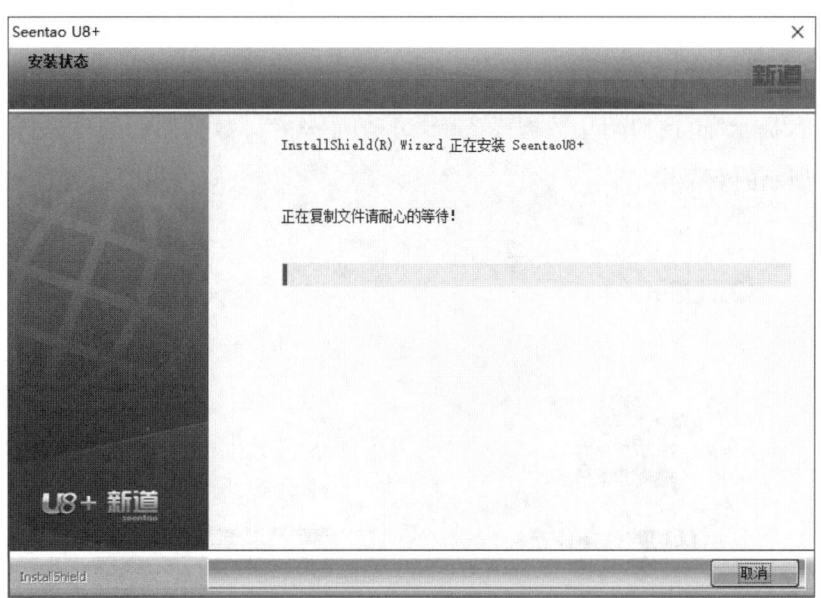

图 2-12 正在安装

(11) 安装完成,重新启动计算机,如图 2-13 所示。

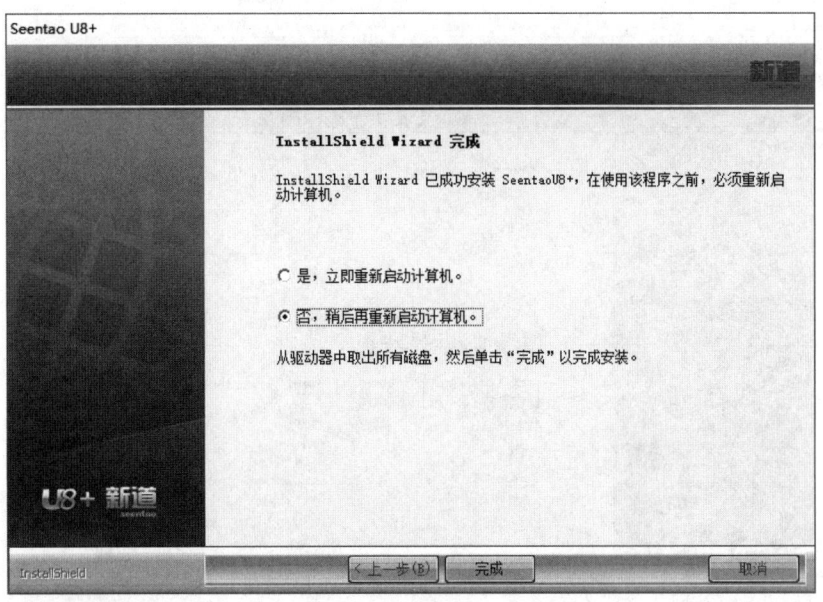

图 2-13　安装完成

（12）系统重新启动后，出现"正在完成最后的配置"提示信息。在该界面输入数据库名称（本地计算机名称），SA 口令为空（安装 SQL Server 2000 时设置为空），单击"测试连接"按钮，若正确，系统出现连接成功的提示信息。

（13）连接测试成功后，单击"完成"按钮，系统提示"是否初始化数据库"，单击"是"按钮，提示"正在初始化数据库实例，请稍后……"。数据库初始化完成，出现如图 2-14 所示的登录窗口。

图 2-14　登录窗口

三、登录问题解决办法

"登录"窗口未出现登录的服务器名称和"default"账套的解决办法如下:

(1) 检查数据服务器、应用服务器、加密服务器和多个客户端是否按照"安装步骤"所述的方法安装好。

(2) 客户端启动企业应用平台后,出现登录窗口,请在"登录到"输入框输入应用服务器的机器名或 IP 地址,如图 2-15 所示。

图 2-15　登录窗口

(3) 配置应用服务器"数据库服务器":

在应用服务器上执行"开始菜单"—"程序"—"新道 U8＋V15.0"—"系统服务"—"应用服务器配置"命令,弹出"U8 应用服务器配置工具"窗口,如图 2-16 所示。

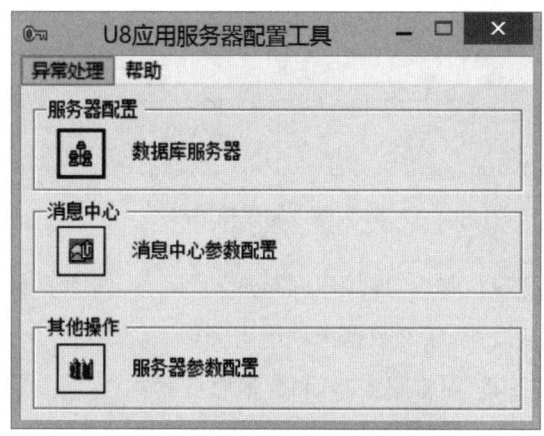

图 2-16　U8 应用服务器配置工具

单击"数据库服务器"页签,出现"数据源配置"窗口,如图 2-17 所示。

图 2-17 数据源配置

单击"增加"按钮,进入"新建数据源"窗口。在"数据源"输入框填入数据源的名称"default",在"数据库服务器"输入框填入数据库的机器名或 IP 地址,在"密码"输入框填入数据库管理员"SA"的口令,如图 2-18 所示。

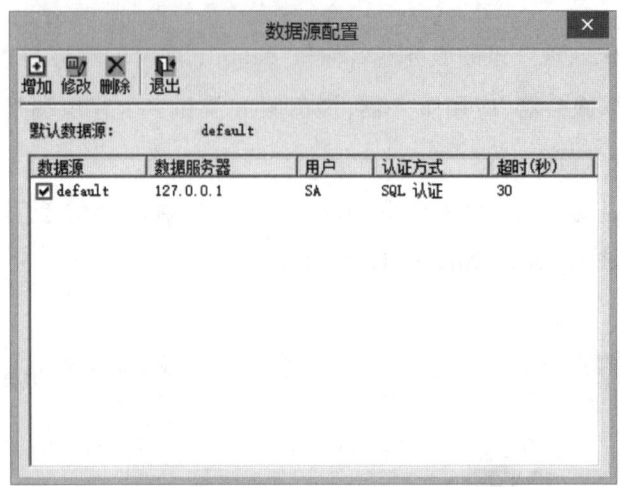

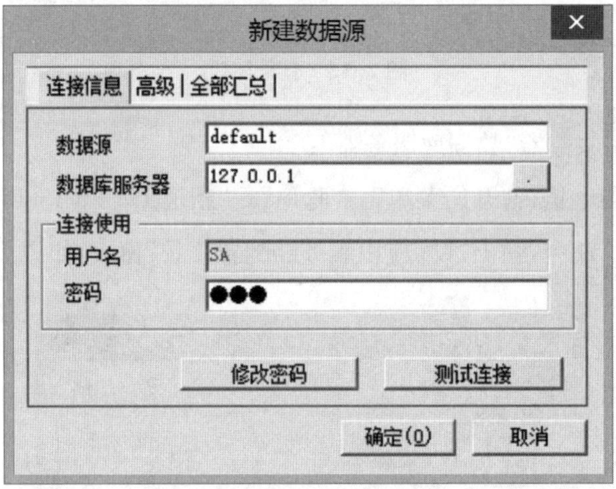

图 2-18 新建数据源

单击"测试连接"按钮,弹出"连接串测试成功"窗口,如图 2-19 所示,说明数据源配置正确,单击"确定"按钮,新的数据源就配置完成。

(4) 配置应用服务器"加密服务器"和其他服务器:

在"U8 应用服务器配置工具"窗口单击"服务器参数配置"页签。

图 2-19　连接串测试成功

进入"服务器参数配置"窗口,在相应的位置填写加密服务器的机器名称或 IP 地址,如图 2-20 所示。

图 2-20　服务器参数配置

如有短信服务,在"U8 应用服务器配置工具"窗口,单击"消息中心参数配置"页签,打开"U8消息中心设置"窗口,设置短信和邮件服务参数,如图 2-21 所示。

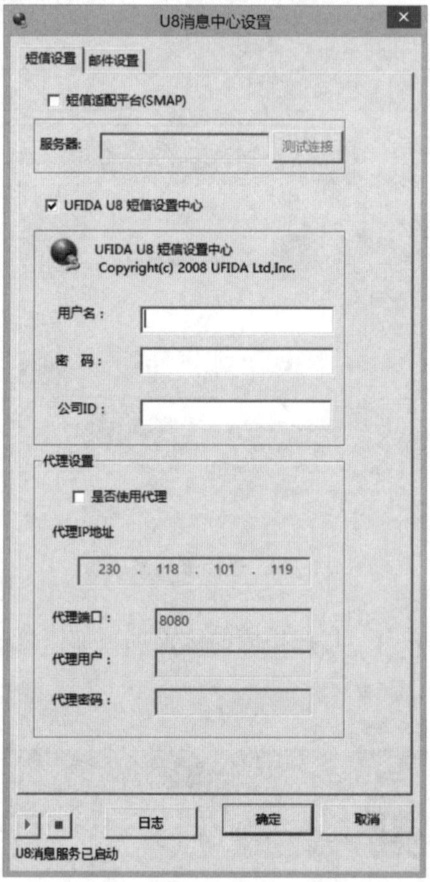

图 2-21　U8 消息中心设置

关闭窗口,系统会自动保存设置。

(5) 执行"开始菜单"—"程序"—"新道 U8＋V15.0"—"系统服务"—"系统管理"命令,打开"系统管理"窗口,选择"系统"—"注册",打开"登录"窗口,登录系统。

第二篇　业务操作指导

本篇内容为会计信息化分模块递进式操作练习部分,包括期初建账、企业基本信息管理、记账凭证的填制与审核、登记账簿、期末结账、错账更正、财务报表编制七个项目。

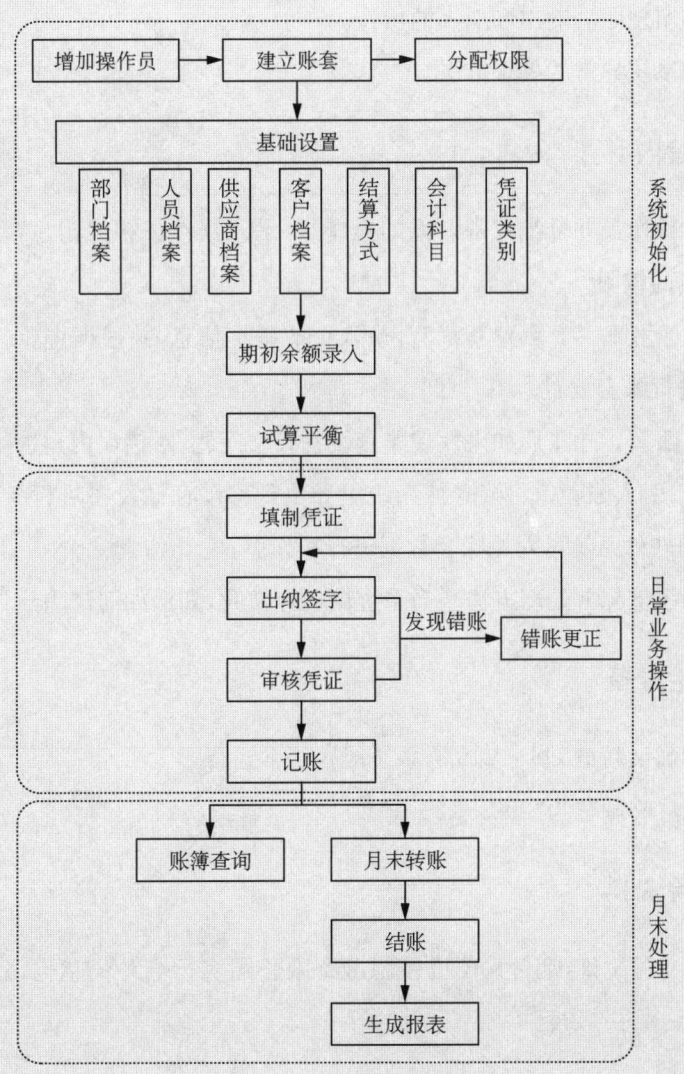

项目三　期初建账

一、实验目的

(1) 理解新道 U8＋V15.0 系统中系统管理模块的主要功能。

(2) 能够完成操作员的增加和操作员权限分配的操作。

(3) 能够进行企业账套的建立和修改。

(4) 能够实现账套输出和引入的操作。

(5) 了解系统异常的处理方法。

二、实验内容

(1) 增加操作员并分配权限。增加操作员,录入操作员相关信息,并根据岗位职责设置操作员的权限。

(2) 建立企业账套。创建新账套,录入企业基本信息,并根据企业会计准则和企业财务政策进行账套设置。

(3) 修改账套。建账后如果发现账套设置存在问题,对错误内容进行修改。

(4) 输出、引入账套。将账套从系统里导出到移动存储设备进行备份,将备份的账套引入财务软件系统可对原账套数据进行操作。

(5) 常见系统异常处理方法。当系统出现异常时,知道如何清除异常。

三、实验准备

(1) 检验确认新道 U8＋V15.0 系统能否正常运行。

(2) 系统时间调整为"2023-12-01"。

四、实验资料

2023 年 12 月 1 日,烟台兴茂机械制造有限公司实行会计信息化,公司账套的基本信息如下。

(一) 操作员及其权限

财务分工是指对允许操作软件的用户规定操作权限。在系统使用之前需要对用户进行财务分工,以此来防止与业务无关人员擅自使用软件。烟台兴茂机械制造有限公司财务信息化系统操作员信息及其权限设置,如表3-1所示。

表3-1　　　　　　　　　　操作员及其权限设置

部门	编号	姓名	口令	权限设置
财务部	001	张丽	1	账套主管,负责系统日常运行管理,具有全部权限
财务部	002	孙娜	2	具有"基本信息""总账管理"(审核凭证、出纳签字除外)子系统的全部权限
财务部	003	王强	3	具有"总账—凭证—出纳签字"和"总账—出纳"子系统的全部权限

(二) 账套信息

账套号:111

账套名称:烟台兴茂机械制造有限公司

账套路径:系统默认路径

启用会计期:2023年12月

会计期间设置:12月1日至12月31日

(三) 企业信息

单位名称:烟台兴茂机械制造有限公司

单位简称:烟台兴茂制造

单位地址:山东省烟台市莱山区港城东大街100号

法人代表:孔祥瑞

税号:913706129662088957

联系电话及传真:0531-6900119

电子邮箱:yantaixingmao@126.com

(四) 核算类型

本币名称:人民币(RMB)

企业类型:工业

行业性质:2007年新会计准则科目

账套主管:张丽

要求:按行业性质预置会计科目

(五) 基础信息

系统对存货、客户、供应商不进行分类,无外币核算。

(六) 分类编码方案

科目编码级次:4222

其他编码级次采用系统默认值。

(七) 数据精度

数据精度采用系统默认值。

(八) 系统启用

系统启用"总账"子系统,启用日期为 2023 年 12 月 1 日。

五、实验操作指导

(一) 登录系统管理

(1) 执行"开始"—"程序"—"新道 U8+V15.0"—"系统管理"命令,进入"系统管理"窗口,如图 3-1 所示。

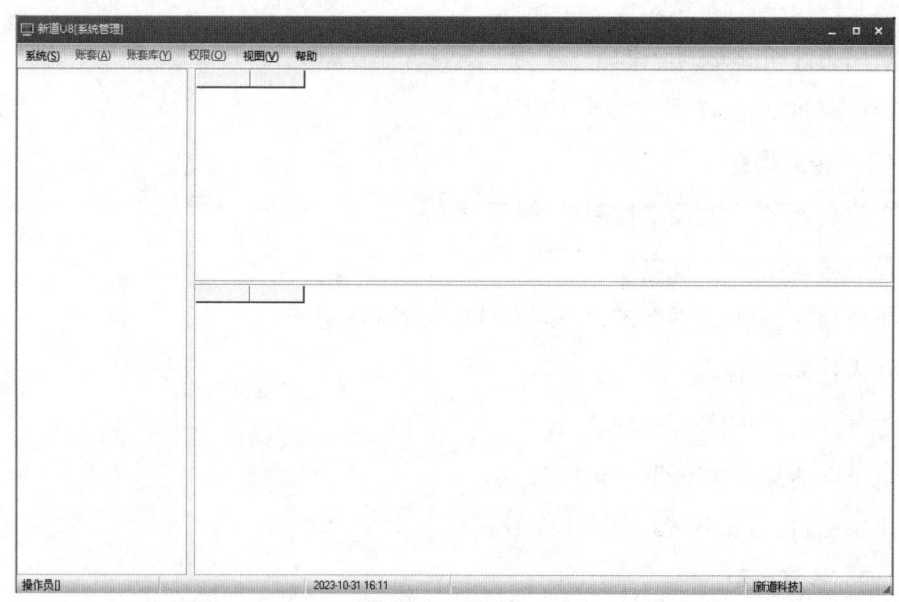

图 3-1 系统管理

(2) 执行"系统"—"注册"命令,打开"登录"系统管理对话框。

(3) 系统中已预先设定系统管理员"admin",密码为空,如图 3-2 所示。单击"登录"按钮,以系统管理员"admin"的身份进入系统管理。

图 3-2 登录窗口

▶▶▶ **注意事项**

系统管理员"admin"是系统管理中权限最高的操作员。为保证系统数据的安全性,企业实际运用中应及时更改系统管理员的密码,在"登录"界面勾选"修改密码"复选框可设置新密码。但在教学过程中,因多人共用一台电脑,不建议设置系统管理员的密码。

(二)增加操作员

(1)在"系统管理"窗口中,执行"权限"—"用户"命令,进入"用户管理"窗口。

(2)单击"增加"按钮,打开"操作员详细情况"对话框,输入编号"001",姓名"张丽",口令和确认口令均为"1",所属部门为"财务部",所属角色勾选"账套主管"复选框,如图 3-3 所示。

(3)单击"增加"按钮,根据实验资料依次增加其他操作员,所属角色为"普通员工"。设置完成后单击"取消"按钮退出。

▶▶▶ **注意事项**

只有系统管理员"admin"有权限设置操作员。

如果将操作员设置为"账套主管",则该用户将是系统内所有账套的"账套主管"。

操作员账号使用后将不能被修改和删除,对于离职的员工可以在"用户管理"界面对该用户进行注销。

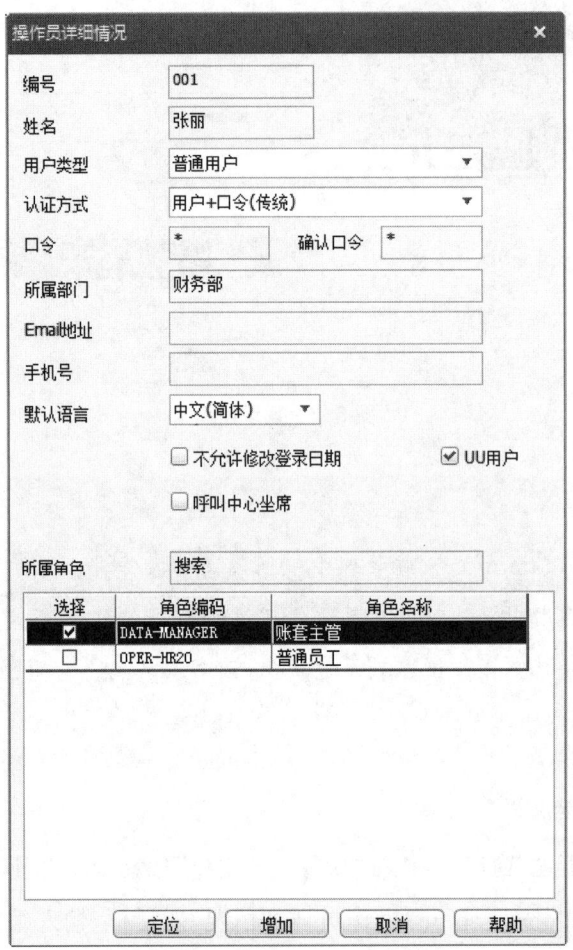

图 3-3　操作员详细情况

(三) 建立账套

(1) 在"系统管理"窗口中,执行"账套"—"建立"命令,如图 3-4 所示。

(2) 进入"创建账套"窗口,选择"新建空白账套",单击"下一步"按钮,打开"账套信息"对话框。

(3) 输入账套号"111",账套名称"烟台兴茂机械制造有限公司",账套路径为系统默认,启用会计期为 2023 年 12 月,会计期间设置为 12 月 1 日至 12 月 31 日,如图 3-5 所示。

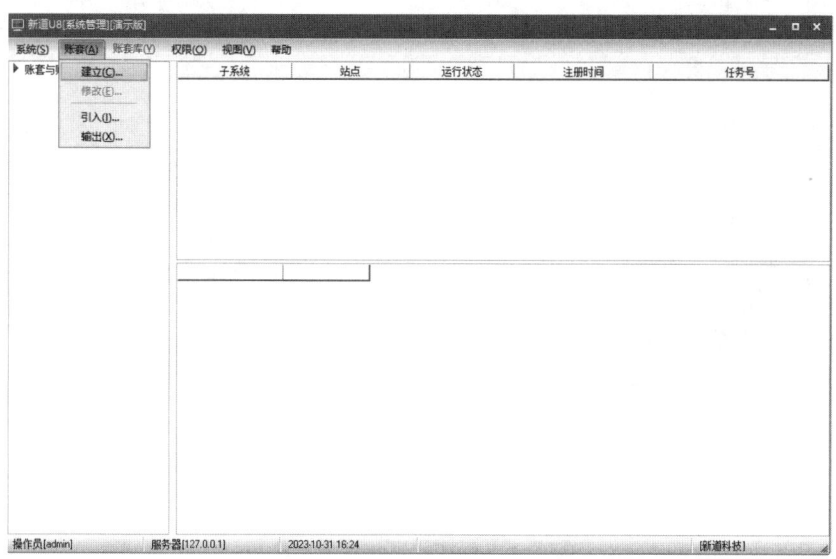

图 3-4　创建账套

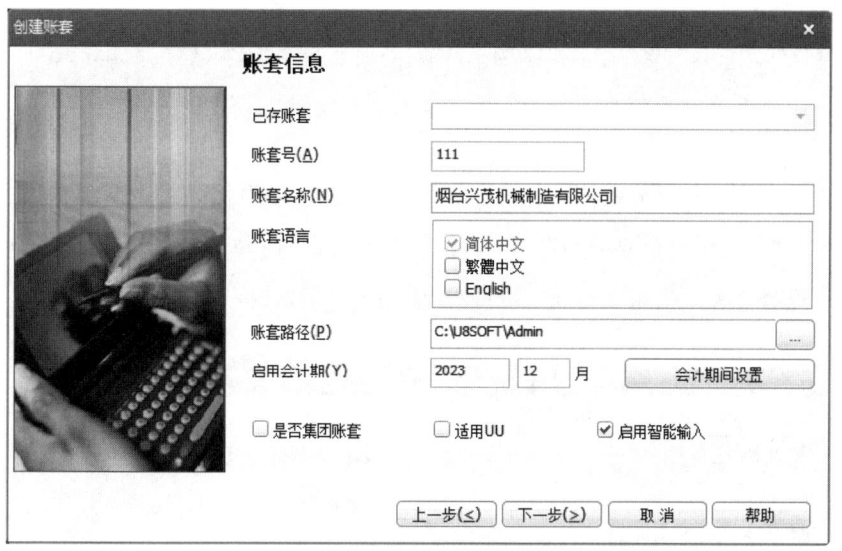

图 3-5　创建账套—账套信息

▶▶▶ **注意事项**

账套号是账套的唯一标识,不允许重复,账套号设置后不允许修改。

账套存储路径默认为新道 U8＋V15.0 系统的安装路径,可以修改,但账套路径一旦设定完成不允许进行修改。

(4) 单击"下一步"按钮,进入"单位信息"录入界面,录入单位信息,如图 3-6 所示。

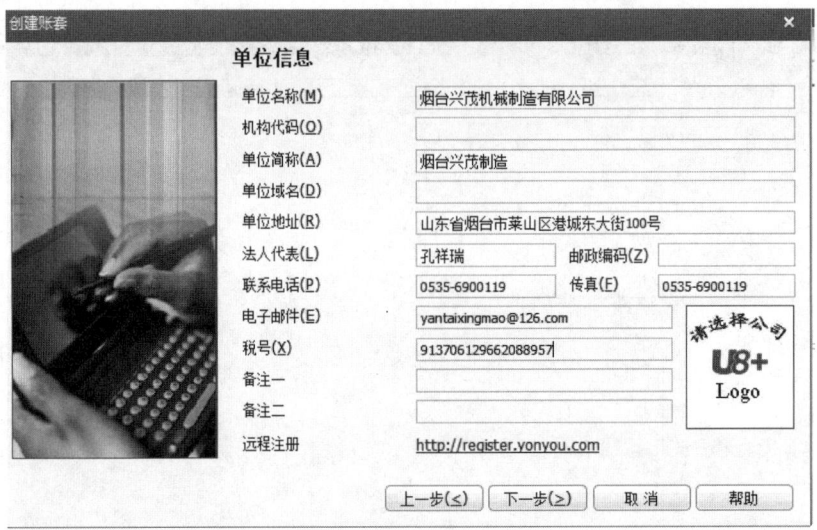

图 3-6 创建账套—单位信息

▶▶▶ 注意事项

单位信息中只有单位名称是必须录入的,必须录入的信息以蓝色字体标识(下同)。

打印发票时会使用单位名称,所以单位名称应录入企业的全称。

(5)单击"下一步"按钮,进入"核算类型"对话框。本币代码采用系统默认"RMB",本币名称为"人民币",企业类型选择"工业",行业性质选择"2007年新会计准则科目",账套主管选择"[001]张丽",勾选"按行业性质预置科目"选框,如图3-7所示。

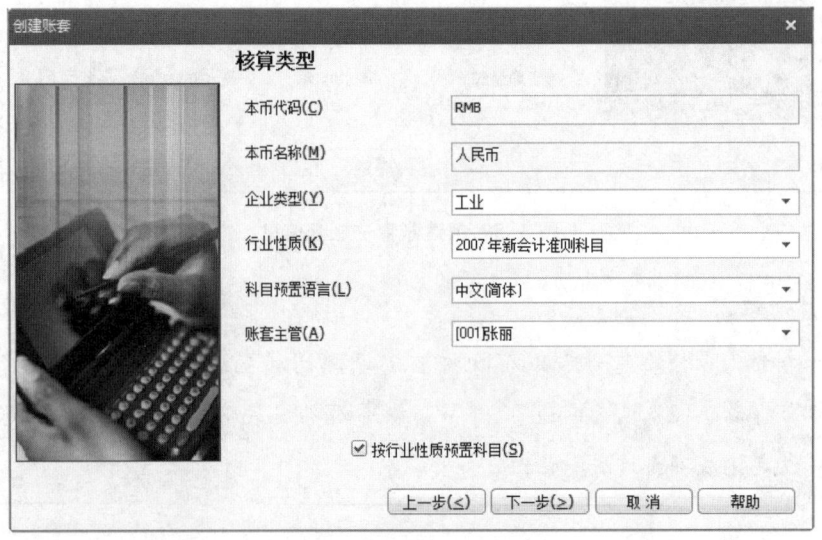

图 3-7 创建账套—核算类型

▶▶▶ 注意事项

行业性质决定系统预置科目的内容,一定要根据操作要求正确选择。

只有勾选了"按行业性质预置科目"选框,系统才会自动配置国家规定的一级科目和部分二级科目,否则系统会计科目库为空。

(6) 单击"下一步"按钮,进入"基础信息"对话框,选择是否勾选"存货是否分类""客户是否分类""供应商是否分类"复选框,如图 3-8 所示。

图 3-8 创建账套—基础信息

▶▶▶ 注意事项

是否对存货、客户及供应商进行分类将会影响档案的设置,有无外币核算将会影响基础信息的设置及能否处理外币业务。

如果基础信息设置错误,可以由账套主管在修改账套功能中进行修改。

(7) 单击"下一步"按钮,进入"开始"界面,如图 3-9 所示,单击"完成"按钮,系统弹出提示"可以创建账套了吗?"。

(8) 单击"是"按钮,系统进行自动创建账套的工作。在弹出的"编码方案"对话框中,输入科目编码级次"4222",其他编码级次设置采用默认值,如图 3-10 所示。

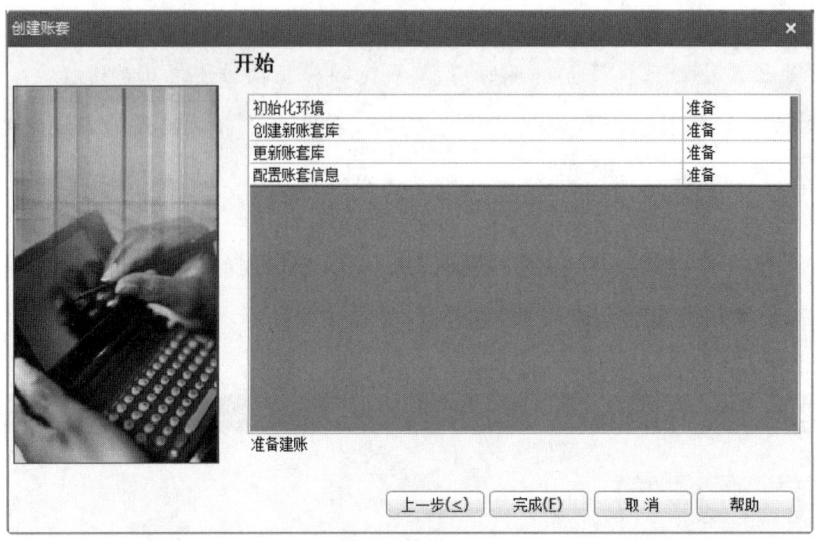

图 3-9 创建账套—开始

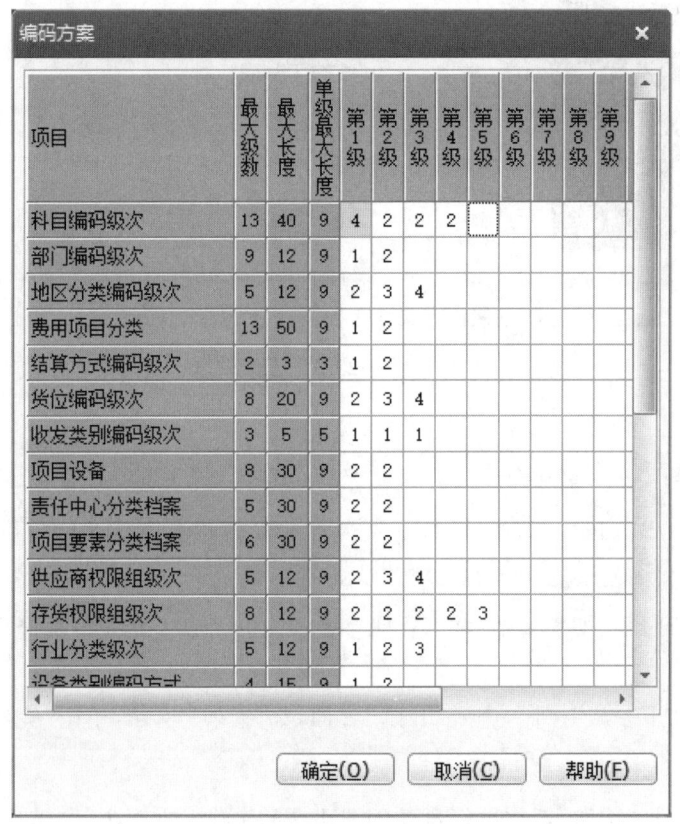

图 3-10 编码方案

▶▶▶ **注意事项**

编码方案的设置,将会直接影响基础信息设置中相应内容的编码级次和每级编码的位长。

删除编码级次时,要从最后一级依次往前删。

(9)单击"确定"按钮,再单击"取消"按钮,系统自动进入"数据精度"对话框,全部采用系统默认值"2",如图 3-11 所示。

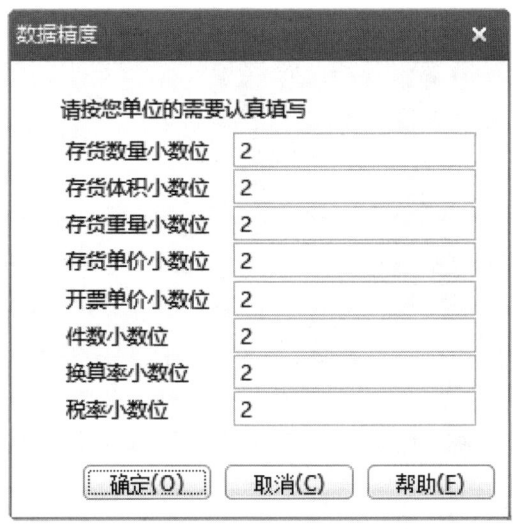

图 3-11 数据精度

(10)单击"确定"按钮,弹出"建账成功"提示框,提示"现在进行系统启用的设置?",如图 3-12 所示。

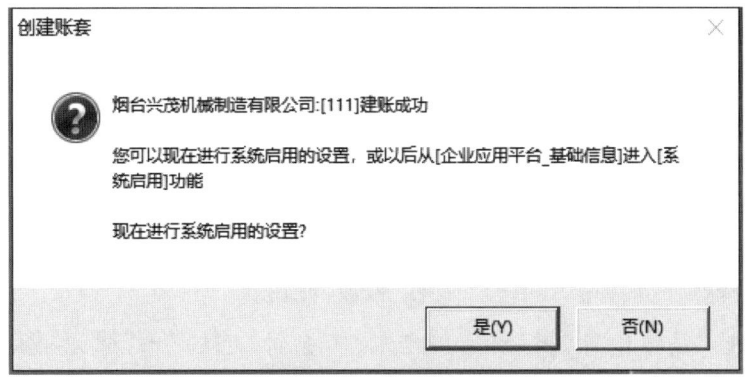

图 3-12 建账成功

(11) 单击"是"按钮,弹出"系统启用"对话框,勾选"GL—总账"复选框,弹出"日历"对话框,选择启用日期"2023-12-01",如图3-13所示。

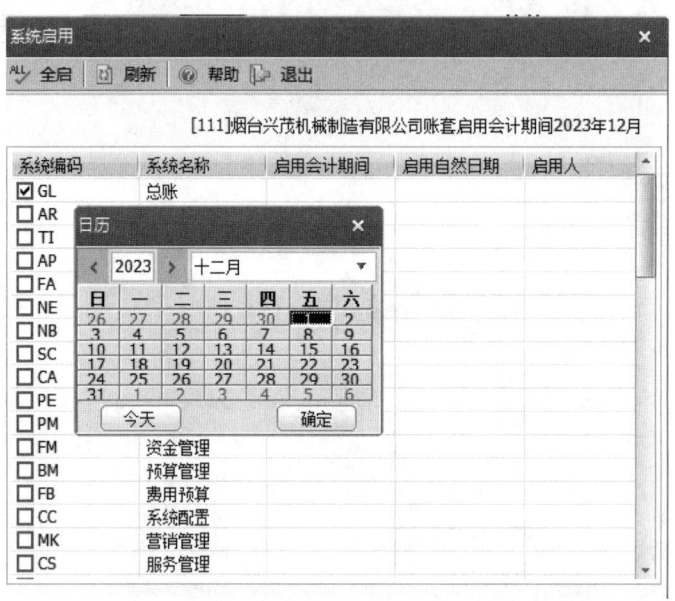

图3-13 系统启用

(12) 单击"确定"按钮,系统弹出"确实要启用当前系统吗?"对话框,单击"是"按钮。

(13) 启用企业所需的模块后,单击"退出"按钮,系统弹出"请进入企业应用平台进行业务操作!",单击"确定"按钮,建账完成。

> **注意事项**
>
> 企业使用的子系统,可以在建账完成后立即启用,也可以之后在企业应用平台的基础信息中进行系统启用设置。

(四) 设置权限

(1) 在"系统管理"窗口中,执行"权限"命令,进入"操作员权限"设置界面,选择"111"账套。

(2) 选择操作员"孙娜",单击工具栏"修改"按钮。

(3) 勾选"基本信息"复选框,单击"财务会计"前的"＋"标记,依次展开"总账""凭证"前的"＋"号标记,勾选除"审核凭证"和"出纳签字"外的所有权限,如图3-14所示。

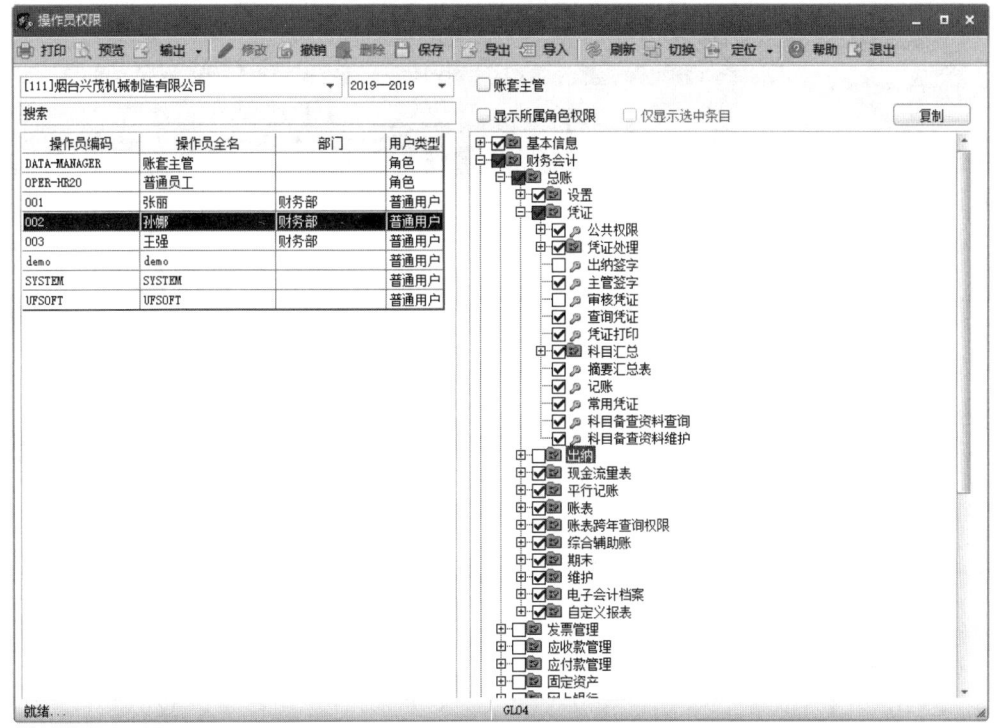

图 3-14 操作员权限

(4) 单击"保存"按钮。同理,可以依次增加其他操作员的权限。

> **注意事项**
>
> 只有系统管理员"admin"有权限设置或取消账套主管。账套主管只能对所管辖的账套进行操作员的权限设置。
>
> 账套主管拥有该账套的全部权限,无需为账套主管另外赋权。

(五) 输出账套

(1) 在"系统管理"窗口中,执行"账套"—"输出"命令,进入"账套输出"界面。

(2) 选择需要输出的账套"111 烟台兴茂机械制造有限公司",选择账套输出路径,如图 3-15 所示。

(3) 单击"确定"按钮,再单击"确认"按钮进行账套输出备份。

(4) 系统弹出"输出成功"提示框,单击"确定"按钮。

图 3-15　账套输出

>>> **注意事项**

只有系统管理员"admin"有权限进行账套的输出。

利用账套输出功能还可以进行"删除账套"的操作。在"账套输出"对话框中勾选"删除当前输出账套"复选框即可删除账套。

（六）引入账套

（1）在"系统管理"窗口中,执行"账套"—"引入"命令,进入"请选择账套备份文件"窗口。

（2）选择备份文件打开相应的账套路径,选择需要引入账套的索引文件"UfErpAct.Lst",如图 3-16 所示。

（3）单击"确定"按钮,系统弹出"请选择账套引入的目录"提示框,如图 3-17 所示。

（4）单击"确定"按钮,选择账套引入的目录,采用默认路径即可。

（5）单击"确定"按钮,系统提示"正在引入 111 的 2023—2023 账套库,请等待……"。

（6）最后提示"账套引入成功",单击"确定"按钮。

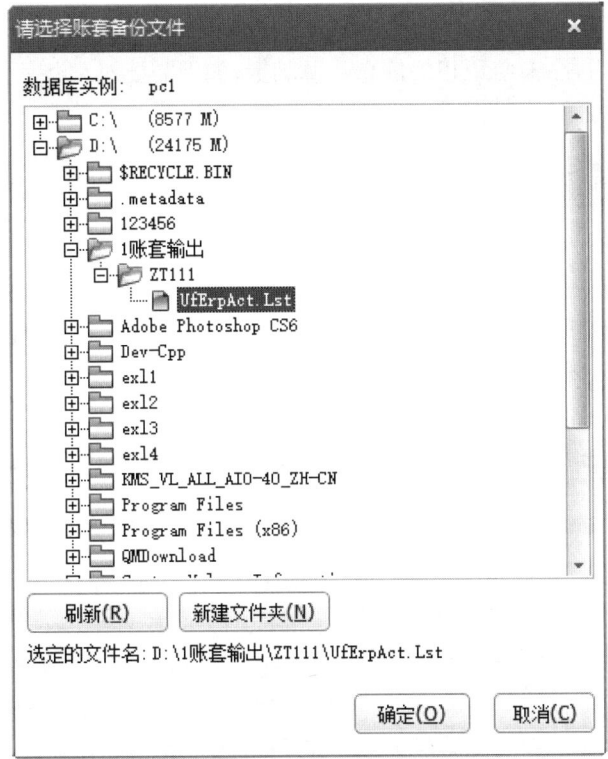

图 3-16　选择账套备份文件

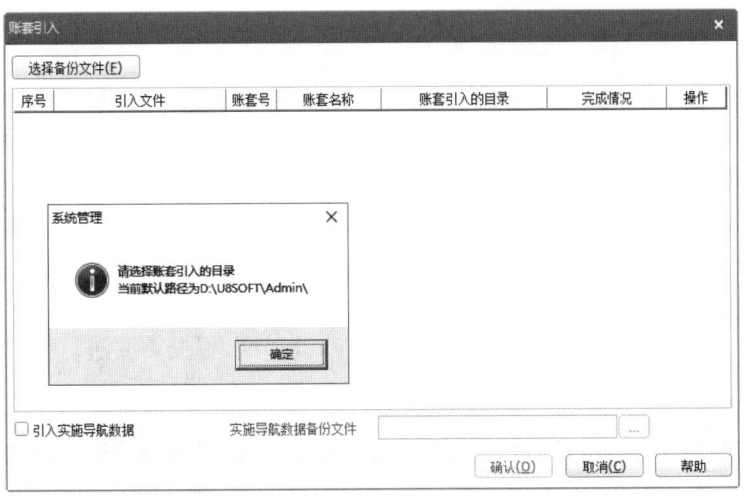

图 3-17　请选择账套引入的目录提示

▶▶▶ 注意事项

只有系统管理员"admin"有权限进行账套的引入。

(七) 修改账套

当建账完成后,在未使用相关信息的基础上,如果需要对某些信息进行调整,可以账套主管的身份登录系统进行修改。

(1) 在"系统管理"窗口中,执行"系统"—"注册"命令,以账套主管"001 张丽"角色注册,密码为"1",选择账套"111 烟台兴茂机械制造有限公司",操作日期为"2023-12-01"。

(2) 单击"登录"按钮,进入"系统管理"窗口,执行"账套"—"修改"命令,进入"修改账套"界面,如图 3-18 所示。

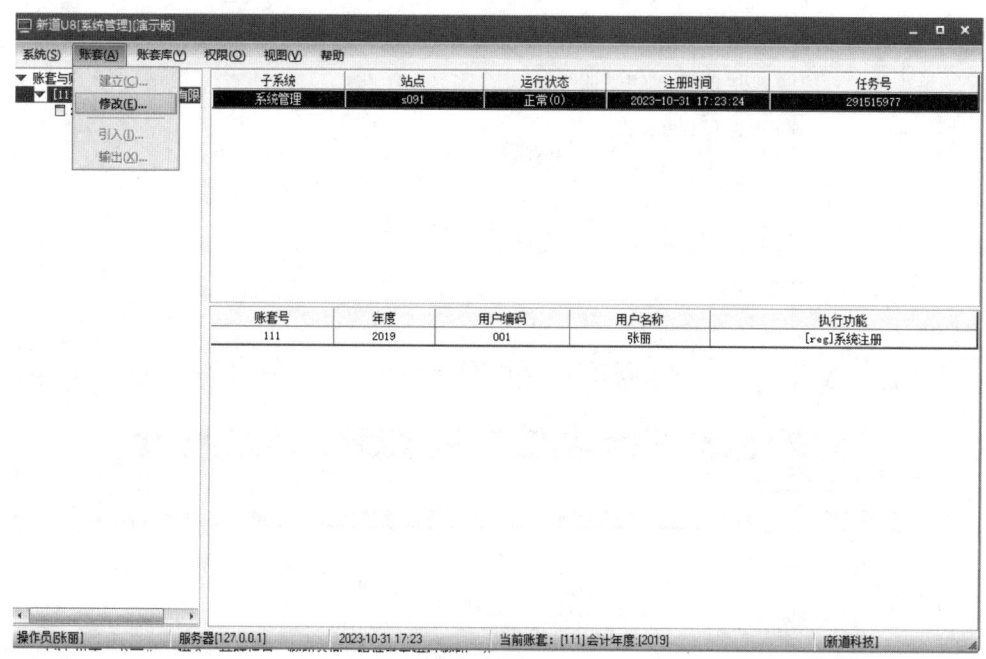

图 3-18　修改账套

(3) 单击"下一步"按钮,进入"单位信息"修改界面,根据需要进行修改。

(4) 单击"下一步"按钮,进入"核算类型"修改界面,根据需要进行修改。

(5) 单击"下一步"按钮,进入"基础信息"修改界面,根据需要进行修改。

(6) 单击"完成"按钮,系统弹出"确认修改账套了吗?"提示框,单击"是"按钮。

(7) 系统依次弹出"分类编码方案"和"数据精度定义"两个对话框,完成修改后单击"确定"按钮。如果不作修改,直接单击"取消"按钮,系统弹出"修改账套成功",单击"确定"按钮,即可完成账套的修改。

▶▶▶ 注意事项

只有账套主管才能进行修改账套操作。

建账完成后,部分参数不能做修改,若该部分出现错误,需要将原账套删除,重新建立新的账套。

(八) 常见系统异常的处理方法

新道U8+V15.0系统对于系统异常的用户端处理方式包括清除单据锁定、清除异常任务、清除选定任务、清除所有任务。

(1) 以系统管理员"admin"的身份登录系统,进入"系统管理"界面。

(2) 单击"视图"选项,选择"清除异常任务"便可结束当前运行异常的任务。

(3) 单击"视图"选项,选择"清除所有任务"便可结束当前运行的所有任务。

(4) 单击"视图"选项,选择"清除单据锁定"进入"清除单据锁定"窗口,选中被锁定的单据,单击"确定"按钮便可解除对单据的锁定,如图3-19所示。

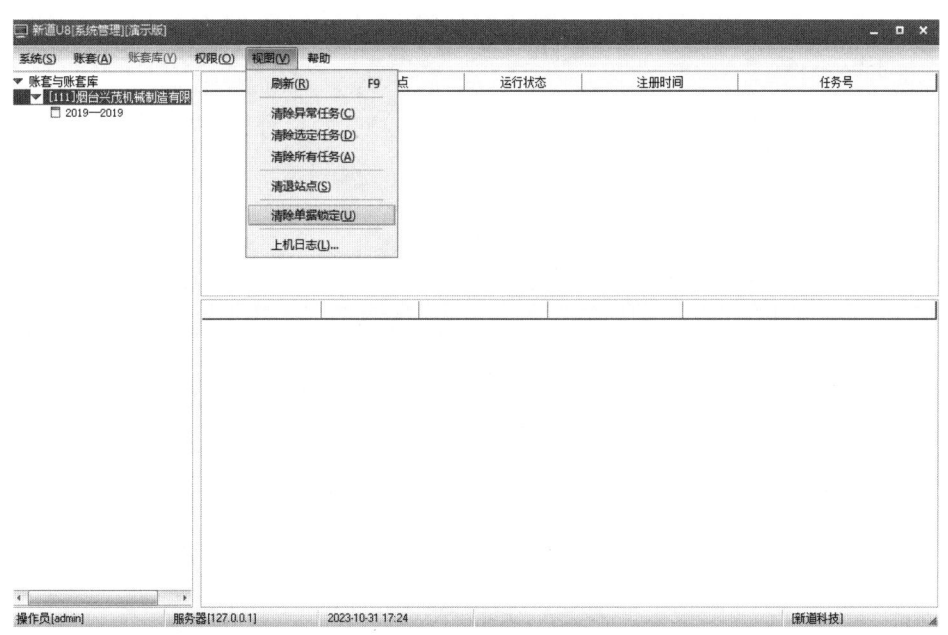

图3-19 清除单据锁定

▶▶▶ 注意事项

只有系统管理员"admin"有权限操作"视图"功能。

系统异常清除后,需要重新登录原操作界面才能进行新的单据操作。

项目四　企业基本信息管理

一、实验目的

（1）根据实验资料完成各项基础档案和初始设置的操作。

（2）了解基础档案和初始设置对后续日常业务处理的影响。

（3）能够设置企业的基础档案、财务基础信息和期初数据。

二、实验内容

（1）根据企业组织框架增加企业的部门档案，并录入相关信息。

（2）录入人员类别，并增加企业的人员档案，录入其编号、姓名、性别、雇佣状态、所属部门等信息。

（3）增加企业的供应商档案和客户档案，录入相关的税号、开户银行、银行账号等信息。

（4）根据企业的结算情况设置结算方式。

（5）根据企业是否有外币核算设置外币信息。

（6）根据企业对会计信息的要求对总账管理子系统的控制参数进行设置。

（7）针对现金科目和指定会计科目，根据企业的自身情况设置凭证类别，并设置相应的限制条件。

（8）增加、修改、删除会计科目，并依据企业的财务信息进行期初余额录入。

三、实验准备

（1）引入项目三中的账套数据。

（2）系统时间调整为"2023-12-01"。

四、实验资料

（一）部门档案

部门档案资料如表 4-1 所示。

表 4-1　　　　　　　　　　　部门档案资料

部门编码	所属部门	部门编码	所属部门
1	总经理办公室	302	仓库
2	财务部	303	生产管理部门
3	生产部	4	销售部
301	生产车间	5	采购部

（二）人员类别

企业的人员类别如表 4-2 所示。

表 4-2　　　　　　　　　　　人员类别

人员类别编码	人员类别
1011	企业管理人员
1012	采购人员
1013	销售人员
1014	生产管理人员
1015	生产人员
1016	仓管人员

（三）人员档案

企业现有职工 14 人，人员档案如表 4-3 所示。

表 4-3　　　　　　　　　　　人员档案

编码	姓名	性别	雇佣状态	所属部门	人员类别	是否业务员
1001	孔祥瑞	男	在职	总经理办公室	企业管理人员	是
1002	宋成亮	男	在职	总经理办公室	企业管理人员	是
2001	张丽	女	在职	财务部	企业管理人员	是
2002	孙娜	女	在职	财务部	企业管理人员	是
2003	王强	男	在职	财务部	企业管理人员	是
3001	孙思泽	男	在职	生产部—生产车间	生产人员	是
3002	徐丽	女	在职	生产部—生产车间	生产人员	是
3003	于传强	男	在职	生产部—仓库	仓管人员	是
3004	赵小英	女	在职	生产部—仓库	仓管人员	是

(续表)

编码	姓名	性别	雇佣状态	所属部门	人员类别	是否业务员
3005	王加成	男	在职	生产管理部门	生产管理人员	是
4001	徐瑞诚	男	在职	销售部	销售人员	是
4002	赵坤	女	在职	销售部	销售人员	是
5001	刘星	男	在职	采购部	采购人员	是
5002	李强	男	在职	采购部	采购人员	是

（四）供应商档案

企业的供应商资料如表4-4所示。

表4-4　　　　　　　　　供应商档案

编码	名称	简称	税号	开户银行	银行账号
001	重庆华宇机械有限公司	重庆华宇	123456789012341	中国农业银行重庆分行	6227043008477652031
002	济南曼华包装有限公司	济南曼华	123456789012342	中国农业银行济南分行	6227043008477652032
003	中通工业集团	中通集团	123456789012343	中国农业银行聊城分行	6227043008477652033
004	烟台伟业有限公司	烟台伟业	123456789012344	中国农业银行烟台分行	6227043008477652034
005	青岛广源钢材有限公司	青岛广源	123456789012345	中国农业银行青岛分行	6227043008477652035
006	济南星光公司	济南星光	123456789012346	中国农业银行济南分行	6227043008477652036

（五）客户档案

企业的客户档案如表4-5所示。

表4-5　　　　　　　　　客户档案

编码	名称	简称	税号	开户银行	银行账号
001	济南西城机械有限公司	济南西城	223456789012341	中国农业银行济南分行	6227043008479652031
002	济南信达汽车配件有限公司	济南信达	223456789012342	中国农业银行济南分行	6227043008479652032
003	青岛通达汽车配件公司	青岛通达	223456789012343	中国农业银行青岛分行	6227043008479652033

(续表)

编码	名称	简称	税号	开户银行	银行账号
004	烟台三立有限公司	烟台三立	223456789012344	中国农业银行烟台分行	6227043008479652034
005	泰安银光电子公司	泰安银光	223456789012345	中国农业银行泰安分行	6227043008479652035
006	山东恒通汽车制造有限公司	山东恒通	223456789012346	中国农业银行济南分行	6227043008479652036
007	烟台神通电气有限公司	烟台神通	223456789012347	中国农业银行烟台分行	6227043008479652037
008	威海东恒公司	威海东恒	223456789012348	中国农业银行威海分行	6227043008479652038
009	青岛山海机械有限公司	青岛山海	223456789012349	中国农业银行青岛分行	6227043008479652039
010	烟台凯马汽车制造公司	烟台凯马	223456789012340	中国农业银行烟台分行	6227043008479652030

（六）结算方式

企业的结算方式如表 4-6 所示。

表 4-6　　　　　　　　　　结算方式

编码	结算方式	票据管理标识	编码	结算方式	票据管理标识
1	现金结算	否	4	汇兑	否
2	支票结算	是	401	信汇	否
201	现金支票	是	402	电汇	否
202	转账支票	是	5	委托收款	否
3	商业汇票	是	6	银行汇款	否
301	商业承兑汇票	是	7	托收承付	否
302	银行承兑汇票	是	8	其他	否

（七）外币设置

企业的外币设置如表 4-7 所示。

表 4-7　　　　　　　　　　外币设置

币符	币名	汇率
USD	美元	固定汇率 1∶7.0

(八)总账控制参数

企业针对总账的凭证、账簿、凭证打印、权限等进行总账控制参数设置,如表4-8所示。

表4-8　　　　　　　　　　　总账控制参数

选项卡	参数设置
凭证	制单序时控制
	赤字控制:资金往来科目
	赤字控制方式:提示
	可以使用应收、应付、存货受控科目
	凭证编号方式采用系统编号
账簿	账簿打印位数按软件默认的标准设置
	明细账(日记账、多栏账)打印方式按年排页
凭证打印	打印凭证的制单、出纳、审核、记账等人员姓名
权限	出纳凭证必须经由出纳签字
	不允许修改、作废他人填制的凭证
	可查询他人凭证
其他	外币核算采用固定汇率 部门、个人、项目按编码方式排序,日记账、序时账按"日期+制单"顺序排序

(九)财务基础数据

(1)会计科目及2023年12月份期初余额,如表4-9所示。

表4-9　　　　　　　　会计科目及期初余额表　　　　　　　　单位:元

科目名称	辅助核算	方向	期初余额
库存现金(1001)	日记账	借	7 130.00
银行存款(1002)	银行账、日记账	借	1 979 307.72
中国农业银行(100201)	银行账、日记账	借	1 979 307.72
其他货币资金(1012)		借	140 000.00
银行本票存款(101201)		借	140 000.00

（续表）

科目名称	辅助核算	方向	期初余额
交易性金融资产(1101)		借	994 500.00
股票投资浪潮软件(110101)		借	994 500.00
成本(11010101)		借	900 000.00
公允价值变动(11010102)		借	94 500.00
应收票据(1121)		借	75 000.00
银行承兑汇票(112101)		借	75 000.00
烟台凯马汽车制造公司(11210101)		借	75 000.00
青岛通达汽车配件公司(11210102)		平	0
烟台三立有限公司(11210103)		平	0
泰安银光电子公司(11210104)		平	0
应收账款(1122)		借	1 522 264.71
威海东恒公司(112201)		借	331 233.00
青岛通达汽车配件公司(112202)		借	430 000.00
青岛山海机械有限公司(112203)		借	5 366.00
济南西城机械有限公司(112204)		平	0
烟台三立公司(112205)		借	755 665.71
预付账款(1123)		借	30 424.60
预付报刊订阅费(112301)		借	275.23
预付车辆保险费(112302)		借	149.37
青岛广源钢材有限公司(112303)		借	30 000.00
应收股利(1131)		平	0
应收利息(1132)		平	0
其他应收款(1221)		借	20 177.68
刘星(122101)		借	5 000.00
李强(122102)		平	0
重庆华宇机械有限公司(122103)		平	0

(续表)

科目名称	辅助核算	方向	期初余额
基本养老保险费(122104)		借	6 101.76
住房公积金(122105)		借	7 321.76
赵小英(122106)		平	0
济南曼华包装有限公司(122107)		平	0
失业保险费(122108)		借	228.72
基本医疗保险费(122109)		借	1 525.44
坏账准备(1231)		贷	50 000.00
应收账款(123101)		贷	50 000.00
材料采购(1401)		平	0
钢板(140101)		平	0
铝合金(140102)		平	0
包装盒(140103)		平	0
在途物资(1402)		平	0
原材料(1403)		借	411 250.00
钢板(140301)		借	245 000.00
铝合金(140302)		借	166 250.00
材料成本差异(1404)		借	1 450.00
钢板(140401)		借	−1 050.00
铝合金(140402)		借	2 500.00
包装盒(140403)		平	0
库存商品(1405)		借	1 289 039.80
抗性消音器(140501)		借	843 094.00
铝合金油箱(140502)		借	445 945.80
有源消音器(140503)		平	0
委托加工物资(1408)		平	0
有源消音器(140801)		平	0

(续表)

科目名称	辅助核算	方向	期初余额
低值易耗品(1411)		借	11 380.00
包装盒(141101)		借	11 380.00
债权投资(1501)		借	206 000.00
债券投资(150101)		借	206 000.00
成本(15010101)		借	200 000.00
利息调整(15010102)		借	6 000.00
长期股权投资(1511)		借	600 000.00
烟台天明机械装备有限公司(151101)		借	600 000.00
成本(15110101)		借	600 000.00
损益调整(15110102)		平	0
固定资产(1601)		借	7 805 822.00
建筑物(160101)		借	2 660 000.00
机器设备(160102)		借	4 858 272.00
办公设备(160103)		借	287 550.00
累计折旧(1602)		贷	1 685 168.33
建筑物(160201)		贷	665 000.00
机器设备(160202)		贷	931 168.33
办公设备(160203)		贷	89 000.00
无形资产(1701)		借	480 000.00
专利(170101)		借	480 000.00
累计摊销(1702)		贷	60 000.00
专利(170201)		贷	60 000.00
递延所得税资产(1811)		借	5 000.00
待处理财产损溢(1901)		平	0
待处理流动资产损溢(190101)		平	0
短期借款(2001)		贷	980 000.00

(续表)

科目名称	辅助核算	方向	期初余额
中国农业银行(200101)		贷	980 000.00
应付票据(2201)		贷	140 000.00
烟台伟业有限公司(220101)		贷	90 000.00
青岛广源钢材有限公司(220102)		贷	50 000.00
应付账款(2202)		贷	665 875.00
烟台伟业有限公司(220201)		贷	210 000.00
济南星光公司(220202)		贷	262 000.00
中通工业集团(220203)		贷	193 875.00
烟台自来水公司(220204)		平	0
烟台供电局(220205)		平	0
预收账款(2203)		贷	10 683.67
山东恒通汽车制造有限公司(220301)		贷	6 096.53
烟台神通电气有限公司(220302)		贷	4 587.14
济南信达汽车配件有限公司(220303)		平	0
应付职工薪酬(2211)		贷	91 522.00
工资(221101)		贷	91 522.00
社会保险金(221102)		平	0
工会会费(221103)		平	0
住房公积金(221104)		平	0
应交税费(2221)		贷	77 072.33
应交增值税(222101)		平	0
进项税额(22210101)		平	0
销项税额(22210102)		平	0
转出未交增值税(22210103)		平	0
减免税额(22210104)		平	0
未交增值税(222102)		贷	62 565.00

(续表)

科目名称	辅助核算	方向	期初余额
应交个人所得税(222103)		平	0
应交城市维护建设税(222104)		贷	4 379.55
应交印花税(222105)		贷	376.48
应交企业所得税(222106)		贷	8 500.00
应交房产税(222107)		平	0
应交城镇土地使用税(222108)		平	0
应交教育费附加(222109)		贷	1 251.30
应付利息(2231)		贷	33 825.00
长期借款利息(223101)		贷	33 825.00
应付股利(2232)		平	0
其他应付款(2241)		贷	50 550.00
保证金(224101)		贷	50 550.00
长期借款(2501)		贷	820 000.00
中国工商银行(250101)		贷	820 000.00
递延所得税负债(2901)		贷	9 450.00
实收资本(4001)		贷	7 850 000.00
烟台兴鲁机械制造有限公司(400101)		贷	7 000 000.00
烟台飞达机械设备有限公司(400102)		贷	850 000.00
烟台海德专用车有限公司(400103)		平	0
资本公积(4002)		贷	280 000.00
其他资本公积(400201)		贷	280 000.00
资本溢价(400202)		平	0
盈余公积(4101)		贷	470 104.70
法定盈余公积(410101)		贷	235 052.35
任意盈余公积(410102)		贷	235 052.35
一般风险准备(4102)		平	0

(续表)

科目名称	辅助核算	方向	期初余额
本年利润(4103)		贷	1 810 000.00
利润分配(4104)		贷	922 629.54
提取法定盈余公积(410401)		平	0
提取任意盈余公积(410402)		平	0
应付股利(410403)		平	0
未分配利润(410404)		贷	922 629.54
库存股(4201)		平	0
生产成本(5001)		借	428 134.06
抗性消音器(500101)		借	256 777.27
铝合金油箱(500102)		借	171 356.79
制造费用(5101)		平	0
办公用品(510101)		平	0
职工薪酬(510102)		平	0
水电费(510103)		平	0
折旧费(510104)		平	0
主营业务收入(6001)		平	0
抗性消音器(600101)		平	0
铝合金油箱(600102)		平	0
有源消音器(600103)		平	0
其他业务收入(6051)		平	0
固定资产出租(605101)		平	0
营业外收入(6301)		平	0
主营业务成本(6401)		平	0
抗性消音器(640101)		平	0
铝合金油箱(640102)		平	0
有源消音器(640103)		平	0

(续表)

科目名称	辅助核算	方向	期初余额
其他业务成本(6402)		平	0
销售费用(6601)		平	0
广告费(660101)		平	0
展览会费用(660102)		平	0
职工薪酬(660103)		平	0
水电费(660104)		平	0
包装盒(660105)		平	0
管理费用(6602)		平	0
差旅费(660201)		平	0
报刊订阅费(660202)		平	0
办公用品(660203)		平	0
业务招待费(660204)		平	0
维修费(660205)		平	0
培训费(660206)		平	0
职工薪酬(660207)		平	0
水电费(660208)		平	0
折旧(660209)		平	0
其他(660210)		平	0
摊销(660211)		平	0
财务费用(6603)		平	0
利息支出(660301)		平	0
现金折扣(660302)		平	0
存款利息收入(660303)		平	0
其他(660304)		平	0
信用减值损失(6702)		平	0
营业外支出(6711)		平	0

(续表)

科目名称	辅助核算	方向	期初余额
捐赠支出(671101)		平	0
处置固定资产净损失(671102)		平	0
所得税费用(6801)		平	0
当期所得税费用(680101)		平	0
递延所得税费用(680102)		平	0

(2) 指定会计科目,如表 4-10 所示。

表 4-10　　　　　　　　　　指定会计科目

项目	会计科目
现金科目	库存现金(1001)
银行科目	银行存款(1002)

(3) 企业的凭证类别和限制情况,如表 4-11 所示。

表 4-11　　　　　　　　凭证类别和限制情况

凭证类别	限制类型	限制科目
收款凭证	借方必有	1001,1002
付款凭证	贷方必有	1001,1002
转账凭证	凭证必无	1001,1002

五、实验操作指导

(一) 登录企业应用平台

(1) 双击桌面快捷方式"企业应用平台",打开"登录"窗口。

(2) 输入登录到"WJP"、操作员"001"、密码"1",选择账套"[111](default)烟台兴茂机械制造有限公司",选择操作日期"2023-12-01",如图 4-1 所示。

(3) 单击"登录"按钮,进入企业应用平台。

(二) 设置部门档案

(1) 单击"业务导航"菜单项,执行"基础设置"—"基础档案"—"机构人员"—"机构"—"部门档案"命令。

图 4-1　登录企业应用平台

（2）单击"增加"按钮，进入"部门档案"窗口。

（3）输入部门编码"1"、部门名称"总经理办公室"，如图 4-2 所示，单击工具栏"保存"按钮。

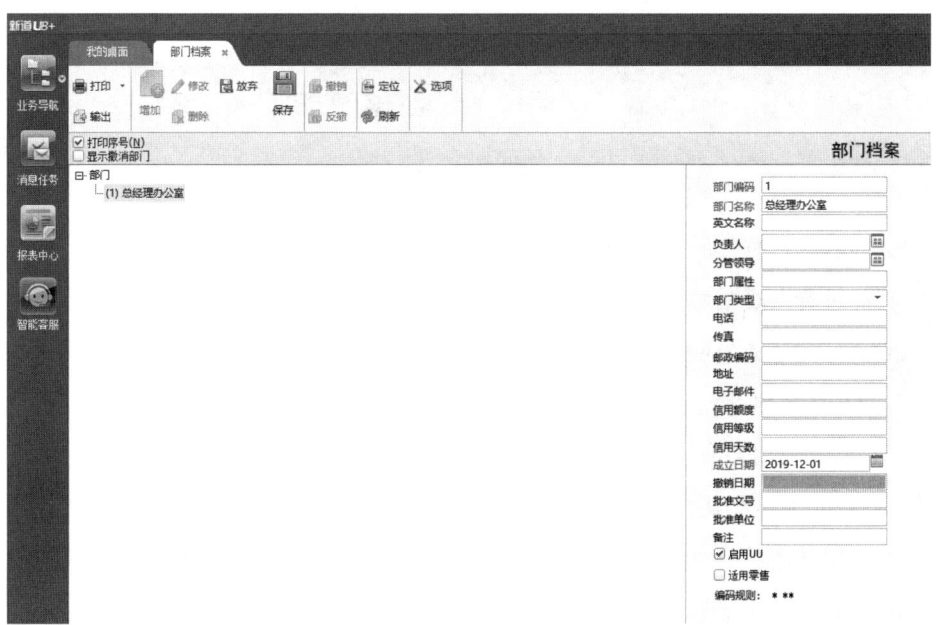

图 4-2　设置部门档案

（4）同理,根据实验资料依次完成其他部门档案的录入。

> **▶▶▶ 注意事项**
>
> 部门编码应符合部门编码级次原则。
>
> 部门编码和名称必须唯一。
>
> 部门档案资料一旦被使用将不能被修改或者删除。

（三）设置人员类别

（1）单击"业务导航"菜单项,执行"基础设置"—"基础档案"—"机构人员"—"人员"—"人员类别"命令,进入"人员类别"窗口。

（2）选择人员类别中的"正式工",单击"增加"按钮,打开"增加档案项"对话框。

（3）输入档案编码"1011",档案名称"企业管理人员",单击"确定"按钮,如图4-3所示。

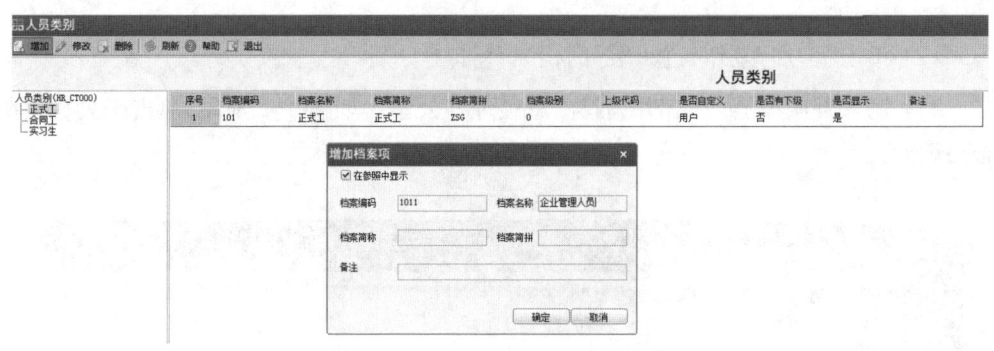

图4-3　设置人员类别

（4）同理,根据实验资料依次完成其他人员类别的录入。

（四）设置人员档案

（1）单击"业务导航"菜单项,执行"基础设置"—"基础档案"—"机构人员"—"人员"—"人员档案"命令。

（2）单击"增加"按钮,进入"人员档案"对话框。

（3）输入人员编码"1001"、人员姓名"孔祥瑞",选择性别"男"、行政部门"总经理办公室"、雇佣状态"在职"、人员类别"企业管理人员",勾选"是否业务员"复选框,如图4-4所示,单击工具栏"保存"按钮。

（4）同理,根据实验材料依次完成其他人员档案的录入。

企业基本信息管理 项目四

图 4-4　设置人员档案

> ▶▶▶ **注意事项**
>
> 　　行政部门自动默认之前的选项，后续再增加其他部门人员时要先删除再选择。
> 　　勾选"是否业务员"复选框，选项自动变成可编辑状态，业务或费用部门自动默认选择行政部门。

（五）设置供应商档案

（1）单击"业务导航"菜单项，执行"基础设置"—"基础档案"—"客商信息"—"供应商档案"命令，进入"供应商档案"窗口。

（2）单击"增加"按钮，进入"增加供应商档案"窗口。

（3）在"基本"选项卡中，输入供应商编码"001"、供应商名称"重庆华宇机械有限公司"、供应商简称"重庆华宇"、税号"123456789012341"、开户银行"中国农业银行重庆分行"、银行账号"622704300847765231"，如图 4-5 所示，单击工具栏的"保存"按钮。

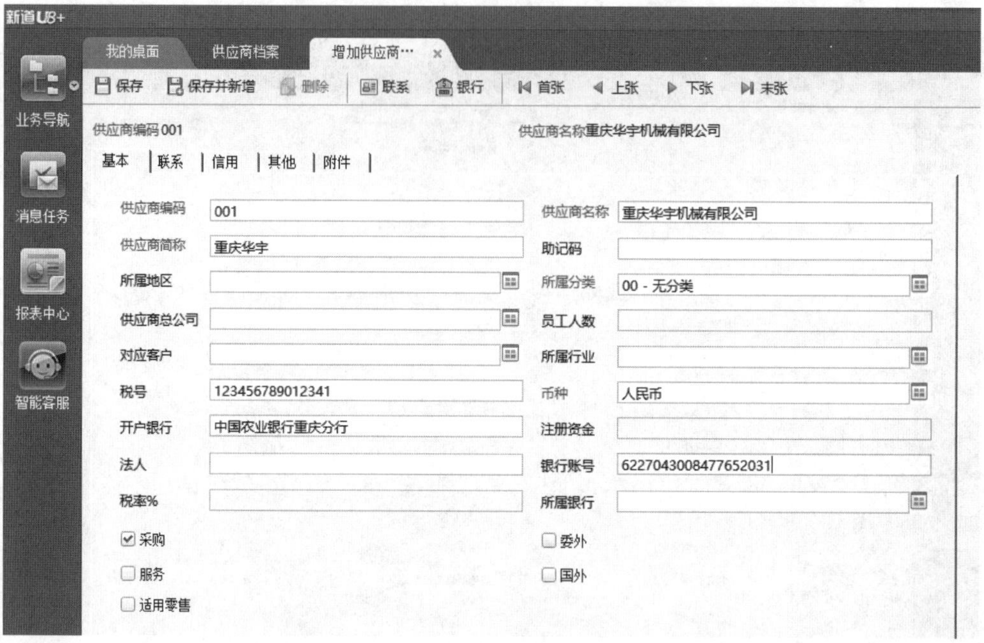

图 4-5 设置供应商档案

▶▶▶ **注意事项**

　　增加银行信息有两种方式:一是在基本信息页面直接输入,二是单击左上方"银行"按钮。

　　在第一个供应商档案信息输入完毕后,继续增加供应商档案有两种方式:一是单击"保存"按钮后单击"增加"按钮,二是直接单击"保存并增加"按钮。

（4）同理,根据实验材料依次完成其他供应商档案的录入。

（六）设置客户档案

（1）单击"业务导航"菜单项,执行"基础设置"—"基础档案"—"客商信息"—"客户档案"命令,进入"客户档案"窗口。

（2）单击"增加"按钮,进入"增加客户档案"窗口。

（3）在"基本"选项卡中,输入客户编码"001"、客户名称"济南西城机械有限公司"、客户简称"济南西城"、税号"123456789012341",如图 4-6 所示。

（4）单击工具栏"银行"按钮,进入"客户银行档案"窗口,单击"增加"按钮,选择所属银行"中国农业银行",输入开户银行、银行账号,默认值选择"是",如图 4-7 所示。单击"保存"按钮,回到"增加客户档案"窗口,单击工具栏"保存"按钮。

（5）同理,根据实验材料依次完成其他客户档案的录入。

企业基本信息管理 项目四

图 4-6　设置客户档案

图 4-7　设置客户银行档案

▶▶▶ **注意事项**

　　增加供应商档案和客户档案在操作流程上有许多类似之处，两者最大的区别是对增加银行信息的处理不一致，"增加供应商档案"的"基本"选项卡中有银行信息，而在"增加客户档案"的"基本"选项卡中没有银行信息，必须在工具栏"银行"功能里输入。

　　"增加供应商档案"和"增加客户档案"都具有四个选项卡，输入信息时应注意信息的完整性。

（七）设置结算方式

（1）单击"业务导航"菜单项，执行"基础设置"—"基础档案"—"收付结算"—"结算方式"命令，进入"结算方式"窗口。

（2）单击"增加"按钮，输入结算方式编码"1"、结算方式名称"现金结算"，不勾选"是否票据管理"复选框，如图 4-8 所示，单击工具栏"保存"按钮。

51

(3) 同理,根据实验材料依次完成其他结算方式的录入。

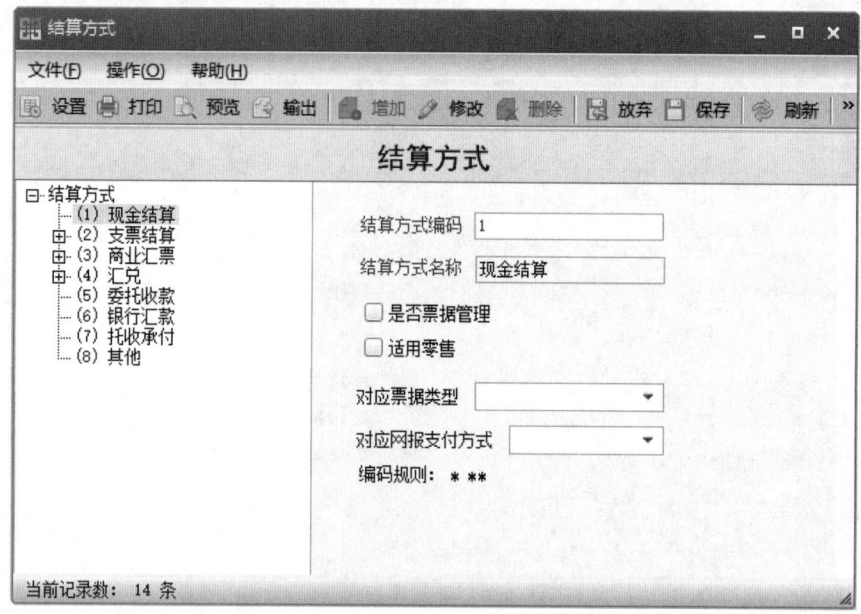

图 4-8　设置结算方式

(八) 设置外币信息

(1) 单击"业务导航"菜单项,执行"基础设置"—"基础档案"—"财务"—"外币设置"命令,打开"外币设置"窗口。

(2) 输入币符"USD"、币名"美元",单击"确认"按钮。

(3) 在 2023 年 12 月的"记账汇率"中输入"7.00",按回车键,如图 4-9 所示。

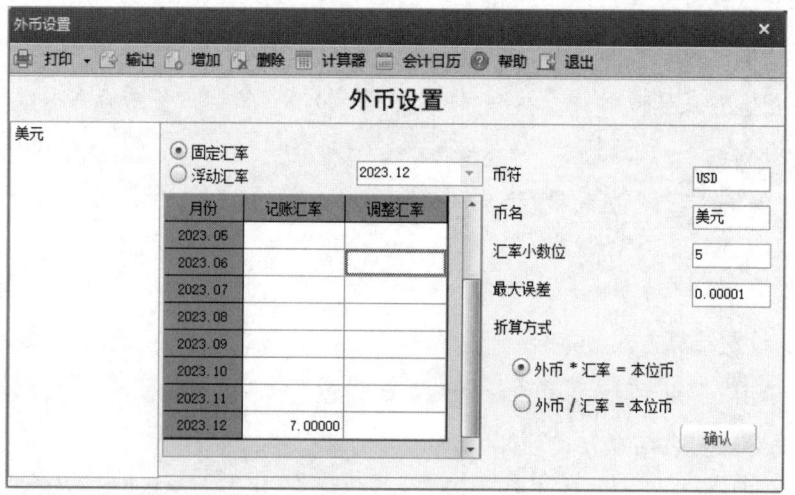

图 4-9　外币设置

(九) 设置总账控制参数

(1) 单击"业务导航"菜单项,执行"业务工作"—"财务会计"—"总账"—"设置"—"选项"命令,进入"选项"对话框。

(2) 单击"编辑"按钮,分别单击"凭证""账簿""凭证打印""预算控制""权限"和"其他"选项卡,按照资料设置控制参数,如图 4-10 所示。

(3) 设置完成后,单击"确定"按钮。

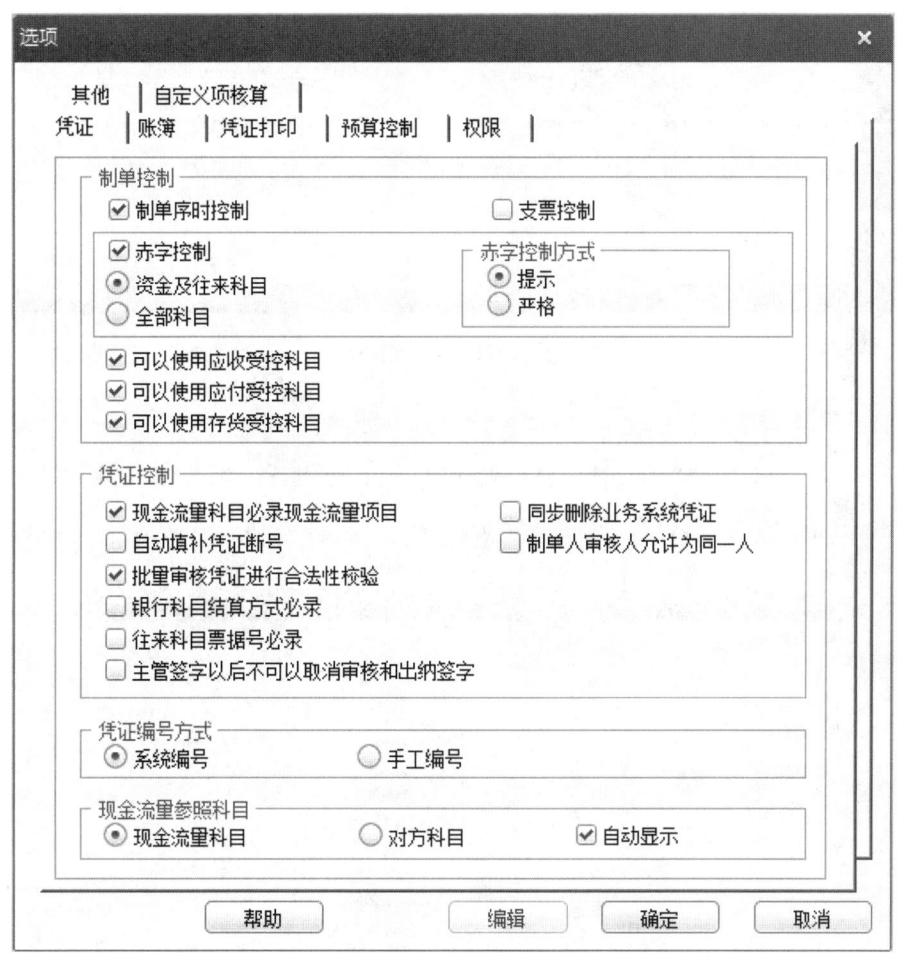

图 4-10　设置总账控制参数

(十) 会计科目设置

1. 新增会计科目

(1) 单击"业务导航"菜单项,执行"基础设置"—"基础档案"—"财务"—"会计科目"命令,进入"会计科目"窗口,如图 4-11 所示。

图 4-11 会计科目

(2) 单击"增加"按钮,进入"新增会计科目"对话框。

(3) 输入科目编码"100201"、科目名称"中国农业银行",勾选"日记账""银行账"复选框,其他的采用默认值,如图 4-12 所示。

图 4-12 新增会计科目

(4) 单击"确定"按钮,继续单击"增加"按钮,根据实验材料依次增加其他的明细科目。

> **注意事项**
>
> 一级会计科目已经在建账时由系统预置,无须再增加。如果一级科目的辅助核算设置不合适,需要通过"修改"功能进行修改。
>
> 增加会计科目时,应遵循自上而下的原则,即先设置上级会计科目再设下级会计科目。
>
> 新增的下级科目所有科目属性与原上级科目一致。
>
> 科目一经使用,只能增加同级科目,不能在该科目下增设下级科目。

2. 修改会计科目

(1) 在"会计科目"窗口,单击要修改的会计科目"1001　库存现金"。

(2) 单击"修改"按钮或者双击该科目,进入"会计科目_修改"对话框。

(3) 勾选"日记账"复选框,单击"确定"按钮,如图 4-13 所示。

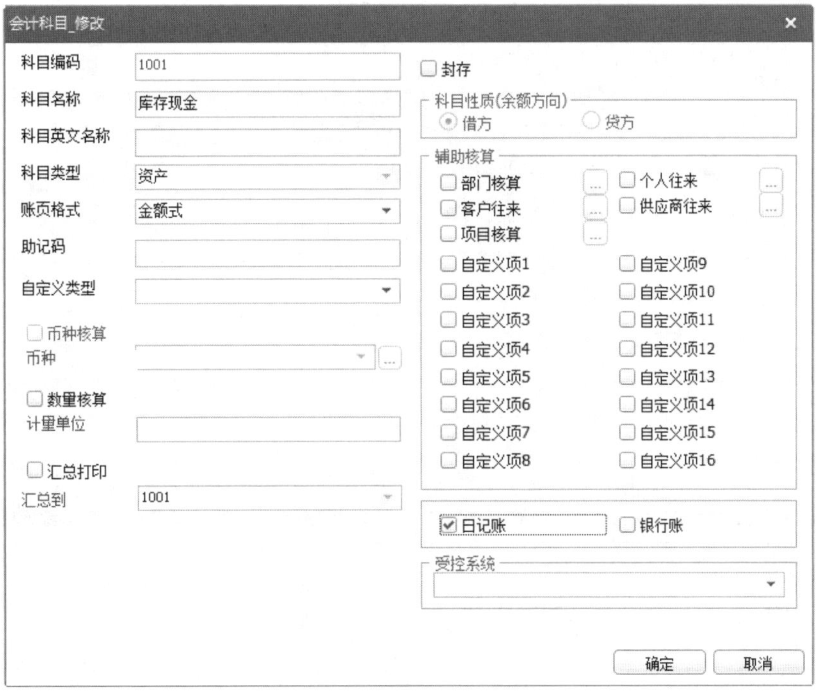

图 4-13　修改会计科目

(4) 同理,根据实验材料依次完成其他会计科目的修改。

>>> **注意事项**

已有数据的科目不能修改科目性质。

没有会计科目设置权的用户，只能浏览科目的具体定义，不能进行修改。

非末级科目及已使用的末级科目不能再修改科目编码。

如果会计科目已被制单或已录入期初余额，则不能删除或修改；如要修改该科目，必须先删除有该科目的凭证，并将该科目及其下级科目余额清零，再修改该科目，修改完毕后将余额及凭证补充完整。

3. 删除会计科目

（1）在"会计科目"窗口，单击要删除的会计科目"5301　研发支出"。

（2）单击"删除"按钮，系统弹出"记录删除后不能修复！真的删除此记录吗？"提示框，单击"确定"按钮，如图 4-14 所示。

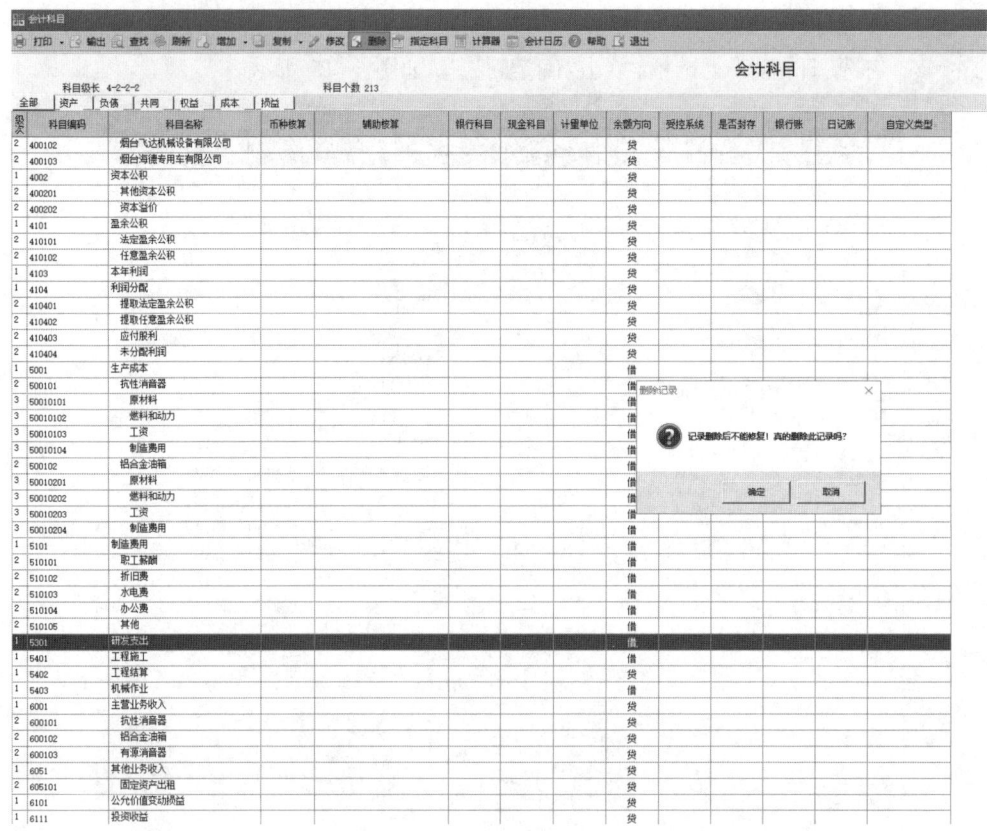

图 4-14　删除会计科目

▶▶ 注意事项

已使用的会计科目(如已录入期初余额或已制单)、非末级科目不能删除。

删除会计科目时应遵循自下而上的原则,即先删除下级科目再删除上级科目。

被指定的会计科目不能删除,如想删除,必须先取消指定。

4. 指定会计科目

(1)在"会计科目"窗口,执行"编辑"—"指定科目"命令,进入"指定科目"对话框,勾选"现金科目"复选框。

(2)选中待选科目"1001　库存现金",单击">"按钮,系统将"1001　库存现金"由待选科目移入已选科目,如图4-15所示。

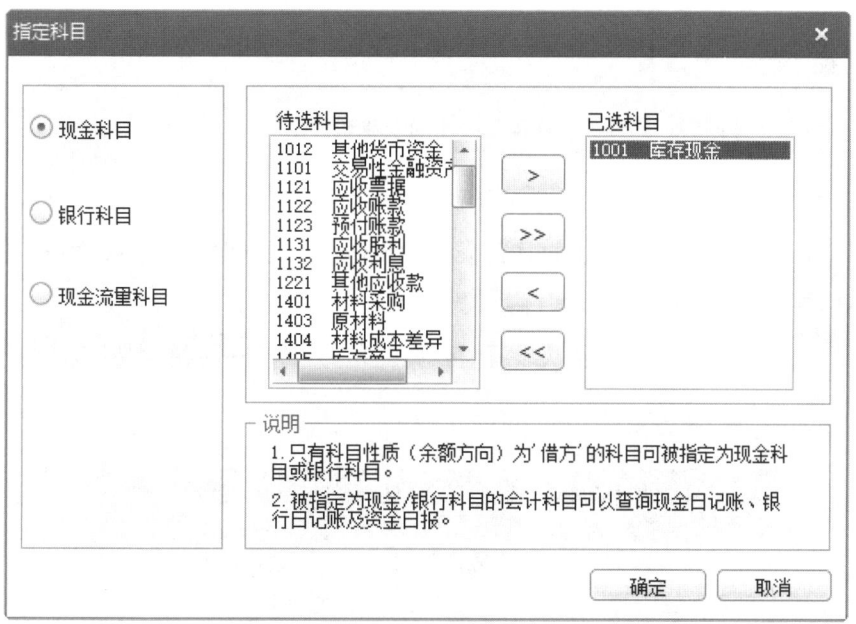

图4-15　指定科目

(3)单击"确定"按钮。同理,根据实验材料依次设置指定银行科目。

▶▶ 注意事项

指定的"库存现金""银行存款"科目供出纳管理使用,出纳在签字、查询现金日记账、银行存款日记账前,需要指定"库存现金""银行存款"总账科目。

（十一）凭证类别设置

(1) 单击"业务导航"菜单项，执行"基础设置"—"基础档案"—"财务"—"凭证类别命令"，弹出"凭证类别预置"对话框。

(2) 勾选"收款凭证 付款凭证 转账凭证"复选框，如图 4-16 所示。

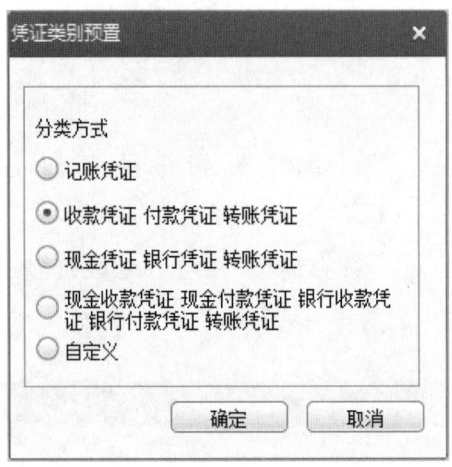

图 4-16 凭证类别预置

(3) 单击"确定"按钮，打开"凭证类别"窗口。

(4) 单击"修改"按钮，双击收款凭证的"限制类型"文本框，选中下拉列表中的"借方必有"，单击"限制科目"文本框，输入限制科目"1001,1002"。

(5) 同理，根据实验材料依次设置付款凭证和转账凭证的限制类型、限制科目，如图 4-17 所示。

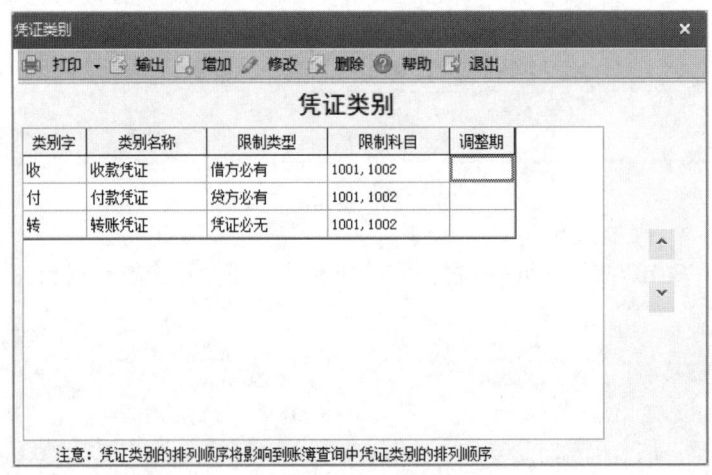

图 4-17 设置凭证类别

（6）单击"退出"按钮完成凭证类别设置。

注意事项

限制科目的数量不限，但是科目之间需要用英文状态下的逗号分隔。

填制凭证时，如果凭证不满足限制条件，则系统无法保存凭证。

（十二）录入期初余额

（1）单击"业务导航"菜单项，执行"业务工作"—"财务会计"—"总账"—"设置"—"选项"命令，打开"期初余额录入"窗口。

（2）单击"库存现金"的"期初余额"文本框，输入金额，按回车键确认。

（3）同理，根据实验资料依次录入其他末级科目期初余额，如图4-18所示。

科目编码	科目名称	方向	币别/计量	年初余额	累计借方	累计贷方	期初余额
1001	库存现金	借		7,130.00			7,130.00
1002	银行存款	借		1,979,307.72			1,979,307.72
100201	中国农业银行	借		1,979,307.72			1,979,307.72
1012	其他货币资金	借		140,000.00			140,000.00
101201	银行本票存款	借		140,000.00			140,000.00
1101	交易性金融资产	借		994,500.00			994,500.00
110101	股票投资浪潮软件	借		994,500.00			994,500.00
11010101	成本	借		900,000.00			900,000.00
11010102	公允价值变动	借		94,500.00			94,500.00
1121	应收票据	借		75,000.00			75,000.00
112101	银行承兑汇票	借		75,000.00			75,000.00
11210101	烟台凯马汽车制造公司	借		75,000.00			75,000.00
11210102	青岛通达汽车配件公司	借					
11210103	烟台三立有限公司	借					
11210104	泰安银光电子公司	借					
1122	应收账款	借		1,522,264.71			1,522,264.71
112201	威海东恒公司	借		331,233.00			331,233.00
112202	青岛通达汽车配件公司	借		430,000.00			430,000.00
112203	青岛山海机械有限公司	借		5,366.00			5,366.00
112204	烟台三立有限公司	借		755,665.71			755,665.71
112205	济南西城机械有限公司	借					
1123	预付账款	借		30,424.60			30,424.60
112301	预付报刊订阅费	借		275.23			275.23
112302	预付车辆保险费	借		149.37			149.37

图4-18 期初余额录入

注意事项

底色为白色的表格是末级科目，可以直接录入数据，底色为淡蓝色的表格表示还有下级科目，不能直接录入数据，需要在下级科目对应的表格录入数据，下级科目录入完毕，上级科目自动汇总。

（十三）试算平衡

（1）录入所有科目余额后，在"期初余额录入"窗口，单击"试算"按钮，弹出"期初试算平衡表"对话框，如图 4-19 所示。

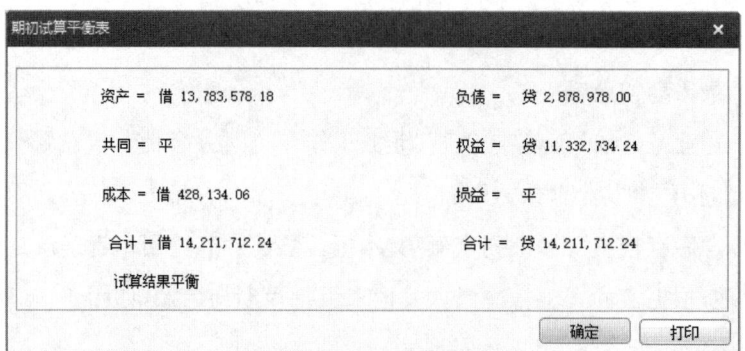

图 4-19　期初试算平衡表

（2）单击"确定"按钮。

> ▶▶▶ 注意事项
>
> 若期初余额试算不平衡，需要修改期初余额直至试算平衡为止。
>
> 期初余额试算不平衡，无法记账。

项目五　记账凭证的填制与审核

一、实验目的

（1）能够熟练运用软件进行企业日常记账凭证的填制。
（2）能够熟练运用软件进行记账凭证的出纳签字与凭证审核。

二、实验内容

（1）企业日常记账凭证填制。
（2）企业凭证出纳签字与凭证审核。

三、实验准备

（1）正确引入项目四中的账套数据。
（2）系统时间调整为 2023-12-31。

四、实验资料

2023 年 12 月，烟台兴茂机械制造有限公司发生的经济业务内容请参考项目十综合实验。

五、实验操作指导

（一）取消制单序时控制

（1）为方便记账凭证的录入，去除系统制单序时控制。在导航菜单栏底部选择"业务工作"项目，执行"财务会计"—"总账"—"设置"—"选项"命令。
（2）单击"凭证"选项卡底部的"编辑"按钮。
（3）取消勾选"制单控制"页签中"制单序时控制"复选框，如图 5-1 所示。
（4）单击"确定"按钮。

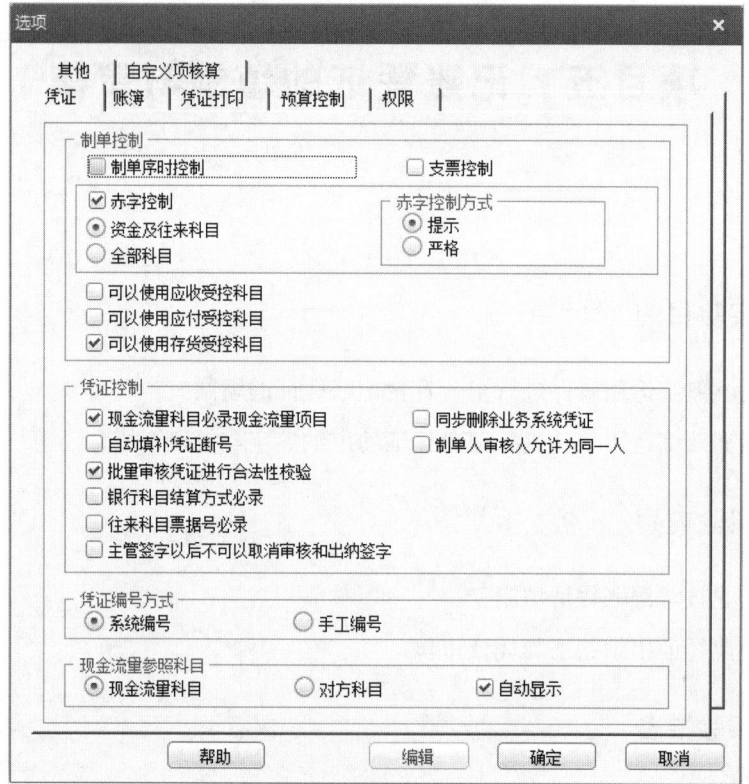

图 5-1 取消制单序时控制

> **注意事项**
>
> 在勾选"制单序时控制"复选框之前必须单击底部"编辑"按钮,否则无法进行设置。
>
> 如果不取消勾选"制单序时控制"复选框,填制凭证中途会出现凭证时间错误,而修改凭证日期会很麻烦,可能涉及错误凭证之后所有的记账凭证。

(二)填制记账凭证

1. 填制一张银行存款收款凭证(项目十12月份经济业务,业务4)

(1) 以"002 孙娜"角色登录企业应用平台,执行"财务会计"—"总账"—"凭证"—"填制凭证"命令,进入"填制凭证"窗口。

(2) 单击"增加"按钮,出现一张空白凭证。

(3) 选择凭证类型"收款凭证",输入制单日期"2023.12.02"。

(4) 输入摘要"收回材料余款"、科目名称"银行存款——中国农业银行"、借方金额"2 168.25",按回车键后,系统自动将摘要带入下一行,输入科目名称"其他应收款——重庆华宇机械有限公司"、贷方金额"2 168.25",如图5-2所示。

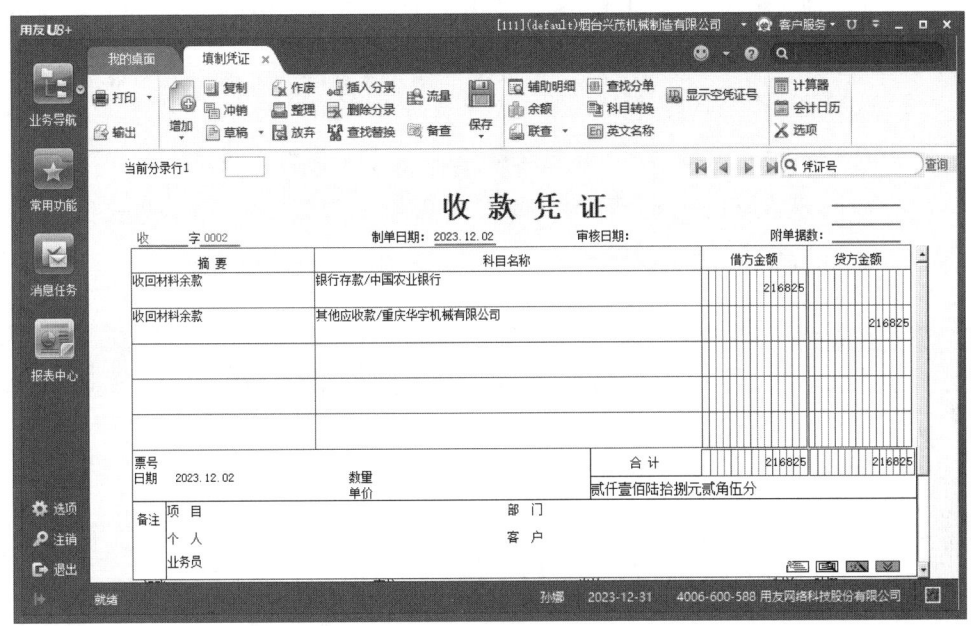

图5-2 填制银行收款凭证

> **注意事项**
>
> 凭证填制时选择企业账套角色中的"会计人员"登录企业应用平台。
>
> 如果无法进入填制凭证界面,请检查用户是否具有"填制凭证"权限。
>
> 建议按照凭证时间顺序录入,如果按照凭证种类录入,请先录入收款凭证,否则"库存现金"及"银行存款"账户将提醒出现赤字。
>
> 银行收款凭证借方必有科目"1002 银行存款",否则凭证无法保存。
>
> 如果使用科目编码录入凭证,请使用末级科目编码。
>
> 使用"="可以使凭证借贷自动平衡。
>
> 使用"—"可以生成红字分录。
>
> 使用"F2"可以查询明细项目。
>
> 使用"F5"可以新增凭证。
>
> 使用"F6"可以保存凭证。

(5)单击"保存"按钮,弹出"凭证已成功保存!"提示框。

(6)单击"确定"按钮,填制的凭证保存成功。

2. 填制一张银行存款付款凭证(项目十12月份经济业务,业务1)

(1) 以"002 孙娜"角色登录企业应用平台,执行"财务会计"—"总账"—"凭证"—"填制凭证"命令,进入"填制凭证"窗口。

(2) 单击"增加"按钮,出现一张空白凭证。

(3) 选择凭证类型"付款凭证",输入制单日期"2023.12.01"。

(4) 输入摘要"提取备用金"、科目名称"库存现金"、借方金额"2 500.00",按回车键后,系统自动将摘要带入下一行,输入科目名称"银行存款——中国农业银行"、贷方金额"2 500.00",如图5-3所示。

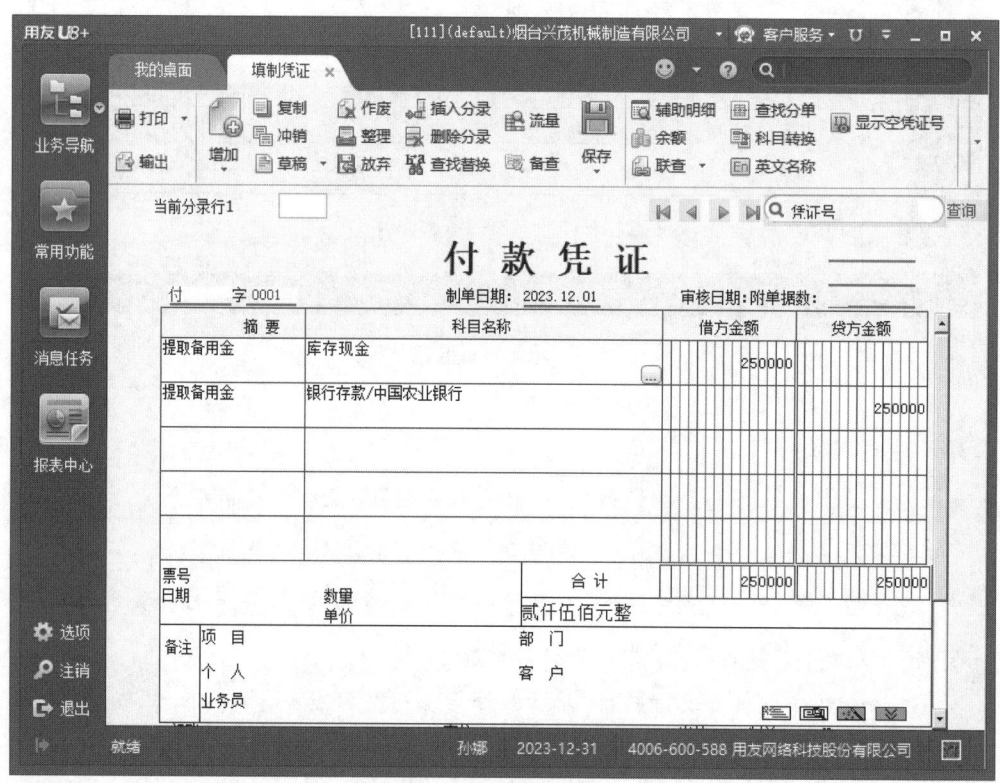

图5-3 填制银行付款凭证

▶▶▶ 注意事项

付款凭证贷方必有科目"1001 库存现金""1002 银行存款",否则凭证无法保存。

(5) 单击"保存"按钮,弹出"凭证已成功保存!"提示框。

(6) 单击"确定"按钮,填制的凭证保存成功。

3. 填制一张库存现金收款凭证(项目十 12 月份经济业务,业务 16)

(1) 以"002 孙娜"角色登录企业应用平台,执行"财务会计"—"总账"—"凭证"—"填制凭证"命令,进入"填制凭证"窗口。

(2) 单击"增加"按钮,出现一张空白凭证。

(3) 选择凭证类型"收款凭证",输入制单日期"2023.12.10"。

(4) 输入摘要"报销差旅费"、科目名称"管理费用——差旅费"借方金额"1 550.00",按回车键后,系统自动将摘要带入下一行"库存现金"、借方金额"450.00",按回车键后,系统自动将摘要带入下一行,输入科目名称"其他应收款——李强"、贷方金额"2 000.00",如图 5-4 所示。

图 5-4 填制现金收款凭证

▶▶▶ 注意事项

收款凭证借方必有科目"1001 库存现金""1002 银行存款",否则凭证无法保存。

(5) 单击"保存"按钮,弹出"凭证已成功保存!"提示框。

(6) 单击"确定"按钮,填制的凭证保存成功。

4. 填制一张库存现金付款凭证(项目十 12 月份经济业务,业务 3)

(1) 以"002 孙娜"角色登录企业应用平台,执行"财务会计"—"总账"—"凭证"—"填制凭证"命令,进入"填制凭证"窗口。

(2) 单击"增加"按钮,出现一张空白凭证。

(3) 选择凭证类型"付款凭证",输入制单日期"2023.12.01"。

(4) 输入摘要"报销差旅费"、科目名称"管理费用——差旅费"、借方金额"6 900.00",按回车键后,系统自动将摘要带入下一行,输入科目名称"库存现金"、贷方金额"1 900.00";按回车键后,系统自动将摘要带入下一行,输入科目名称"其他应收款——刘星"、贷方金额"5 000.00",如图 5-5 所示。

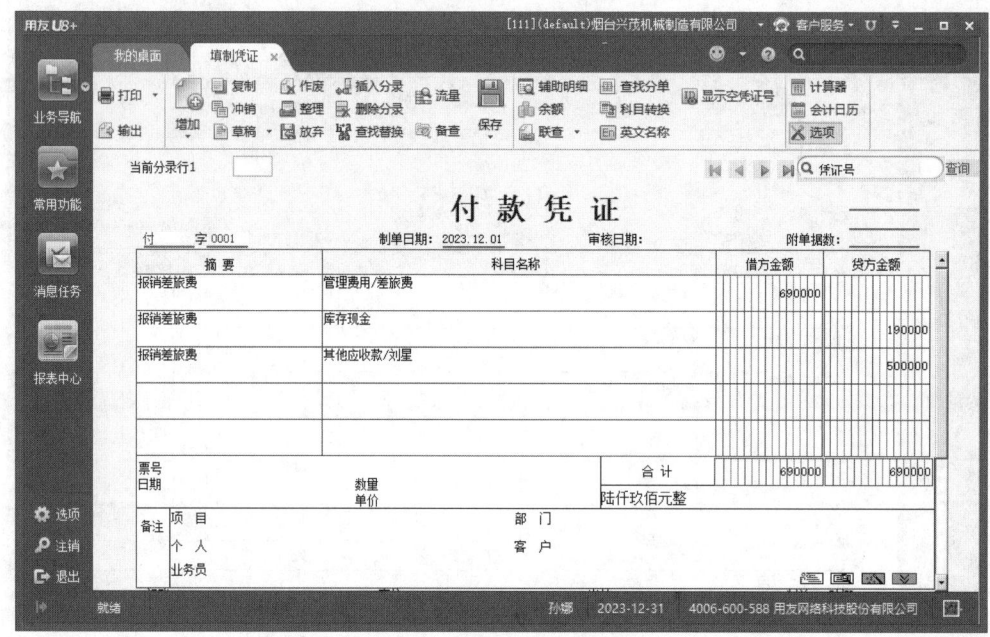

图 5-5 填制现金付款凭证

(5) 单击"保存"按钮,弹出"凭证已成功保存!"提示框。

(6) 单击"确定"按钮,填制的凭证保存成功。

5. 填制一张转账凭证(项目十 12 月份经济业务,业务 2)

(1) 以"002 孙娜"角色登录企业应用平台,执行"财务会计"—"总账"—"凭证"—"填制凭证"命令,进入"填制凭证"窗口。

(2) 单击"增加"按钮,出现一张空白凭证。

(3) 选择凭证类型"转账凭证",输入制单日期"2023.12.01"。

(4) 输入摘要"购买材料钢板"、科目名称"材料采购——钢板"、借方金额"121 975.00";按回车键后,系统自动将摘要带入到下一行,输入科目名称"应交税费——应交增值税——进项税额"、借方金额"15 856.75";按回车键后,系统自动将摘要带入到下一行,输入科目名称"其他应收款——重庆华宇机械有限公司"、借方金额"2 168.25";按回车键后,系统自动将摘要带入到下一行,输入科目名称"其他货币资金——银行本票存款"、贷方金额"140 000.00",如图 5-6 所示。

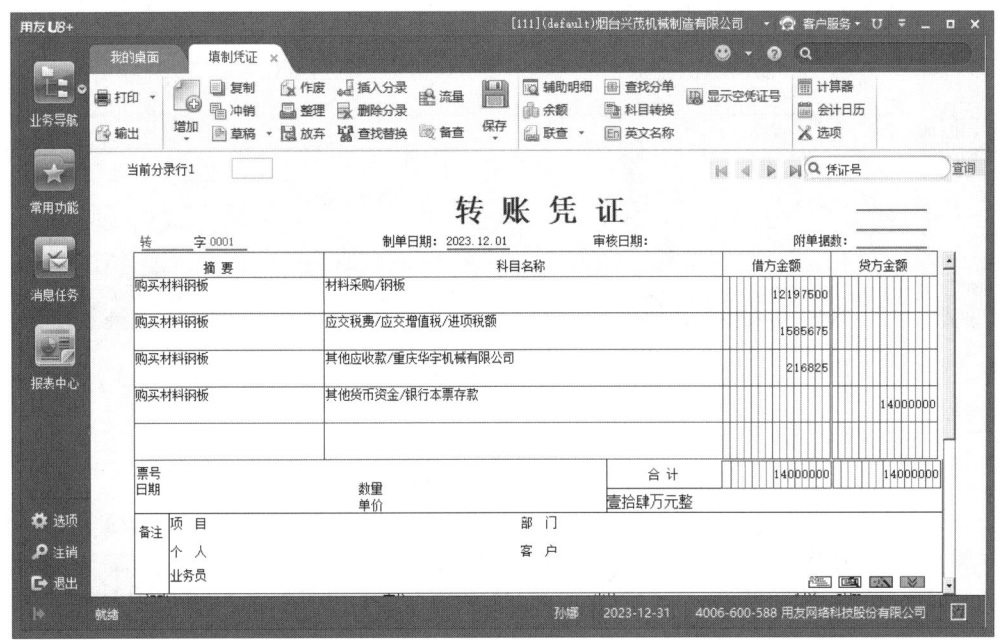

图 5-6　填制转账凭证

>>> **注意事项**

转账凭证必无科目"1001　库存现金""1002　银行存款",否则凭证无法保存。

(5) 单击"保存"按钮,弹出"凭证已成功保存!"提示框。

(6) 单击"确定"按钮,填制的凭证保存成功。

(三) 修改凭证

(1) 以"002　孙娜"角色登录企业应用平台,执行"业务工作"—"财务会计"—"总账"—"凭证"—"填制凭证"命令,进入"填制凭证"窗口。

(2) 在菜单栏处,单击"查询"按钮,选择凭证查询条件后单击"确定"按钮,找到要修改的未经审核、出纳签字的凭证,对凭证进行修改,如图 5-7 所示。

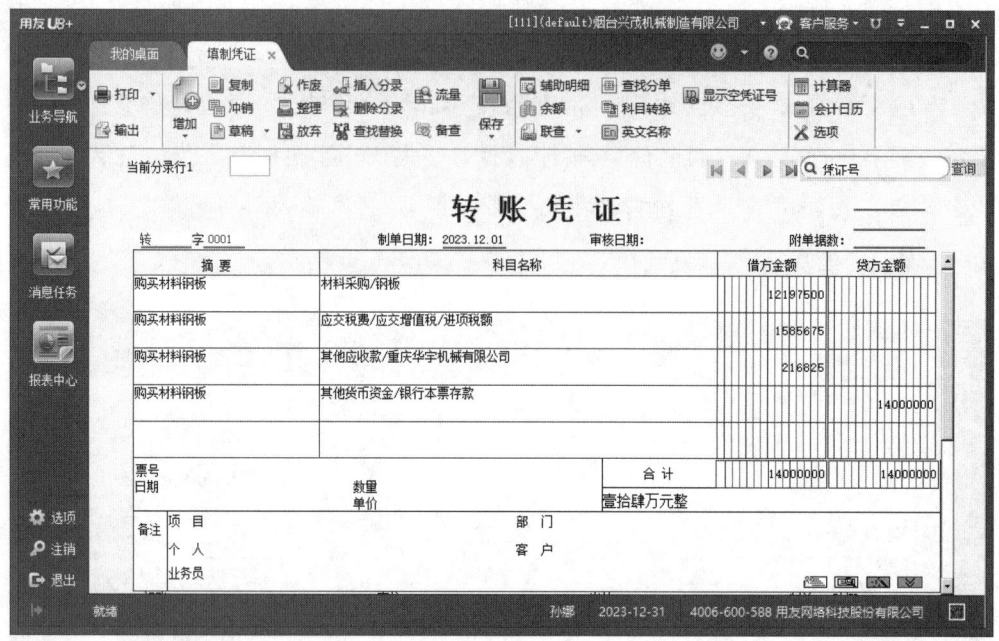

图 5-7　修改凭证

（四）删除凭证

（1）单击"作废"按钮，凭证左上角出现"作废"印章，如图 5-8 所示。

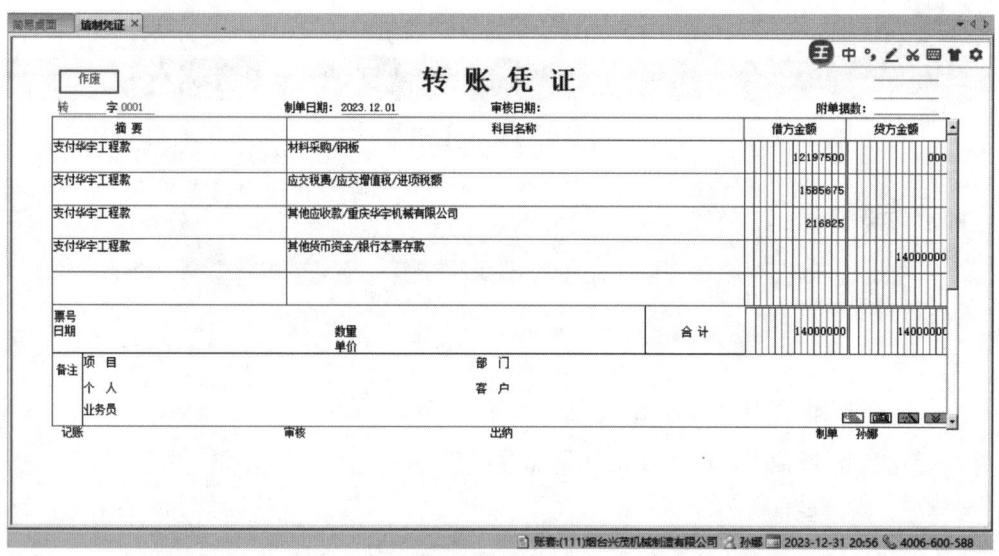

图 5-8　作废凭证

▶▶▶ **注意事项**

对于已经审核或签字的凭证要想作废,应当先取消审核或签字,再进行作废处理。

作废凭证仍保留凭证内容及凭证编号,显示"作废"字样。

作废凭证不能修改、审核,但参与记账。

作废的凭证,通过单击"恢复"按钮,可恢复为一张正常的凭证。

(2) 单击"整理"按钮,弹出"凭证期间选择"对话框,凭证期间选择"2023.12"。

(3) 单击"确定"按钮,弹出"作废凭证表"对话框,如图5-9所示。

图 5-9 作废凭证表

(4) 单击"确定"按钮,弹出"是否还需整理凭证断号"提示框,如图5-10所示。

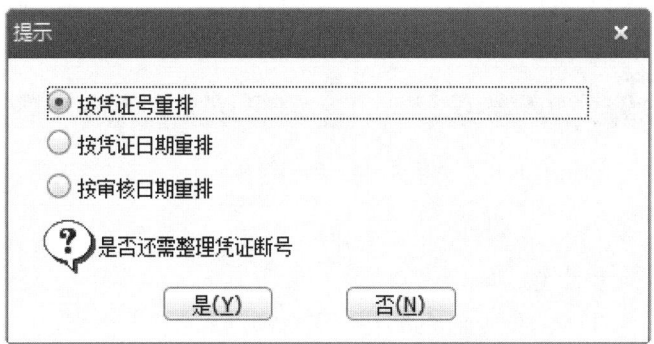

图 5-10 整理凭证断号提示

(5) 勾选"按凭证号重排"复选框,单击"是"按钮。

>>> **注意事项**

作废的凭证不想保留时,可单击"整理"按钮,将其彻底删除。

只能对未记账的作废凭证进行整理凭证。

整理凭证时,可以对未记账的凭证重新编号。

(五)出纳签字与取消

1. 出纳签字

以"003 王强"角色登录企业应用平台,在导航菜单栏底部选择"业务工作"项目,执行"财务会计"—"总账"—"凭证"—"出纳签字"—"确定"命令,双击凭证列表内任意凭证进入凭证界面,单击上方菜单栏"签字"按钮,进行凭证处理,如图5-11所示。

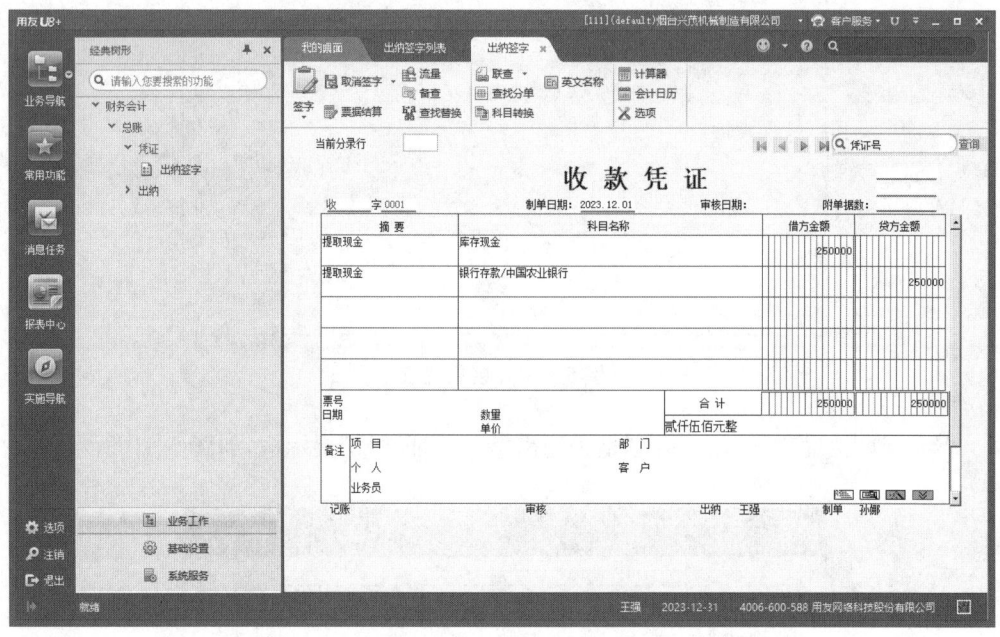

图5-11 出纳签字

>>> **注意事项**

出纳签字前请检查是否有作废凭证,如果存在作废凭证,请在"填制凭证"界面上方菜单栏勾选"整理凭证"复选框,防止收款凭证、付款凭证出现问题。

出纳签字时选择企业账套角色中"出纳"人员登录企业应用平台。

如果无法进入出纳签字界面,请检查是否具有"出纳签字"权限。

如果系统提示没有可签字的凭证,则为之前操作的现金科目和银行存款科目未指定,执行"基础设置"—"基础档案"—"财务"—"会计科目"命令,选择上方菜单栏"指定科目"选项。

2. 取消出纳签字

以"003 王强"角色登录企业应用平台,打开"出纳签字"窗口,单击"取消签字"按钮,凭证底部"出纳"处的签字自动取消,如图 5-12 所示。

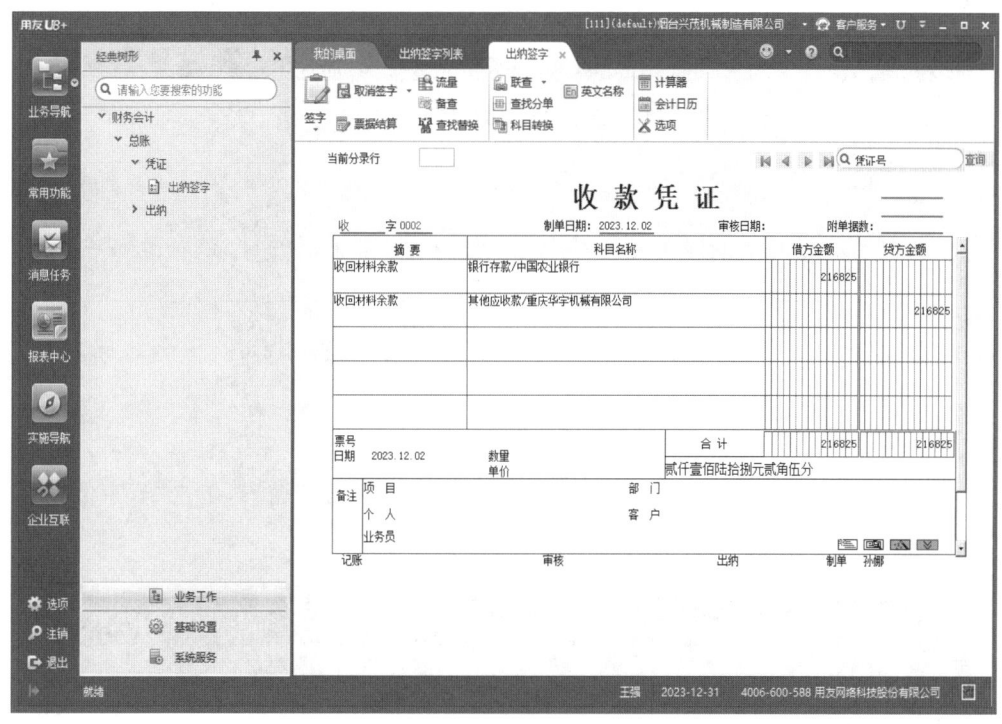

图 5-12 取消出纳签字

(六)凭证审核与取消

1. 审核凭证

以"001 张丽"角色登录企业应用平台,在导航菜单栏底部选择"业务工作"项目,执行"财务会计"—"总账"—"凭证"—"审核凭证"—"确定"命令,双击凭证栏进入凭证界面,单击上方菜单栏"审核"按钮,如图 5-13 所示。

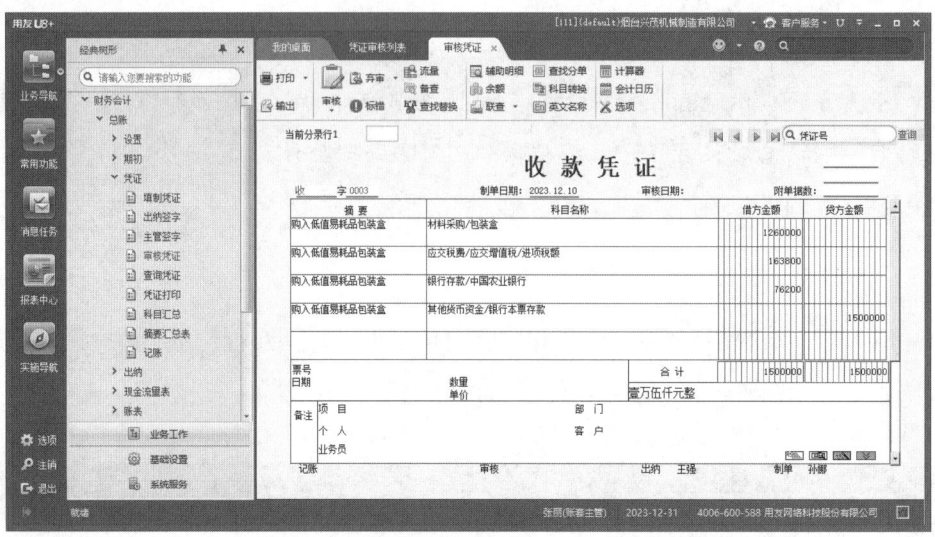

图 5-13　审核凭证

>>> **注意事项**

　　审核凭证前请再次检查是否有作废凭证,如果存在作废凭证,请在"填制凭证"界面上方菜单栏勾选"整理凭证"复选框,防止转账凭证出现问题。

　　审核凭证角色一定与填制凭证角色不一致,否则无法进行审核凭证。

2. 取消审核凭证

以"001　张丽"角色登录企业应用平台,打开"审核凭证"窗口,单击"弃审"按钮,凭证底部"审核"处的签字自动取消,如图 5-14 所示。

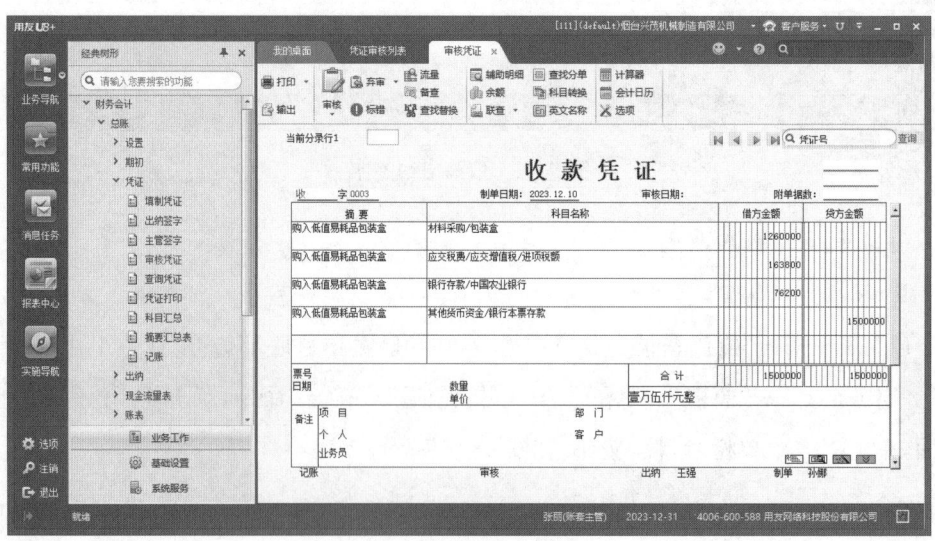

图 5-14　取消凭证审核

项目六　登记账簿

一、实验目的

(1) 理解新道 U8＋V15.0 系统中的账簿和手工账中的账簿有何区别。

(2) 掌握查询现金日记账和银行存款日记账的方法。

(3) 掌握查询总账及明细账的方法。

(4) 了解查询辅助账的位置。

二、实验内容

(1) 以"出纳"角色登录企业应用平台,了解出纳管理的各种功能,完成现金和银行存款日记账的查询及银行对账的查询。

(2) 当完成制单、审核及记账活动后,日常核算需要得到的信息资料已全部形成,以"账簿"(现金日记账、银行存款日记账、明细分类账、总分类账、辅助账)的构架形式进行储存时,通过"账簿管理"的方法来查询、分析、利用会计信息。

三、实验准备

(1) 正确引入项目五的账套数据。

(2) 系统时间调整为 2023-12-31。

四、实验资料

(1) 12 月 31 日,完成烟台兴茂机械制造有限公司 12 月份发生的所有经济业务的记账工作。

(2) 完成对现金日记账和银行存款日记账的查询操作。

(3) 完成对总账、明细账、余额表等科目账和辅助账的查询操作。

五、实验操作指导

(一) 了解信息化中的账簿

《中华人民共和国会计法》第 3 条规定,各单位必须依法设置会计账簿,并保证其真实、完整。账簿是科目的载体,科目是经纪业务的整理、归纳和分类,会计账簿同会计科目相结合并发挥作用,由此形成可供利用的会计信息。

在手工账务处理系统中,可以说有会计必有账簿;但信息化环境下系统能够自动完成账簿的登记工作,只要期初余额的录入、记账凭证的填制等基础业务操作正确完成,系统生成的账簿就一定是正确的,这极大地缩短了登记账簿的时间,并提高了准确性。

手工会计环境下账务处理程序,如图 6-1 所示。

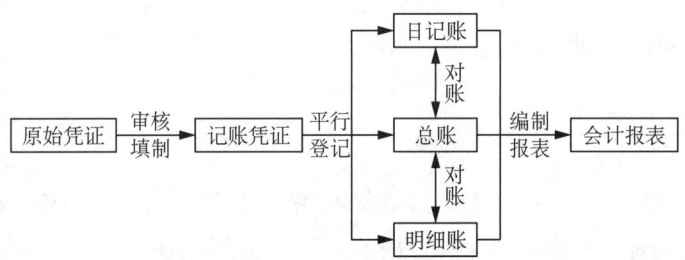

图 6-1 手工账务处理程序

会计信息化环境下的账务处理程序,如图 6-2 所示。

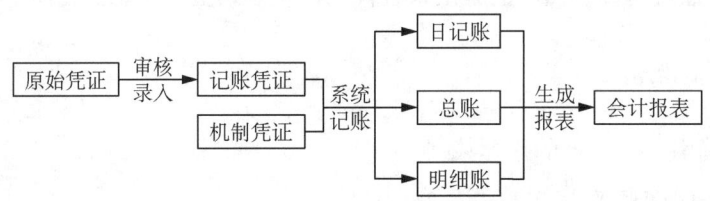

图 6-2 信息化账务处理程序

(二) 期初余额试算平衡

系统期初余额的录入必须正确,否则本期经纪业务生成的记账凭证将无法记账。因此,录入期初余额后,一定要进行试算平衡检查,若期初余额不平,对照本项目背景资料中的期初资料仔细核对检查,直到调平为止。

操作步骤:以"002 孙娜"角色登录企业应用平台,执行"财务会计"—"总账"—"设置"—"期初余额"命令,进入"期初余额录入"界面,单击"试算"按钮,若弹出"期初试算平衡表"窗口,则期初录入无误,如图 6-3 所示。

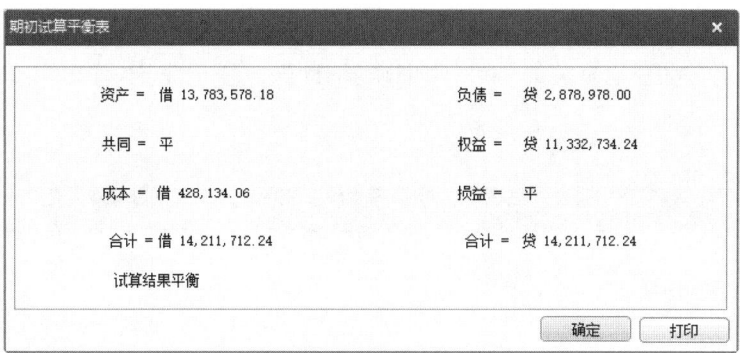

图 6-3　期初试算平衡表

> **注意事项**
>
> 虽然本期记账凭证的录入也会影响本期账簿的数据,但是通过记账操作弹出的"期初试算平衡表"窗口,并不能证明记账凭证没有错误(根据借方发生额=贷方发生额),所以录入本期凭证时应认真录入。

（三）凭证记账与取消

1. 凭证记账

（1）执行"总账"—"凭证"—"记账"命令,打开"记账"窗口。

（2）单击"全选"按钮,选择所有要记账的凭证,如图6-4所示。

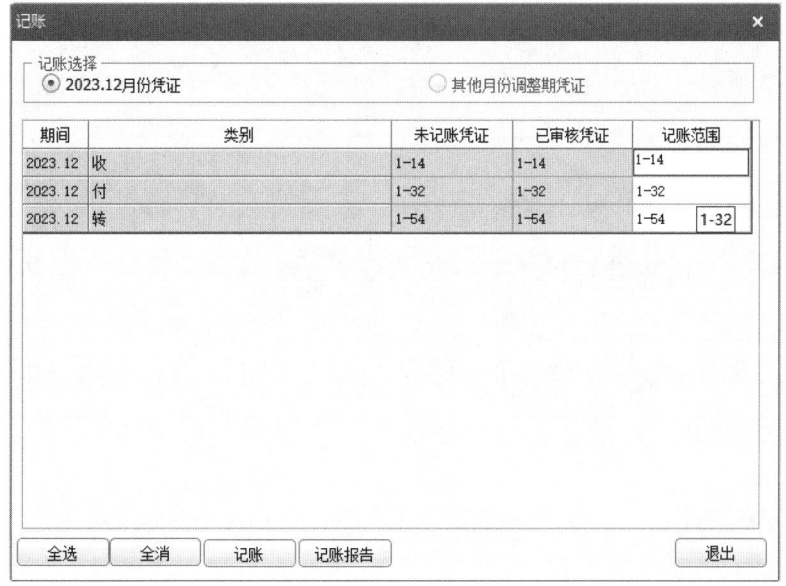

图 6-4　选择记账范围

(3) 单击"记账"按钮,弹出"期初试算平衡表"窗口,单击"确定"按钮。

(4) 系统自动登记有关的总账、明细账、辅助账。登记完毕,弹出"记账完毕!"提示框,如图6-5所示。

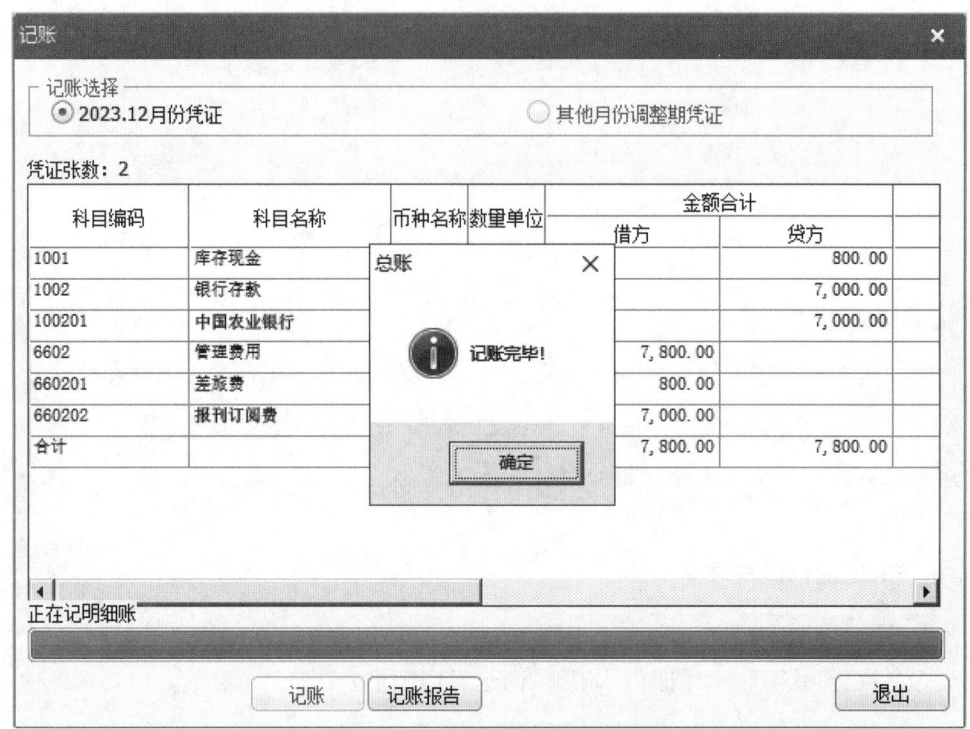

图6-5 记账完毕提示框

▶▶▶ 注意事项

在第一次记账时,若期初余额不平衡,系统将不允许记账。

未经审核的凭证不能记账,但是作废的凭证不需要审核可以直接记账。

(5) 单击"确定"按钮,记账完毕,单击"退出"按钮。

2. 取消记账

(1) 以"001 张丽"角色登录企业应用平台,单击左侧工具栏"实施导航"选项,进入"U8＋实施导航工作台"窗口,执行"实施工具"—"其他"—"总账数据修正"命令,如图6-6所示。

(2) 在"恢复记账选择"页签勾选"恢复2023年12月份凭证"复选框,如图6-7所示。

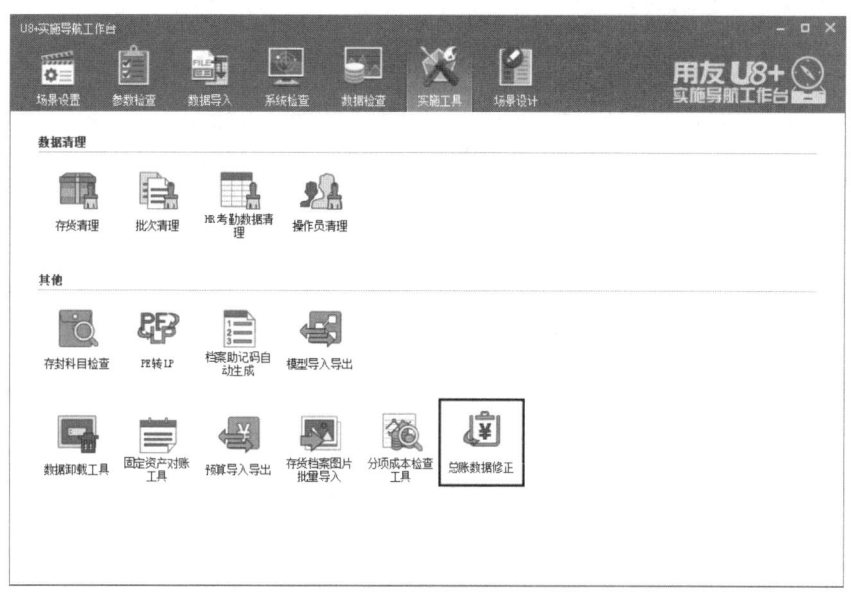

图6-6 总账数据修正

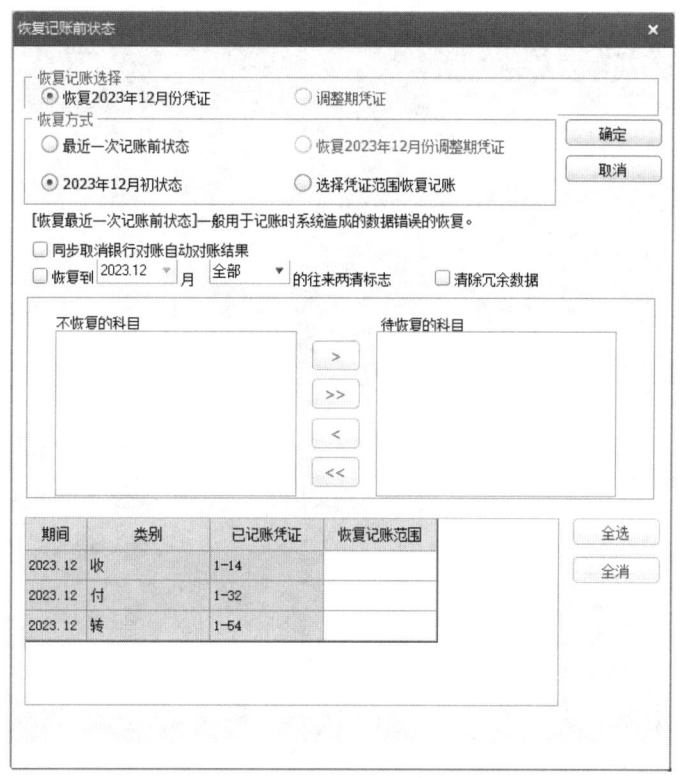

图6-7 恢复2023年12月份凭证

(3) 单击"确定"按钮,弹出"输入"对话框,输入口令"1"(用户密码),如图6-8所示。

图 6-8　输入口令

（4）单击"确定"按钮，弹出"恢复记账完毕"提示框，单击"确定"按钮。

（四）查询现金日记账、银行存款日记账

出纳账簿管理，是指查询与输出现金日记账与银行存款日记账、资金日报及支票登记簿等，由出纳人员完成相关操作。

账证联查技术是指在查询明细账记录时，可以通过单击"记录行""凭证"按钮跳转到相应的凭证窗口，直接查询凭证。在"凭证查询"窗口，还可以通过单击"分录行""明细"按钮或者直接单击"退出"按钮返回到明细账查询窗口。出纳模块功能如图 6-9 所示。

图 6-9　出纳模块

1．查询现金日记账

（1）以"003　王强"角色登录企业应用平台，执行"财务会计"—"总账"—"出纳"—"现金日记账"命令,进入现金日记账查询条件设置窗口。

(2)可以按月进行查询,也可以按日进行查询,"科目"只能选择"1001　库存现金",输入查询月份"2023.12",如图6-10所示。

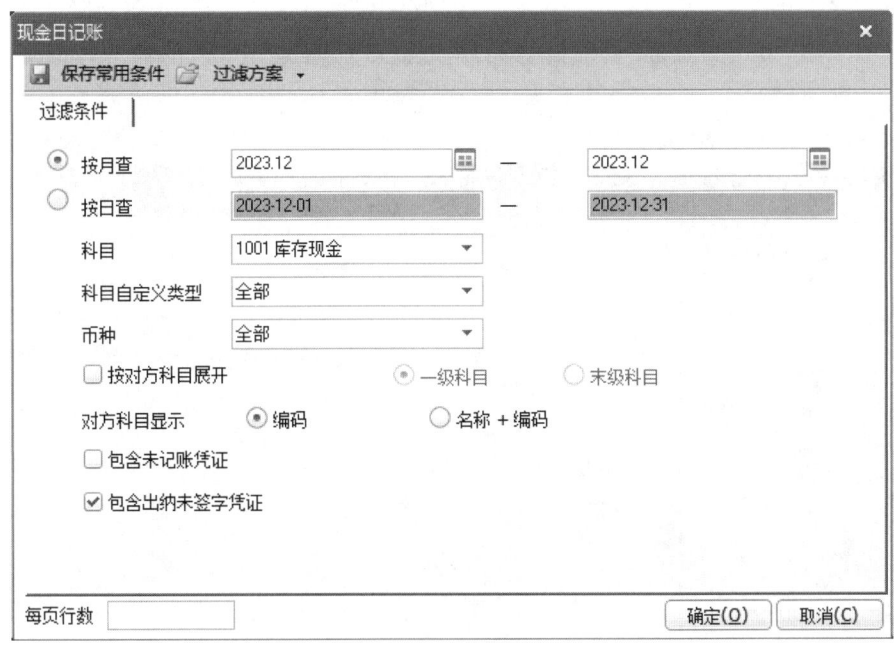

图 6-10　现金日记账查询条件设置

(3)单击"确定"按钮,系统显示当期发生的关于"库存现金"的业务,如图6-11所示。

图 6-11　现金日记账

2. 查询银行存款日记账

（1）以"003 王强"角色登录企业应用平台，执行"财务会计"—"总账"—"出纳"—"银行日记账"命令，查询银行存款日记账。

（2）表中首行是"期初余额"，下方为本期发生的与"银行存款"有关的业务。

（3）单击"确定"按钮，系统显示当期发生关于"银行存款"的业务，如图6-12所示。

图6-12　银行存款日记账

> **注意事项**
>
> 可以发现，账簿首行是"期初余额"，下方是本期发生的与"库存现金""银行存款"有关的业务，这就要求在录入期初余额及本期业务时要认真细心。
>
> 账簿的另一大作用是当处理资产负债表时，假设"货币资金"项目出现错误，则首先可以核查日记账来寻找错误，日记账可以清楚明了地展示哪笔分录出现错误。

（五）科目汇总表

（1）科目汇总表在手工会计账簿中的编制工作量特别大，各个科目都必须逐一核算。而在信息化中就显得尤为简单，基础设置、期初余额和本期发生额的凭证录入无误，便可以轻松生成查看。

（2）以"002 孙娜"角色登录企业应用平台，执行"财务会计"—"总账"—"凭证"—"科目汇总"命令,如图 6-13 所示。

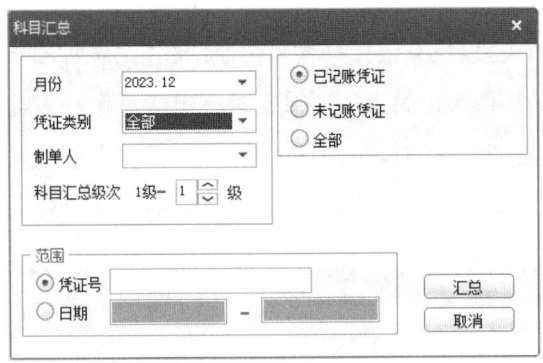

图 6-13　科目汇总

(3) 录入科目汇总条件,选择查询月份,勾选"已记账凭证"复选框,凭证类别根据需要选择,最后单击"汇总"按钮,系统将自动计算并列出结果,如图 6-14 所示。

图 6-14　科目汇总表

(六) 银行对账

银行对账是银行进行货币资金管理的主要内容,也是企业出纳人员的基本工作之一。企业的结算业务大部分是通过银行进行结算的,但由于企业与银行的账务处理和入账时间不一致,往往会发生账面不一致的情况,即"未达账项"。为了能够准确掌握银行存款的实际余额,了解实际可以动用的货币资金数额,判断银行记账记录是否正确,企业必须定期进行银行对账处理。

银行对账处理,是指企业定期将银行存款日记账与银行对账单进行核对(勾对),并编制银行余额调节表,以检查银行存款收付及结存情况是否一致。

银行对账处理的操作由出纳进行。首次进行银行对账时,需要执行银行对账期初功能模块,即初始化;正常使用时,每月月末结账前,需要先录入银行对账单,自动勾对并辅以人工勾对,最后输出银行存款余额调节表,如图 6-15 所示。

图 6-15 银行对账

(七)科目账查询

1. 总账

总账查询不但可以查询各总账科目的年初余额、各月发生额合计和月末余额,而且还可以查询明细账的年初余额、各月发生额合计和月末余额。

(1)以"002 孙娜"角色登录企业应用平台,执行"财务会计"—"总账"—"账表"—"科目账"命令,选择"总账"选项,如图 6-16 所示。

(2)输入要查询的科目,如"6001 主营业务收入"。

总账查询应尽量输入一级科目。

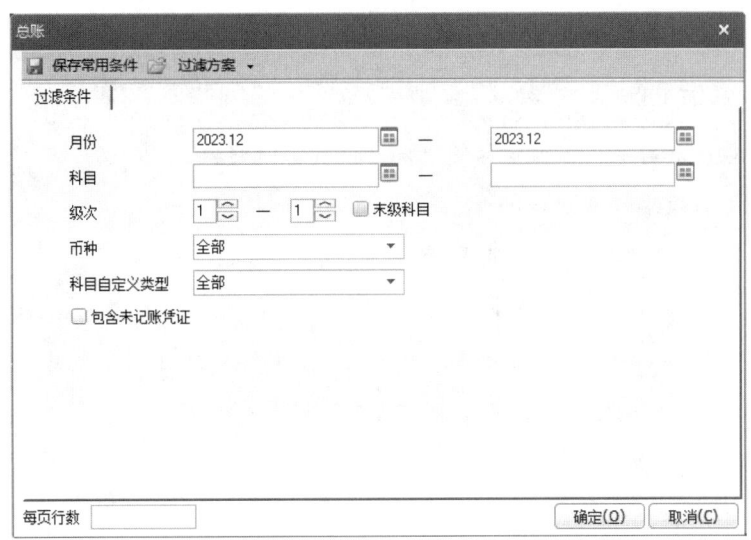

图 6-16　总账查询条件

（3）单击"确定"按钮，系统显示当期关于"6001　主营业务收入"科目本期的总账信息，如图 6-17 所示。

图 6-17　主营业务收入总账

>>> 注意事项

在查询账表时要把之前录入的凭证全部作记账处理。

损益类科目期末方向一定为"平"。

科目范围可输入起止科目范围,为空时,系统默认是所有科目。

科目级别:在确定科目范围后,可以查询该范围内的某级科目。如将科目级次输入为"1-1",则只查询一级科目;如将科目级别输入为"1-3",则只查询一至三级科目;如果需要查询所有末级科目,勾选"末级科目"选框即可。

2. 明细账

(1) 以"002 孙娜"角色登录企业应用平台,执行"财务会计"—"总账"—"账表"—"科目账"命令,选择"明细账"选项,如图 6-18 所示。

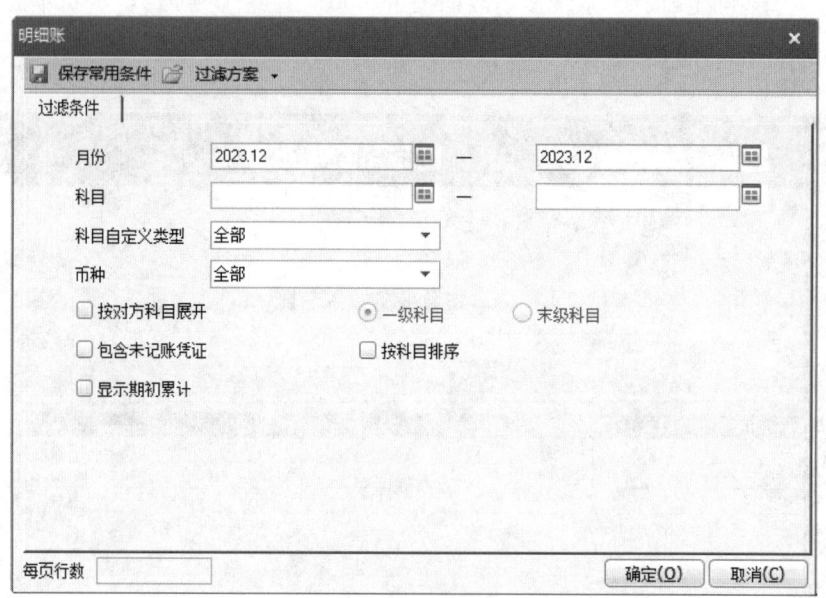

图 6-18 明细账查询条件

>>> 注意事项

月份范围:选择起止月份,当只查询某个月时,应将起止月都选择为同一月份。如查询 2023 年 12 月,则月份范围应选择为 2023.12~2023.12。若要查询包含未记账凭证的明细账,可选择"包含未记账凭证"。查询结果中的未记账业务用颜色加以区别。若希望在查询未分级科目明细账时,按该科目的明细账下末级科目分别列示,则可勾选"按科目排序"复选框。若同时查询某月份末级科目的明细账及其上级科目的总账数据,则可选择"月份综合明细账"。具体操作步骤为在总账系统中,执行"账簿"—"明细账"命令,弹出"明细账查询条件"窗口;手工或参照输入需要查询的明细科目,单击"确认"按钮即可查询。

(2) 科目中输入"600101",单击"确定"按钮,查询主营业务收入的第一个二级明细,如图 6-19 所示。

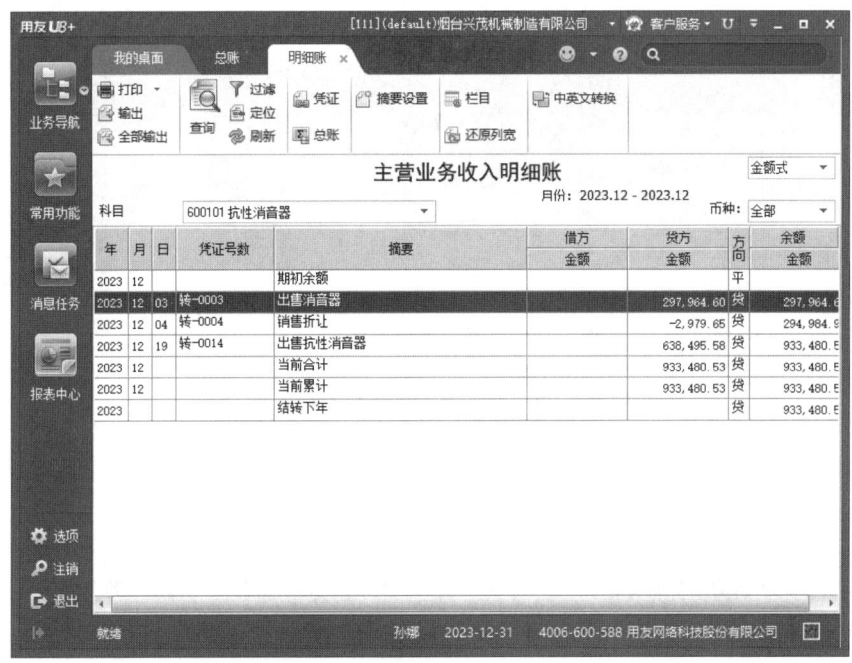

图 6-19　主营业务收入明细账

(3) 单击"确定"按钮,系统显示当期关于"600101　抗性消音器"本期明细账的详细信息。双击明细账的某一行,可以查询该凭证。

▶▶▶ **注意事项**

明细账是检查报表的重要方式,若资产负债表中的"应收账款"项目出现错误导致不平衡,最简单发现错误的方法是查询明细账,因为"应收账款"项目根据"应收账款借方余额＋预收账款借方余额－坏账准备"计算,涉及应收账款的二级明细,应该查询每一个应收账款的二级明细,核对应收款的多个二级科目的借方和贷方,以选择记入"应收账款"项目还是"预收款项"项目。

3. 余额表

(1) 以"002 孙娜"角色登录企业应用平台,执行"财务会计"—"总账"—"账表"—"科目账"命令,选择"发生额及余额表"选项,如图6-20所示。

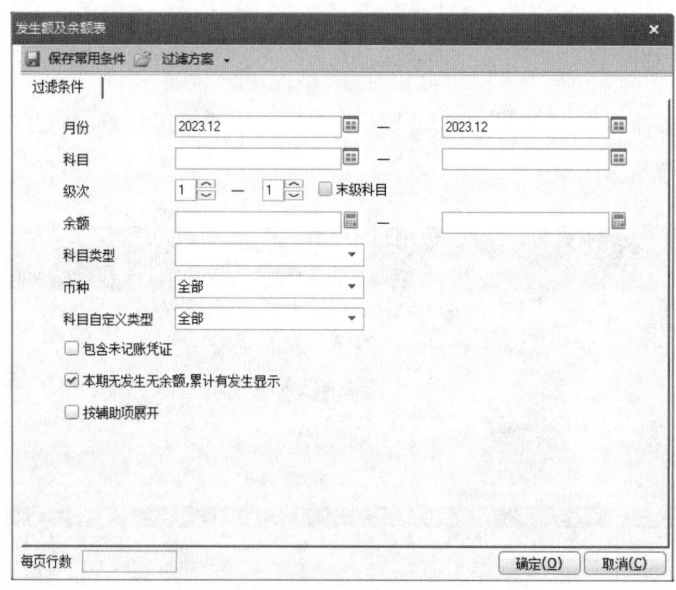

图6-20 发生额及余额表查询条件

(2) 科目输入"6601",查询"销售费用"发生额,系统显示当期关于"销售费用"发生额有关信息,如图6-21所示。

图6-21 销售费用发生额及余额表查询

(3)若继续查询"6602　管理费用"的发生额,可单击发生额及余额表上方的"查询"按钮,快速调出"发生额及余额表"查询条件窗口,如图 6-22 所示。

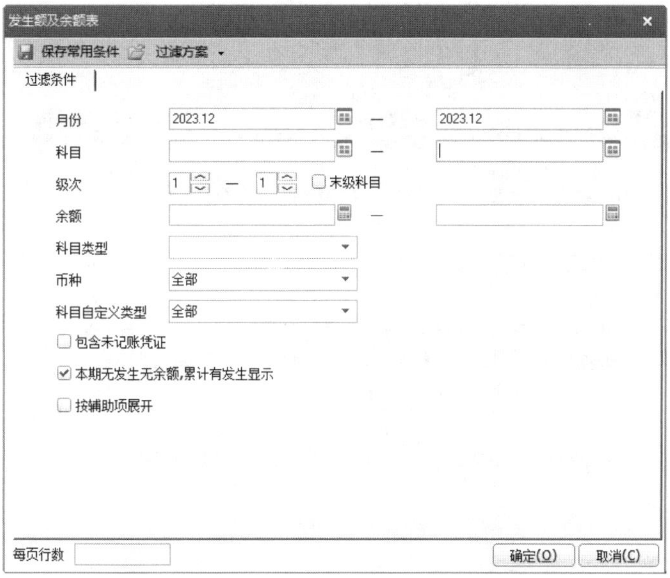

图 6-22　发生额及余额表查询

4. 多栏式明细账查询

多栏式账簿,即在账户的借贷双方分设若干专栏进行明细核算的账簿格式。因其账页格式相对于一般三栏式账页而言比较特殊,一般需要会计人员先设置或定义多栏式账页格式,才能进行查询。

(1)以"002　孙娜"角色登录企业应用平台,执行"财务会计"—"总账"—"账表"—"科目账"命令。

(2)选择"多栏账"选项,单击"增加"按钮,打开"多栏账定义"对话框,如图 6-23 所示。

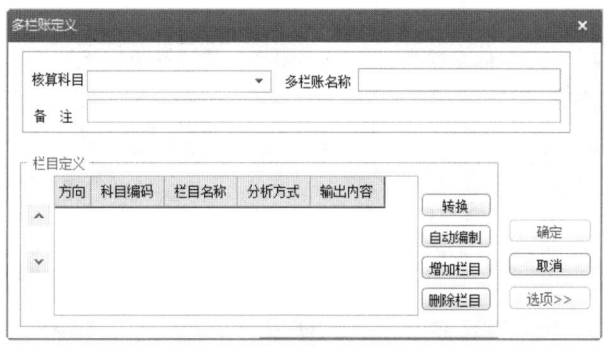

图 6-23　多栏账定义对话框

(3) 此处以"应交税费"为例。核算科目选择"应交税费"选项,单击"自动编制"按钮,以便自动指定"核算科目"所属的下一级明细科目都作为其栏目。

(4) 单击"选项"按钮,并勾选"分析栏目设置"复选框,以便进入方向调整状态,选择"分析栏目前置"选项,单击"确定"按钮,如图 6-24 所示。

图 6-24 多栏账定义

(5) 完成多栏式账页设置后,如需进一步查询,可以再次执行"账表"—"科目账"命令,选择"多栏账"选项,如图 6-25 所示。

图 6-25 多栏账查询

(八)辅助账簿查询

辅助账是指在正常账户之外根据部门、客户、供应商、个人和项目等而设立的用于相应辅助核算的"账簿"。如果某科目设置时勾选相应"辅助核算"复选框,则系统进行科目核算的同时会自动按部门、客户等"辅助核算"账户进行核算,即提供横向、纵向的查询统计功能,可为企业管理者提供各种辅助管理方面的会计信息,真正体现管理为决策服务的功能。

> ▶▶▶ **注意事项**
>
> 客户往来辅助账、供应商往来辅助账、部门辅助账、项目辅助账,都属于辅助账,在查账前要提前设置辅助核算,否则不能查询到有效的辅助账簿。

项目七　期末结账

一、实验目的

（1）能够熟练运用软件进行企业期末自定义转账凭证处理。

（2）能够完成期间损益的期末自动结转。

（3）能够完成期末对账和试算平衡。

（4）能够完成结账操作。

二、实验内容

（1）利用会计公式进行期末自定义转账凭证会计处理。通过转账定义功能对自定义转账科目和计算公式进行设置，再通过转账生成功能生成记账凭证。

（2）期间损益结转包括转账定义和转账生成。通过对软件系统的设置将月末损益类科目的余额由软件系统自动结转到本年利润科目，并生成记账凭证。

（3）期末对账及试算平衡。月末将总账与总账、总账与明细账进行核对，检验账簿记录的准确性。

（4）期末结账和取消结账。月末完成结账操作后，所有业务和单据将不允许进行任何操作。如果发现凭证或单据存在错误，需要先取消结账。

三、实验准备

（1）正确引入项目四账套数据。

（2）系统时间调整为 2023-12-31。

四、实验资料

烟台兴茂机械制造有限公司 2023 年 12 月期末资料如下。

（一）自定义转账

12 月 31 日，完成增值税、城市维护建设税、教育费附加、法定盈余公积的计提，以及本年利润和利润分配的期末结转。

(二) 期间损益结转

12月31日,结转期间损益。

(三) 期末对账

完成期末对账工作,检查是否账账相符。

(四) 期末结账

检查本月业务是否处理完毕,完成总账管理子系统月末结账处理。

五、实验操作指导

(一) 自定义转账

(1) 以"002 孙娜"角色登录企业应用平台,执行"财务会计"—"总账"—"期末"—"转账定义"—"自定义转账"命令,打开"自定义结转设置"对话框,如图7-1所示。

图7-1 自定义转账设置

(2) 单击上方菜单栏"增加"按钮,在弹出的"转账目录"窗口输入转账序号、转账说明,以及凭证类别,如图7-2所示。

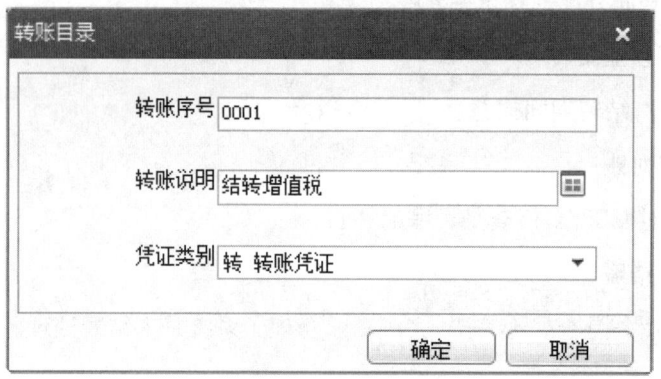

图 7-2 转账目录

(3) 单击"确定"按钮,单击上方菜单栏"增行"按钮输入公式,如图 7-3 所示。

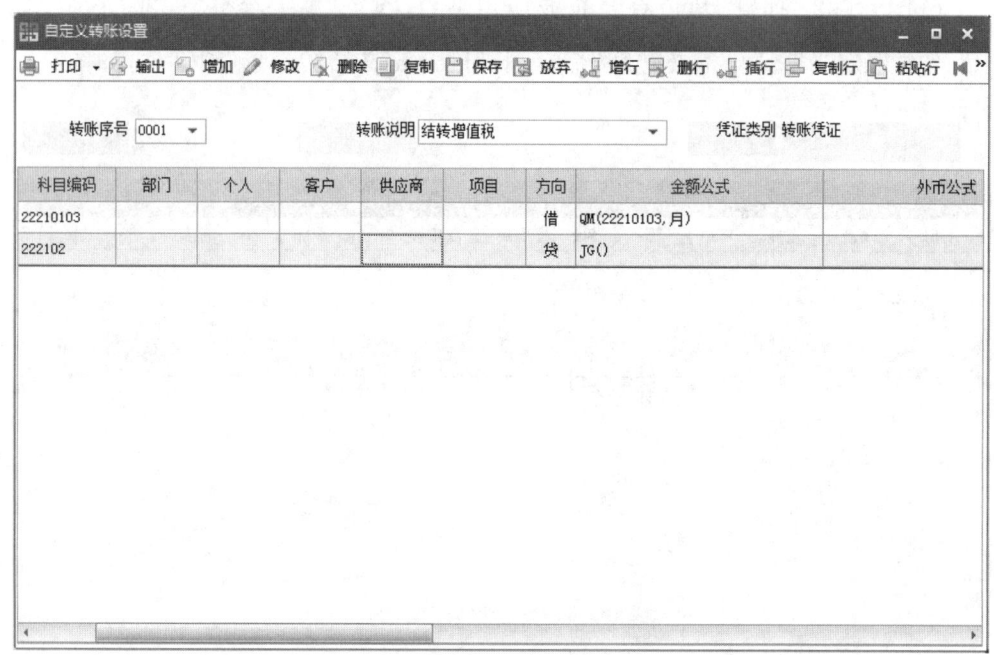

图 7-3 结转增值税

(4) 重复以上操作步骤完成计提城市维护建设税及教育费附加结转设置,如图 7-4 所示。提取法定盈余公积结转设置,如图 7-5 所示。本年利润结转设置,如图 7-6 所示。结转利润分配明细,如图 7-7 所示。

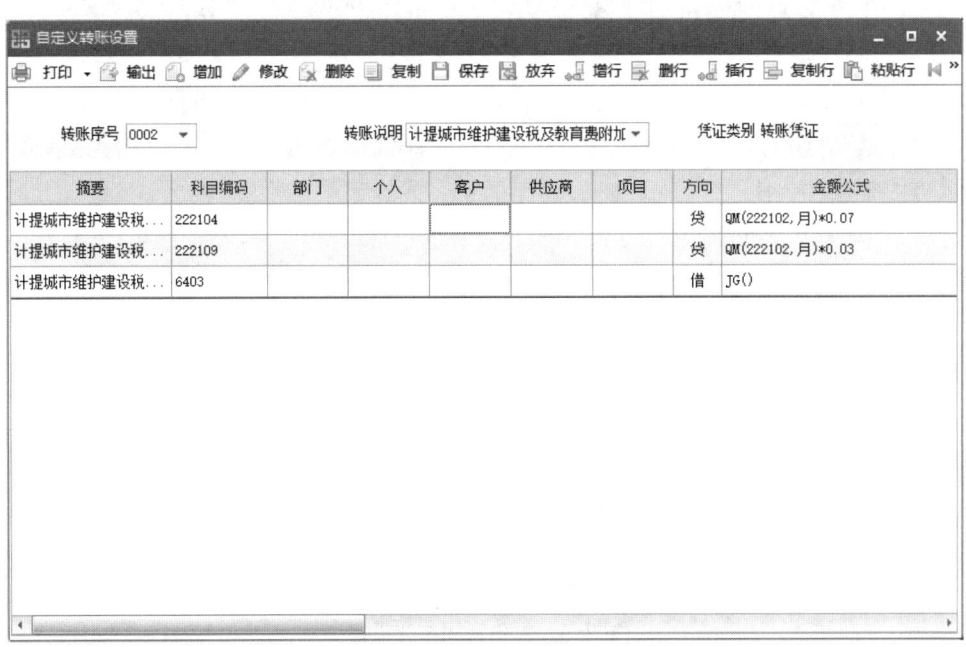

图 7-4 计提城市维护建设税及教育费附加结转设置

图 7-5 提取法定盈余公积结转设置

图 7-6　本年利润结转设置

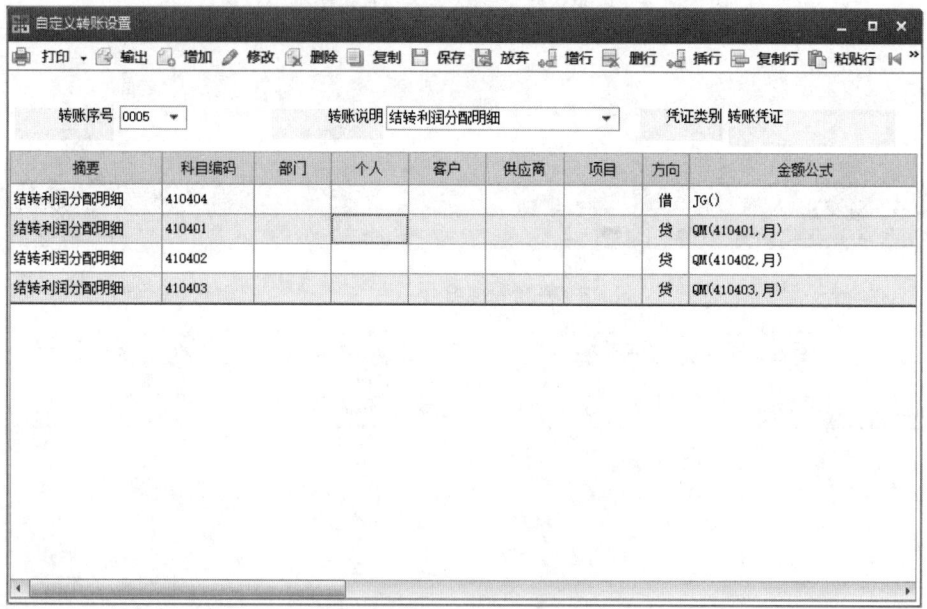

图 7-7　结转利润分配明细

(二) 自定义转账生成

(1) 执行"财务会计"—"总账"—"期末"—"转账生成"命令,打开"转账生成"对话框。

(2) 勾选"自定义转账"复选框。

(3)单击"全选"按钮,系统自动在"是否结转"栏目输入"Y"标志,如图7-8所示。

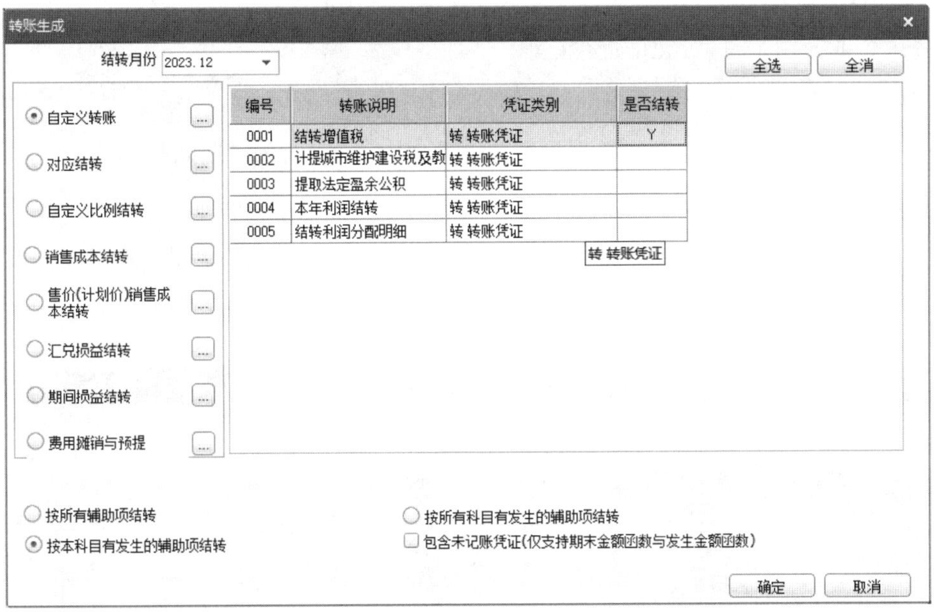

图 7-8 自定义转账生成

(4)单击"确定"按钮,系统自动生成增值税结转的转账凭证。单击"保存"按钮,凭证左上角自动生成"已生成"标志,如图7-9所示,单击"退出"按钮。

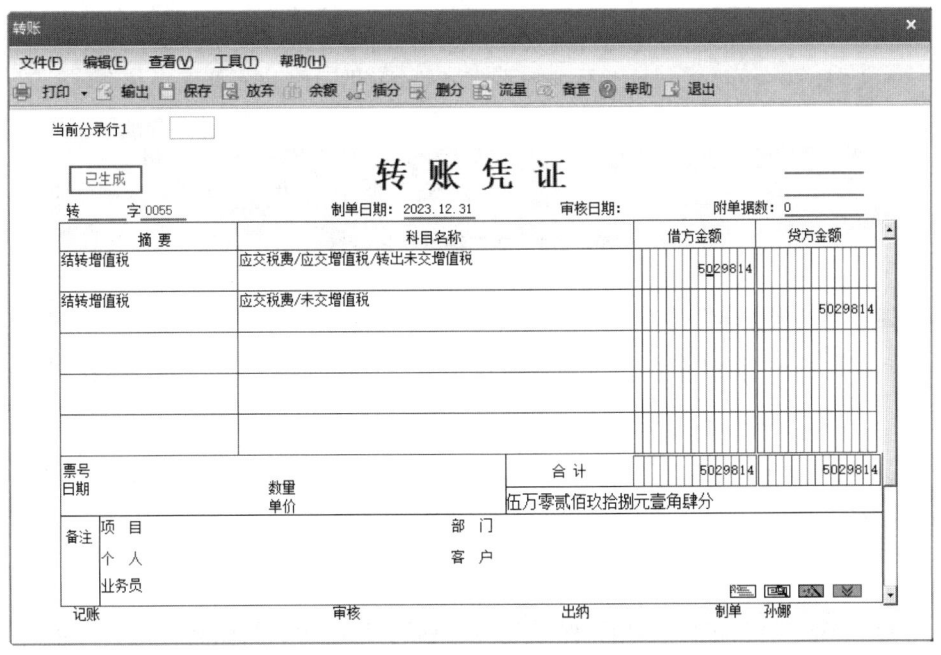

图 7-9 自定义转账生成凭证

(5) 同理,完成其余自定义转账凭证的生成。

(6) 以"001 张丽"角色登录企业应用平台,对凭证进行审核。以"002 孙娜"角色登录企业应用平台,对凭证进行记账。

(三) 期间损益转账定义

(1) 执行"财务会计"—"总账"—"期末"—"转账定义"—"期间损益"命令,打开"期间损益结转设置"对话框。

(2) 选择凭证类别"转账凭证",输入本年利润科目"4103",单击"确定"按钮,如图 7-10 所示。

图 7-10 期间损益结转设置

(四) 期间损益转账生成

(1) 以"002 孙娜"角色登录企业应用平台,单击"业务工作"菜单项,执行"财务会计"—"总账"—"期末"—"转账生成"命令,打开"转账生成"对话框。

(2) 勾选左侧"期间损益结转"复选框,此时右侧会显示所有损益类科目和对应的结转科目。

(3) 选择类型"收入",单击"全选"按钮,如图 7-11 所示。

(4) 单击"确定"按钮,将收入结转到本年利润,系统生成一张转账凭证。单击"保存"按钮,凭证左上角出现"已生成"标志,如图 7-12 所示。

图 7-11 期间损益结转

图 7-12 收入转账凭证

(5) 单击"退出"按钮,返回"转账生成"窗口。

(6) 同理,选择类型"支出",单击"全选"按钮,再单击"确定"按钮,弹出"2023.12月或之前有未记账凭证,是否继续结转"提示框,单击"是"按钮,系统生成一张转账凭证,将支出结转到本年利润,如图7-13所示。

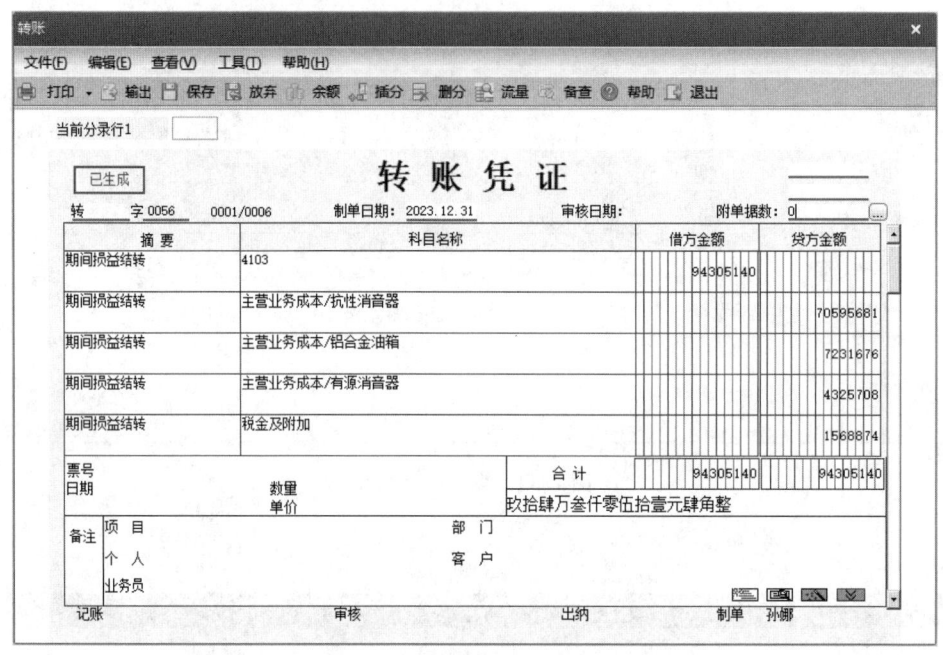

图 7-13 费用转账凭证

(7) 以"001 张丽"角色登录企业应用平台,对凭证进行审核。以"002 孙娜"角色登录企业应用平台,对凭证进行记账。

> **注意事项**
> 必须先进行转账定义,才能进行转账生成操作。
> 期间损益结转之前需要将相关经济业务的记账凭证进行记账。
> 通过转账生成形成的记账凭证仍需要审核和记账。

(五)期末对账及试算平衡

(1) 以"001 张丽"角色登录企业应用平台,执行"业务工作"—"财务会计"—"总账"—"期末"—"对账"命令,打开"对账"对话框。

(2) 单击要对账的月份"2023.12"。

(3) 单击"选择"按钮,再单击"对账"按钮,系统开始自动对账,并显示对账结果。

(4)单击"试算"按钮,弹出试算平衡的结果,如图 7-14 所示。

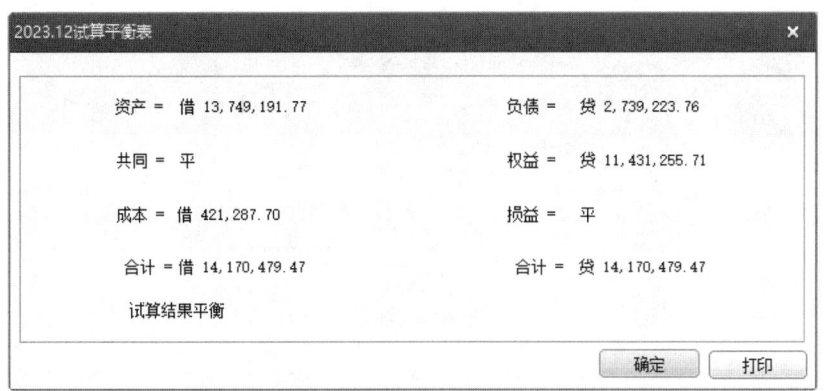

图 7-14 试算平衡表

(5)单击"确定"按钮,再单击"退出"按钮。

(六)期末结账

(1)执行"业务工作"—"财务会计"—"总账"—"期末"—"结账"命令,打开"结账"对话框。

(2)单击待结账月份"2023.12",如图 7-15 所示。

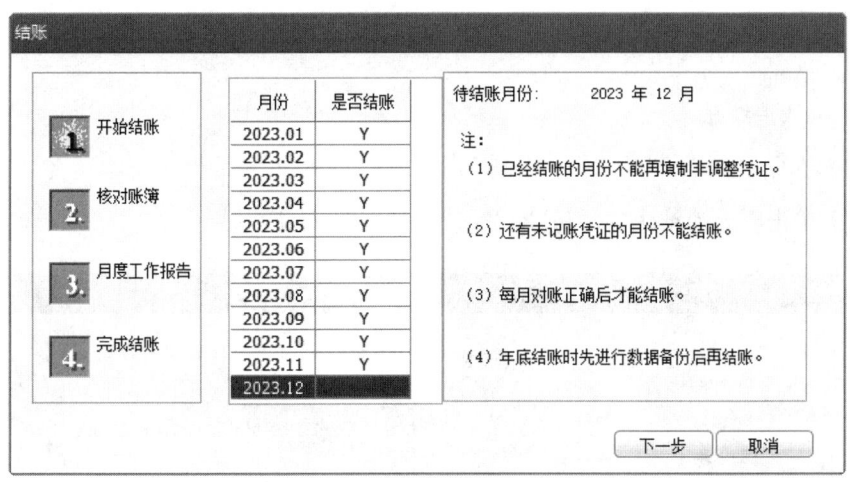

图 7-15 结账

(3)依次单击"下一步""对账"按钮,系统对要结账的月份进行总账、明细账、辅助账之间的账账核对。

(4)单击"下一步"按钮,系统显示"2023 年 12 月工作报告",不符合结账要求的信息会在该工作报告中显示,如图 7-16 所示。

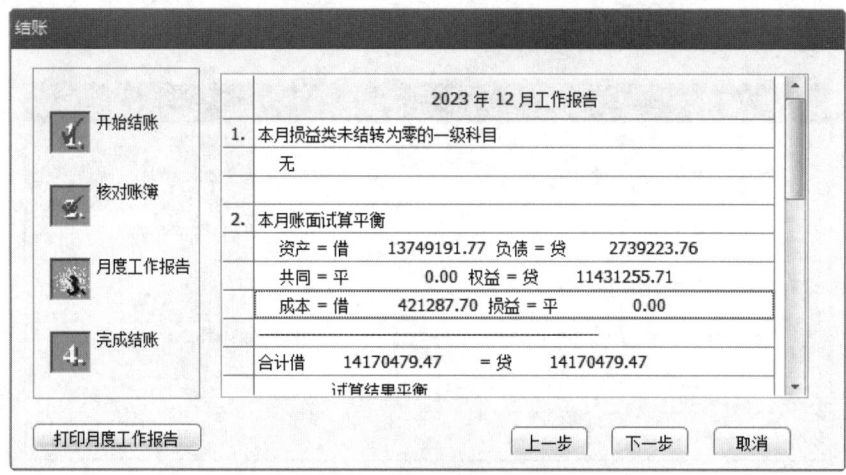

图 7-16 结账工作报告

(5) 查看工作报告后,单击"下一步"按钮。

(6) 单击"结账"按钮,若符合结账要求,系统将进行结账,否则不允许结账。

▶▶▶ 注意事项

本月有未记账凭证时,不能结账。

本月损益类科目有余额时,不能结账。

(七) 取消结账

(1) 执行"总账"—"期末"—"结账"命令,打开"结账"对话框。

(2) 单击要取消结账的月份"2023.12",如图 7-17 所示。

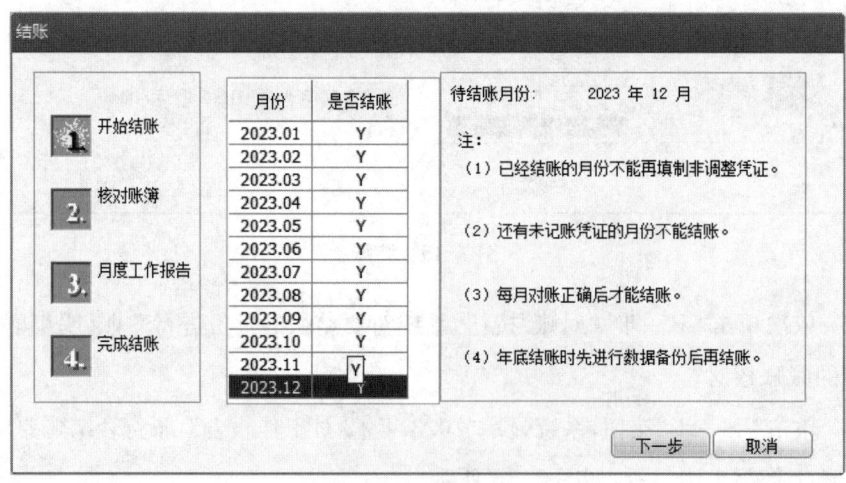

图 7-17 取消结账

（3）按下取消结账功能的组合键"Ctrl＋Shift＋F6"。

（4）弹出"确认口令"对话框，输入口令"1"，如图 7-18 所示。

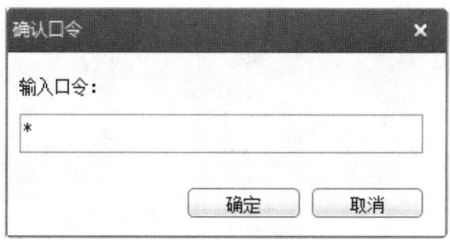

图 7-18　取消结账口令

（5）单击"确定"按钮，"是否结账"栏的标志"Y"取消。

项目八　错账更正

一、实验目的

（1）熟悉错账更正的内容与操作步骤，并能够完成相关操作。

（2）能够完成未记账凭证的修改。

（3）能够在完成记账操作后，对错误的记账凭证和账簿进行更正。

（4）能够在完成结账操作后，对错误的记账凭证和账簿进行更正。

二、实验内容

（1）取消记账。将已完成记账操作的凭证，恢复到记账前的状态，或者恢复到月初的状态。

（2）取消结账。将已经完成月末结账操作的账套，恢复到未结账前状态，以便于对账套进行修改。

（3）记账凭证修改。对存在错误的记账凭证进行修改或删除操作。

（4）记账凭证删除。将未记账的凭证先进行"作废"操作，再进行删除。

三、实验准备

（1）正确引入项目四账套数据。

（2）系统时间调整为 2023-12-31。

四、实验资料

（1）烟台兴茂机械制造有限公司 2023 年 12 月 3 日以银行存款 1 000 元购买办公用品。但是，在录入凭证时将银行存款的金额误输为 10 000 元，因此系统显示凭证借贷方不平。

（2）2023 年 12 月 5 日以现金 200 元购买办公用品。但是，该笔经济业务的凭证在保存后即发现日期输成了 2023 年 12 月 7 日，且已无法修改。

（3）2023 年 12 月 28 日以银行存款 200 元预付下月厂房租金，但在输入凭证时，借方科目误记为"管理费用",并已审核记账。

(4) 2023年12月27日以现金96元购买办公用品,但在输入凭证时,将借贷方金额误记为69元,并已审核记账。

(5) 2023年12月5日购买办公用品时随附3张原始单据。但是,该笔经济业务的凭证在审核记账后发现附件张数为2张。

五、实验操作指导

会计信息化环境下的错账更正是指财务软件操作人员在记账时误操作导致凭证的各项目要素出错,在发现错误后需及时采用合适的方法予以更正。会计信息化环境下的错账更正方法有以下几种。

(一)编辑更正法

编辑更正法是一种专门用于会计信息化环境下的对当前会计期间录入时发现的凭证错误进行更正的方法。它可以代替手工环境下的划线更正法。

2023年12月3日,烟台兴茂机械制造有限公司以银行存款1 000元购买办公用品。但是,在录入凭证时将银行存款的金额误输为10 000元,因此系统显示凭证借贷方不平。此时可采用编辑更正法进行更正,直接将银行存款的金额改成1 000元即可。

1. 填制凭证

(1) 以"002 孙娜"角色登录企业应用平台,在"业务工作"—"财务会计"菜单下,执行"总账"—"凭证"—"填制凭证"命令,打开"填制凭证"窗口。

(2) 单击"增加"按钮,出现一张空白凭证。

(3) 选择凭证类型"付款凭证",输入制单日期"2023.12.03",输入附单据数"2"。

(4) 输入摘要"购买办公用品"、科目名称"管理费用——办公用品"、借方金额"1 000",按回车键,系统自动将摘要带下一行,输入科目名称"银行存款——中国农业银行"、贷方金额"10 000"。

(5) 单击"保存"按钮,系统弹出"此凭证借贷不平衡"提示框,如图8-1所示。

图8-1 借贷不平衡提示

2. 修改凭证

(1) 将贷方金额修改为"1 000",如图8-2所示。

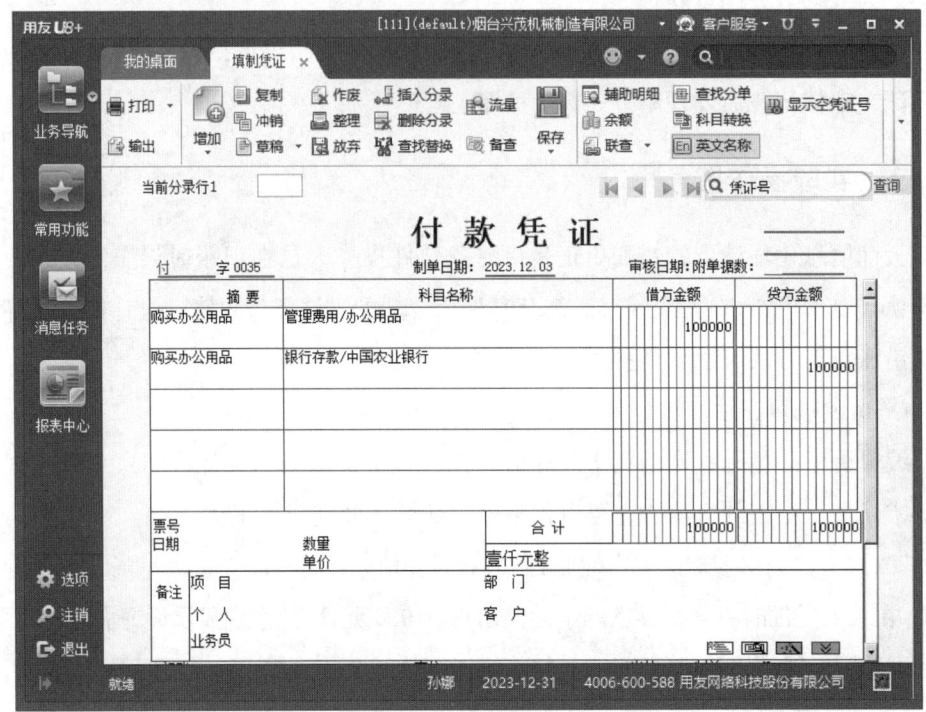

图8-2 修改金额

(2) 单击"保存"按钮,系统弹出"凭证已成功保存!"提示框。

> **注意事项**
>
> 采用序时控制时,制单日期必须大于等于启用日期,小于等于电脑系统日期。
>
> 不同行的摘要可以相同,也可以不同,但不能为空。
>
> 会计科目必须是末级科目。
>
> 保存凭证时,系统自动检查发生额是否符合"有借必有贷,借贷必相等",一级凭证类别是否满足限制类型和限制科目。

(二)即时修订法

即时修订法是一种通过修改、作废、删除等方式即时更正未审核凭证的错误的方法。在使用时需要注意以下三点:第一,使用此方法的是各系统的制单员,其他人员无此权限;第二,此方法只适用于未审核的凭证;第三,由子系统生成的凭证应在相关子系统中进行修改。

2023年12月5日以现金200元购买办公用品。但是,该笔经济业务的凭证在保存后即发现日期错输为"2023年12月7日",且已无法修改。此时可采用即时修订法先将该凭证作废及删除,然后重新填制一张正确的凭证。

1. 填制凭证

(1) 在"业务工作"—"财务会计"菜单下,执行"总账"—"凭证"—"填制凭证"命令,打开"填制凭证"窗口。

(2) 单击"增加"按钮,出现一张空白凭证。

(3) 选择凭证类型"付款凭证",输入制单日期"2023.12.07",输入附单据数"2"。

(4) 输入摘要"购买办公用品"、科目名称"管理费用——办公费"、借方金额"200",按回车键,系统自动将摘要带到下一行,输入科目名称"库存现金"、贷方金额"200"。

(5) 单击"保存"按钮,系统弹出"凭证已成功保存!"提示框,如图8-3所示。

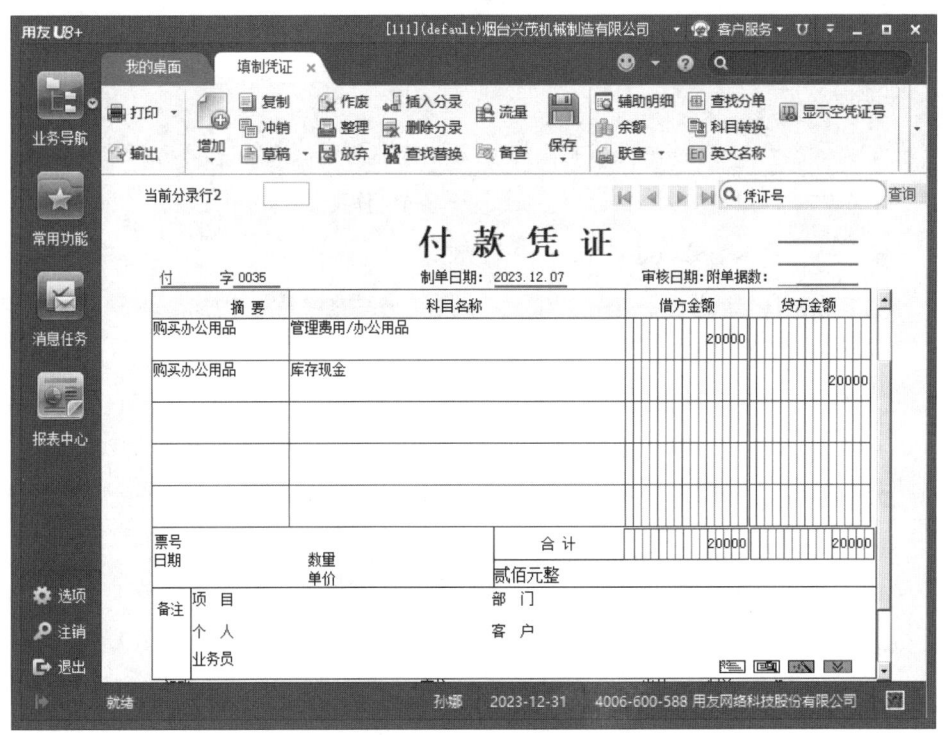

图8-3 填制日期错误凭证

2. 作废凭证

单击"作废"按钮,凭证左上角出现"作废"印章,如图8-4所示。

图 8-4　作废凭证

▶▶▶ **注意事项**

对于已经审核或签字的凭证要想作废,应当先取消审核或签字,再进行作废处理。

作废凭证仍保留凭证内容及凭证编号,显示"作废"字样。

作废的凭证不能修改、审核,但参与记账。

作废的凭证,通过单击"恢复"按钮,可恢复为一张正常的凭证。

3. 删除凭证

(1) 单击"整理"按钮,弹出"凭证期间选择"对话框,凭证期间选择"2023.12"。

(2) 单击"确定"按钮,弹出"作废凭证表"对话框,如图 8-5 所示。

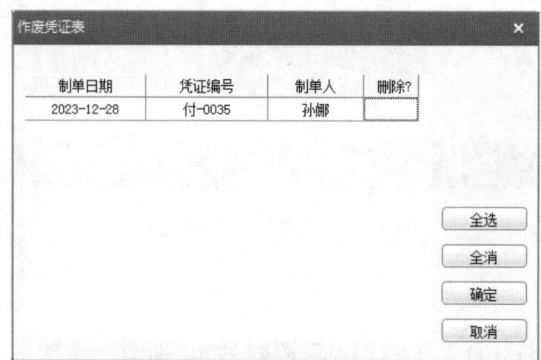

图 8-5　作废凭证表

(3) 单击"确定"按钮,弹出"是否还需整理凭证断号"提示框,如图8-6所示。

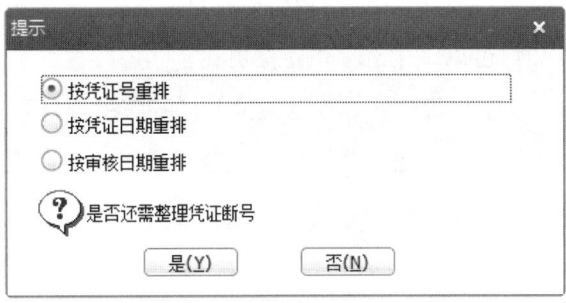

图8-6 是否还需整理凭证断号提示

(4) 勾选"按凭证号重排"复选框,单击"是"按钮。

▶▶▶ 注意事项

不想保留作废的凭证时,可单击"整理凭证"按钮,将其彻底删除。

只能对未记账的作废凭证进行整理凭证操作。

整理凭证时,可以对未记账的凭证重新编号。

4. 填制正确凭证

在"业务工作"—"财务会计"菜单下,执行"总账"—"凭证"—"填制凭证"命令,打开"填制凭证"窗口,重新填制一张正确的凭证并保存,如图8-7所示。

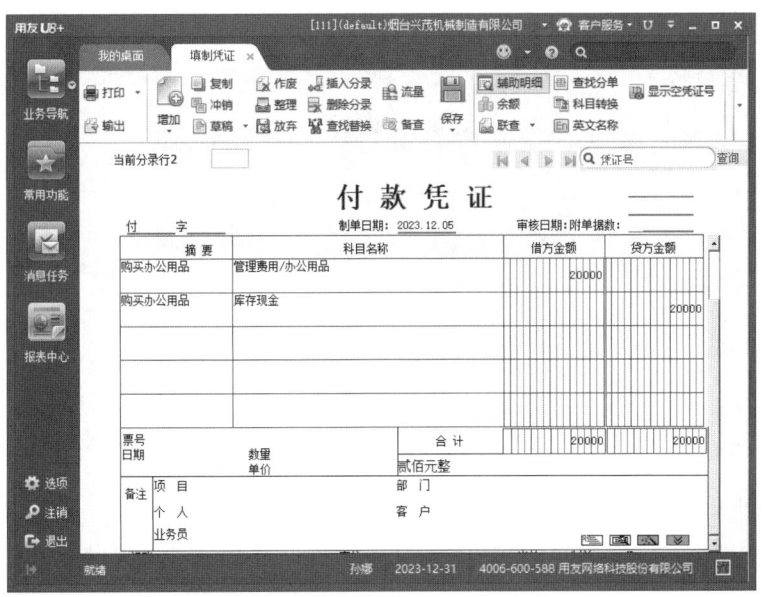

图8-7 填制正确凭证

（三）红字更正法

发现本会计期间的凭证在记账后出现会计科目错误，或会计科目正确但所记金额大于应记金额的情况时，可以采用红字更正法更正。

2023年12月28日以银行存款200元预付下月厂房租金，但在输入凭证时，借方科目误记为"管理费用"科目，并已审核记账。此时可采用红字更正法进行更正。

首先，在系统中录入一张所填内容与错误凭证相同、只有金额为负的凭证。会计分录如下：

借：管理费用　　　　　　　　　　　　　　　　　　　　－200
　　贷：银行存款　　　　　　　　　　　　　　　　　　　－200

其次，重新录入一张正确的凭证。分录如下：

借：预付账款　　　　　　　　　　　　　　　　　　　　　200
　　贷：银行存款　　　　　　　　　　　　　　　　　　　　200

最后，对这两张凭证进行审核记账。

1. 填制凭证

（1）以"002　孙娜"角色登录企业应用平台，在"业务工作"—"财务会计"菜单下，执行"总账"—"凭证"—"填制凭证"命令，打开"填制凭证"窗口。

（2）单击"增加"按钮，出现一张空白凭证。

（3）选择凭证类型"付款凭证"，输入制单日期"2023.12.28"。

（4）输入摘要"预付厂房房租"、科目名称"管理费用——办公用品"、借方金额"200"，按回车键，系统自动将摘要带到下一行，输入科目名称"银行存款——中国农业银行"、贷方金额"200"，如图8-8所示。

（5）单击"保存"按钮，系统弹出"凭证已成功保存！"提示框。

2. 凭证记账

（1）以"003　王强"角色登录企业应用平台，进行出纳签字。

（2）以"001　张丽"角色登录企业应用平台，进行凭证审核。

（3）以"002　孙娜"角色登录企业应用平台，进行凭证记账。

3. 填制红字冲销凭证

（1）以"002　孙娜"角色登录企业应用平台，在"填制凭证"窗口，单击"冲销"按钮，打开"冲销凭证"对话框。

（2）输入要冲销的凭证条件，选择月份"2023.12"、凭证类别"付款凭证"、凭证号"32"。

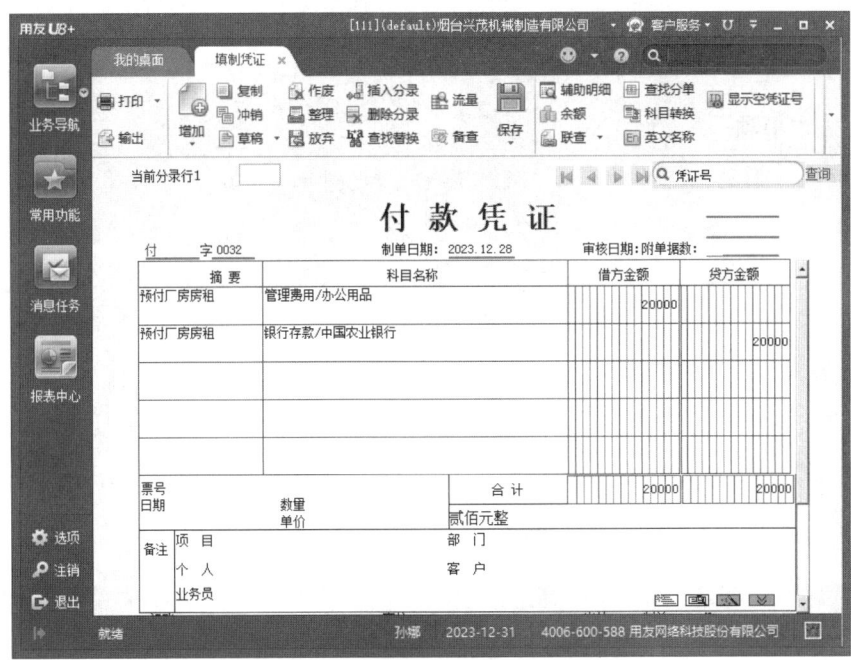

图 8-8　填制会计科目错误凭证

（3）单击"确定"按钮，系统自动生成一张红字冲销凭证，如图 8-9 所示。修改制单日期后，单击"保存"按钮。

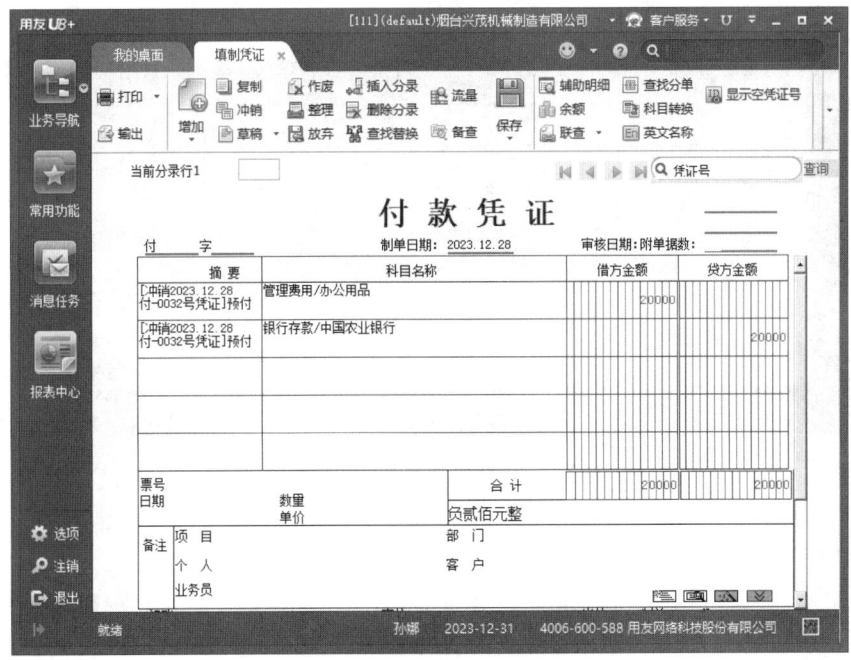

图 8-9　红字冲销凭证

其中，200.00 表示－200.00。

> **注意事项**
>
> 红字冲销凭证是针对已记账凭证而言的，视同正常凭证进行保存和管理。
>
> 制作红字冲销凭证将错误凭证冲销后，需要再编制正确的蓝字凭证进行补充。

4. 填制蓝字正确记账凭证

以"002 孙娜"角色登录企业应用平台，重新填制一张正确的记账凭证，借方科目为"预付账款——青岛广源钢材有限公司"，贷方科目为"银行存款——中国农业银行"，金额为"200"，如图 8-10 所示。

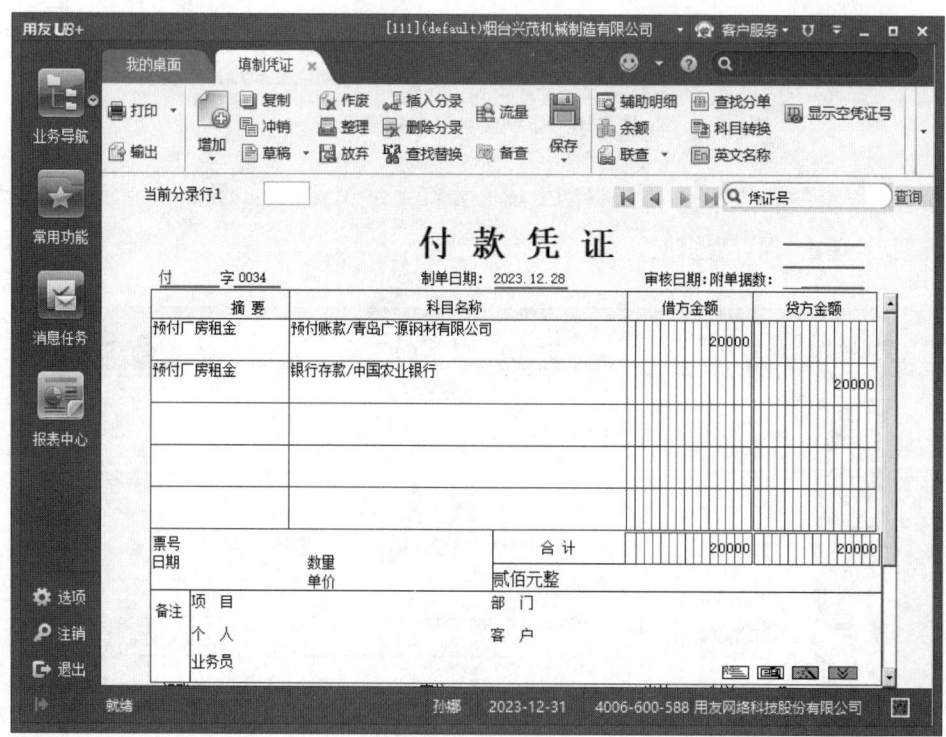

图 8-10 填制正确凭证

（四）补充登记法

补充登记法与红字更正法相同点在于只能更正当前会计期间在记账后所发现的凭证错误数据；与红字更正法不同的是，补充登记法适用于记账凭证的会计科目正确，但所记金额小于应记金额的情况。

2023年12月27日以现金96元购买办公用品,但在输入凭证时,将借贷方金额误记为69元,并已审核记账。此时可采用补充登记法进行更正,即在系统中录入一张所填内容与错误凭证相同,金额为少记金额27元的凭证,并对该凭证审核记账。会计分录如下:

借:管理费用　　　　　　　　　　　　　　　　　　　27
　　贷:库存现金　　　　　　　　　　　　　　　　　　　　27

1. 填制凭证

(1) 以"002 孙娜"角色登录企业应用平台,在"业务工作"—"财务会计"菜单下,执行"总账"—"凭证"—"填制凭证"命令,进入"填制凭证"窗口。

(2) 单击"增加"按钮,出现一张空白凭证。

(3) 选择凭证类型"付款凭证",输入制单日期"2023.12.27"。

(4) 输入摘要"购买办公用品"、科目名称"管理费用——办公用品"、借方金额"69",按回车键,系统自动将摘要带到下一行,输入科目名称"库存现金"、贷方金额"69",如图8-11所示。

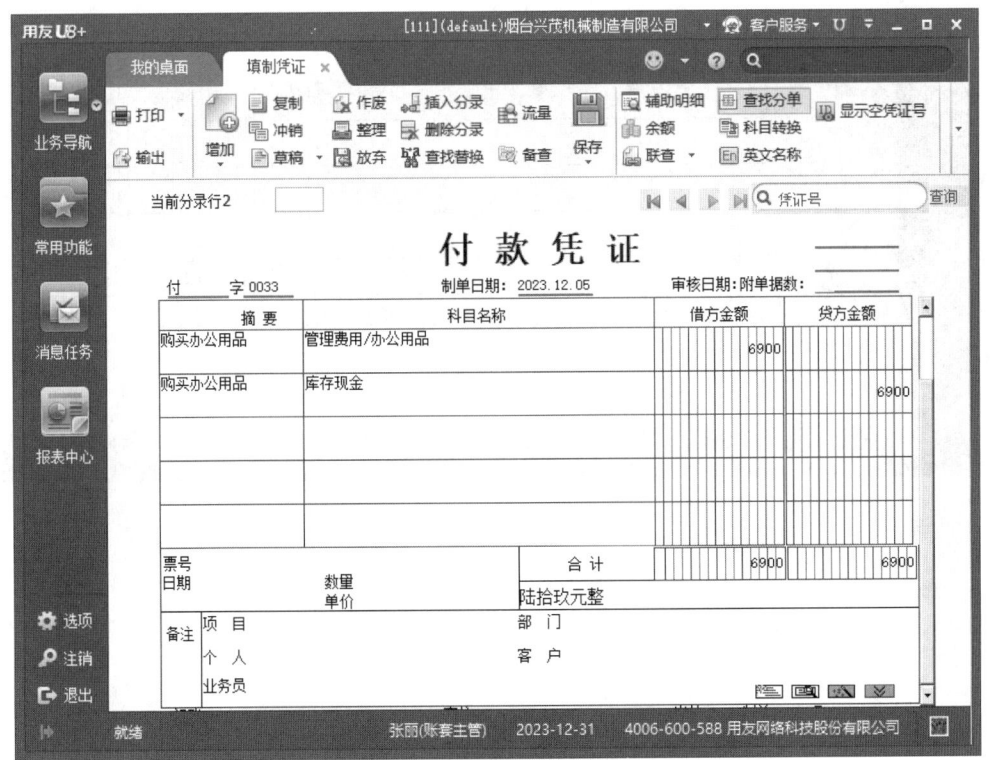

图8-11　填制金额少计凭证

(5)单击"保存"按钮,系统弹出"凭证已成功保存!"提示框。

2. 记账

(1)以"003 王强"角色登录企业应用平台,进行出纳签字。

(2)以"001 张丽"角色登录企业应用平台,进行凭证审核。

(3)以"002 孙娜"角色登录企业应用平台,进行凭证记账。

3. 填制蓝字记账凭证进行补充登记并记账

(1)填制一张摘要、会计科目与原记账凭证相同,金额为少记金额 27 元的记账凭证,如图 8-12 所示。

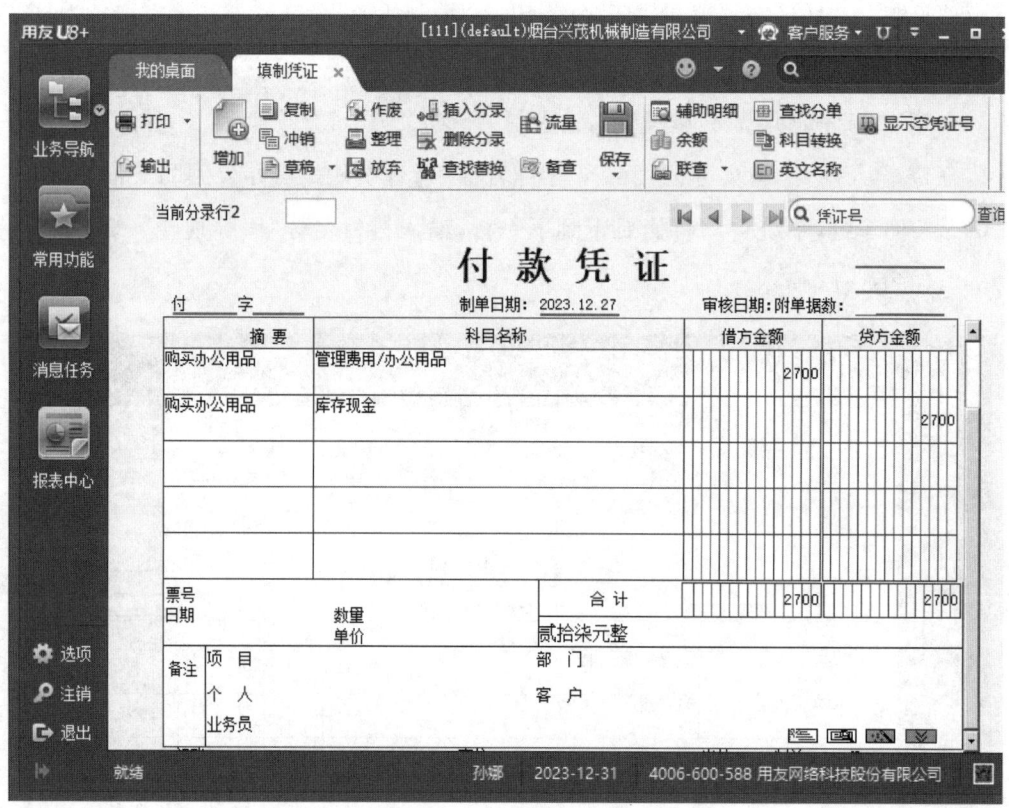

图 8-12 填制补计金额凭证

(2)以"003 王强"角色登录企业应用平台,进行出纳签字。

(3)以"001 张丽"角色登录企业应用平台,进行凭证审核。

(4)以"002 孙娜"角色登录企业应用平台,进行凭证记账。

(五)逆向操作法

逆向操作法不同于其他四种方法,它是一种无法独立使用的错账更正方法,需要在凭证审核、记账、结账后从后往前逆向操作取消结账、记账、审核,然后结合即时修订法进行修正。

2023年12月5日购买办公用品时,随附三张原始单据。但是,该笔经济业务的凭证在审核记账后发现附件张数为2。此时需要将逆向操作法与即时修订法结合起来进行更正,即先取消凭证的记账与审核,再将附件张数修改为3,最后重新审核记账。

1. 取消记账

(1) 以"001 张丽"角色登录企业应用平台,单击左侧工具栏"实施导航"选项,打开"U8＋实施导航工作台"窗口,执行"实施工具"—"其他"—"总账数据修正"命令,如图8-13所示。

图8-13 U8＋实施导航工作台

(2) 在"恢复记账选择"页签勾选"恢复2023年12月份凭证"复选框,如图8-14所示。

(3) 单击"确定"按钮,弹出"输入"对话框,输入口令"1"(用户密码),如图8-15所示。

(4) 单击"确定"按钮,弹出"恢复记账完毕"提示框,单击"确定"按钮。

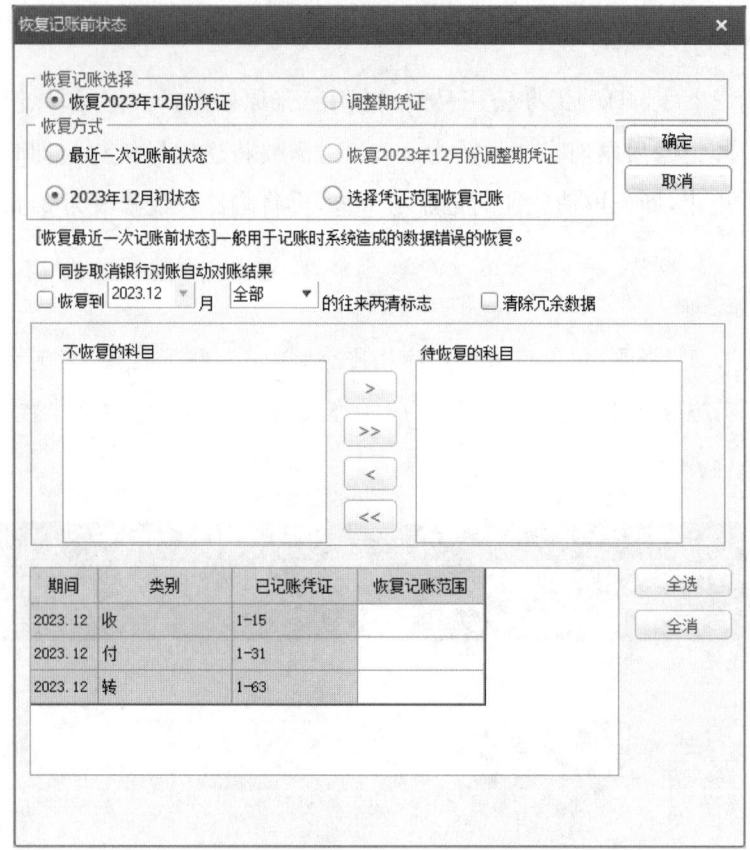

图 8-14　恢复 2023 年 12 月份凭证

图 8-15　恢复记账前状态

2．取消凭证审核

以"001　张丽"角色登录企业应用平台,打开"审核凭证"窗口,单击"弃审"按钮,凭证底部"审核"处的签字自动取消,如图 8-16 所示。

3．取消出纳签字

以"003　王强"角色登录企业应用平台,打开"出纳签字"窗口,单击"取消签字"按钮,凭证底部"出纳"处的签字自动取消,如图 8-17 所示。

错账更正 项目八

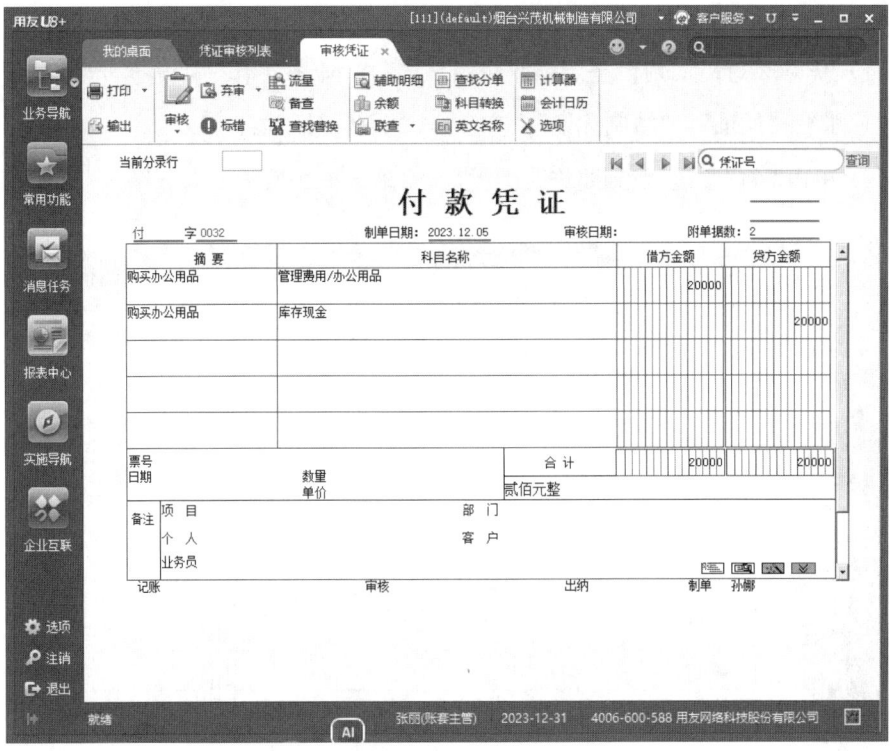

图 8-16 取消凭证审核

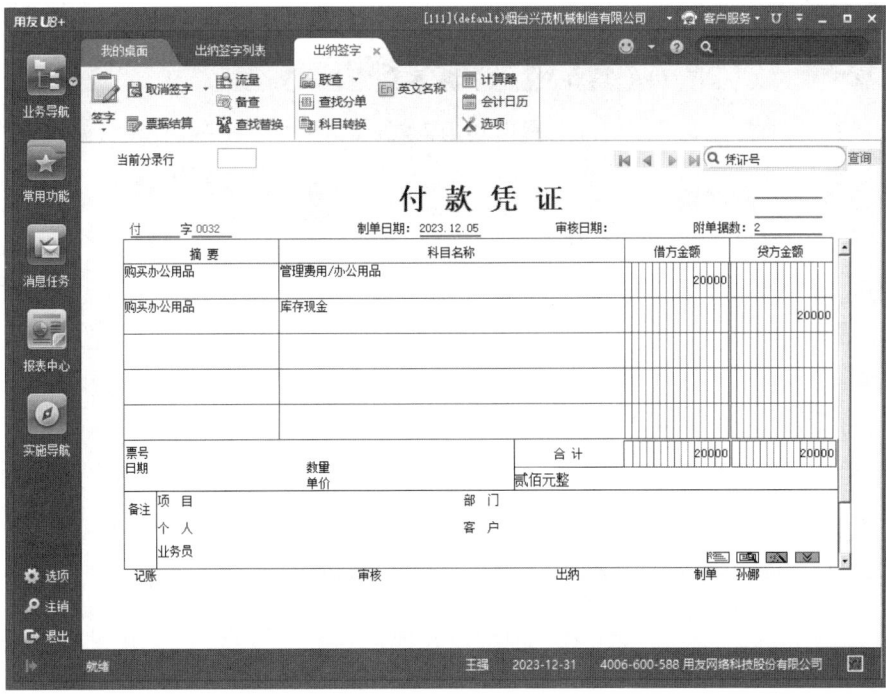

图 8-17 取消出纳签字

4. 修改凭证

(1) 以"002 孙娜"角色登录企业应用平台,在"业务工作"—"财务会计"菜单下,执行"总账"—"凭证"—"填制凭证"命令,进入"填制凭证"窗口。

(2) 单击" ▶ "按钮,找到要修改的凭证,将附单据数改为"3",如图 8-18 所示。

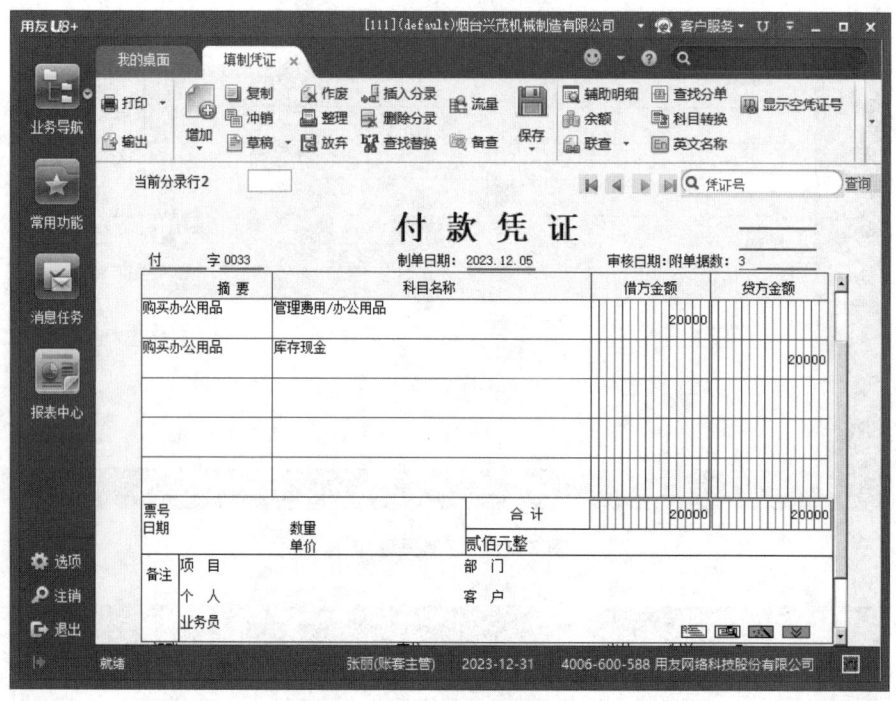

图 8-18 修改凭证

(3) 单击"保存"按钮。

项目九　财务报表编制

一、实验目的

(1) 理解新道 U8＋V15.0 系统中报表模块的基本原理及流程。

(2) 能够利用报表模板生成报表和输出报表。

(3) 掌握基本科目公式的编辑方式。

(4) 掌握基本的数据处理和表页上的基本操作。

二、实验内容

(1) 利用财务软件报表系统,套用系统自带报表模板生成资产负债表并进行修改(财务软件开发在先,会计准则变化在后并且经常变动,这就使得我们要在开发者设计的模板中,加以修改和润色,以符合目前的财务报表的规范),修改内容包括录入关键字、编辑修改科目的取数公式、计算该表的数据、正确地保存和输出报表。

(2) 利润表大致也包括上述部分,但是在修改编制费用收入类科目公式的时候,注意公式的借贷方,理解凭证为何要将费用类科目调至借方、收入类科目调至贷方。

三、实验准备

(1) 正确引入项目六的账套数据。

(2) 系统时间调整为 2023-12-31。

四、实验资料

(1) 资产负债表中流动资产项目计算公式,如表 9-1 所示。

表 9-1　　　　　　　　　　流动资产项目计算公式

科目	行次	期末余额	年初余额
货币资金	1	QM("1001",月,,,年,,)+QM("1002",月,,,年,,)+QM("1012",月,,,年,,)	QC("1001",全年,,,年,,)+QC("1002",全年,,,年,,)+QC("1012",全年,,,年,,)
交易性金融资产	2	QM("1101",月,,,年,,)	QC("1101",全年,,,年,,)
衍生金融资产	3		
应收票据	4	QM("1121",月,,,年,,)	QC("1121",全年,,,年,,)
应收账款	5	QM("1122",月,"借",,,,)+QM("2203",月,"借",,,,,,,)-QM("1231",月,,,,,,,)	QC("1122",全年,"借",,,,,,,)+QC("2203",全年,"借",,,,,,,)-QC("1231",全年,,,,,,,,)
应收款项融资	6		
预付款项	7	QM("1123",月,"借",,,,)+QM("2202",月,"借",,,,,,,)	QC("1123",全年,"借",,,,)+QC("2202",全年,"借",,,,,,,)
其他应收款	8	QM("1221",月,,,年,,)+QM("1131",月,,,,)+QM("1132",月,,,,,,,,)	QC("1221",全年,,,年,,)+QC("1131",全年,,,年,,)+QC("1132",全年,,,年,,)
存货	9	QM("1401",月,,,年,,)+QM("1402",月,,,年,,)+QM("1403",月,,,年,,)+QM("1404",月,,,年,,)+QM("1405",月,,,年,,)+QM("1406",月,,,年,,)-QM("1407",月,,,年,,)+QM("1408",月,,,年,,)+QM("1411",月,,,年,,)+QM("1421",月,,,年,,)+QM("5001",月,,,年,,)+QM("5201",月,,,年,,)-QM("1471",月,,,年,,)	QC("1401",全年,,,年,,)+QC("1402",全年,,,年,,)+QC("1403",全年,,,年,,)+QC("1404",全年,,,年,,)+QC("1405",全年,,,年,,)+QC("1406",全年,,,年,,)+QC("1407",全年,,,年,,)+QC("1408",全年,,,年,,)+QC("1411",全年,,,年,,)+QC("1421",全年,,,年,,)+QC("5101",全年,,,年,,)+QC("5001",全年,,,年,,)-QC("1471",全年,,,年,,)
一年内到期的非流动资产	10		
其他流动资产	11		
流动资产合计	12	ptotal(?C7:?C17)	ptotal(?D7:?D17)

(2) 资产负债表中非流动资产项目计算公式,如表 9-2 所示。

表 9-2　　　　　　　　　　　非流动资产项目计算公式

科目	行次	期末余额	年初余额
债权投资	13	QM("1501",月,,,年,,)－QM("1502",月,,,年,,)	QC("1501",全年,,,年,,)－QC("1502",全年,,,年,,)
其他债权投资	14	QM("1503",月,,,年,,)	QC("1503",全年,,,年,,)
长期应收款	15	QM("1531",月,,,年,,)－QM("1532",月,,,年,,)	QC("1531",全年,,,年,,)－QC("1532",全年,,,年,,)
长期股权投资	16	QM("1511",月,,,年,,)－QM("1512",月,,,年,,)	QC("1511",全年,,,年,,)－QC("1512",全年,,,年,,)
其他权益工具投资	17		
其他非流动金融资产	18		
投资性房地产	19	QM("1521",月,,,年,,)	QC("1521",全年,,,年,,)
固定资产	20	QM("1601",月,,,年,,)－QM("1602",月,,,年,,)－QM("1603",月,,,年,,)－QM("1606",月,,,年,,)	QC("1601",全年,,,年,,)－QC("1602",全年,,,年,,)－QC("1603",全年,,,年,,)－QC("1606",全年,,,年,,)
在建工程	21	QM("1604",月,,,年,,)	QC("1604",全年,,,年,,)
无形资产	22	QM("1701",月,,,年,,)－QM("1702",月,,,年,,)－QM("1703",月,,,年,,)	QC("1701",全年,,,年,,)－QC("1702",全年,,,年,,)－QC("1703",全年,,,年,,)
研发支出	23	QM("5301",月,,,年,,)	QC("5301",全年,,,年,,)
商誉	24	QM("1711",月,,,年,,)	QC("1711",全年,,,年,,)
长期待摊费用	25	QM("1801",月,,,年,,)	QC("1801",全年,,,年,,)
递延所得税资产	26	QM("1811",月,,,年,,)	QC("1811",全年,,,年,,)
其他非流动资产	27		
非流动资产合计	28	ptotal(?C20:?C34)	ptotal(?D20:?D34)
资产总计	29	?C18＋?C35	?D18＋?D35

(3) 资产负债表中流动负债项目计算公式,如表 9-3 所示。

表 9-3　　　　　　　　　　流动负债项目计算公式

科目	行次	期末余额	年初余额
短期借款	30	QM("2001",月,,,年,,)	QC("2001",全年,,,年,,)
交易性金融负债	31	QM("2101",月,,,年,,)	QC("2101",全年,,,年,,)
衍生金融负债	32		
应付票据	33	QM("2201",月,,,年,,)	QC("2201",全年,,,年,,)
应付账款	34	QM("2202",月,"贷",,,,)+QM("1123",月,"贷",,,,,,,)	QC("2202",全年,"贷",,,)+QC("1123",全年,"贷",,,,,,,)
预收款项	35	QM("2203",月,"贷",,,,)+QM("1122",月,"贷",,,,,,,)	QC("2203",全年,"贷",,,)+QC("1122",全年,"贷",,,,,,,)
合同负债	36		
应付职工薪酬	37	QM("2211",月,,,年,,)	QC("2211",全年,,,年,,)
应交税费	38	QM("2221",月,,,年,,)	QC("2221",全年,,,年,,)
其他应付款	39	QM("2241",月,,,年,)+QM("2231",月,,,,)+QM("2232",月,,,,,,,,)	QC("2241",全年,,,年,,)+QC("2231",全年,,,年,,)+QC("2232",全年,,,年,,)
一年内到期的非流动负债	40		
其他流动负债	41		
流动负债合计	42	ptotal(?G7:?G18)	ptotal(?H7:?H18)

(4) 资产负债表中非流动负债项目计算公式,如表 9-4 所示。

表 9-4　　　　　　　　　　非流动负债项目计算公式

科目	行次	期末余额	年初余额
长期借款	43	QM("2501",月,,,年,,)	QC("2501",全年,,,年,,)
应付债券	44	QM("2502",月,,,年,,)	QC("2502",全年,,,年,,)
其中:优先股	45		
永续股	46		
长期应付款	47	QM("2701",月,,,年,,)－QM("2702",月,,,年,,)	QC("2701",全年,,,年,,)－QC("2702",全年,,,年,,)

(续表)

科目	行次	期末余额	年初余额
预计负债	48	QM("2801",月,,,年,,)	QC("2801",全年,,,年,,)
递延收益	49		
递延所得税负债	50	QM("2901",月,,,年,,)	QC("2901",全年,,,年,,)
其他非流动负债	51		
非流动负债合计	52	ptotal(?G21:?G29)	ptotal(?H21:?H29)
负债合计	53	?G19+?G30	?H19+?H30

(5) 资产负债表中所有者权益项目计算公式，如表9-5所示。

表9-5　　　　　　　　　所有者权益项目计算公式

科目	行次	期末余额	年初余额
实收资本（或股本）	54	QM("4001",月,,,年,,)	QC("4001",全年,,,年,,)
其他权益工具	55		
其中:优先股	56		
永续股	57		
资本公积	58	QM("4002",月,,,年,,)	QC("4002",全年,,,年,,)
减:库存股	59	QM("4201",月,,,年,,)	QC("4201",全年,,,年,,)
其他综合收益	60		
专项储备	61		
盈余公积	62	QM("4101",月,,,年,,)	QC("4101",全年,,,年,,)
未分配利润	63	QM("4104",月,,,,,,)+QM("4103",月,,,,,,)	QC("4104",全年,,,年,,)+QC("4103",全年,,,年,,)
所有者权益（或股东权益）合计	64	?G33+?G37-?G38+?G41+?G42	?H33+?H37-?H38+?H41+?H42
负债和所有者权益（或股东权益）总计	65	?G31+?G43	?H31+?H43

(6) 利润表中各项目的计算公式，如表9-6所示。

表 9-6　　　　　　　　利润表中各项目的计算公式

项目	行数	本期金额
一、营业收入	1	fs(6001,月,"贷",,年)＋fs(6051,月,"贷",,年)
减：营业成本	2	fs(6401,月,"借",)＋fs(6402,月,"借",,)
税金及附加	3	fs(6403,月,"借",,)
销售费用	4	fs(6601,月,"借",,)
管理费用	5	fs(6602,月,"借",,)
研发费用	6	
财务费用	7	fs(6603,月,"借",,)
其中：利息费用	8	
利息收入	9	
加：其他收益	10	
投资收益（损失以"－"号填列）	11	fs(6111,月,"贷",,)
其中：对联营企业和合营企业的投资收益	12	
公允价值变动收益（损失以"－"号填列）	13	fs(6101,月,"贷",,)
信用减值损失（损失以"－"号填列）	14	fs(6702,月,"借",,)
资产减值损失（损失以"－"号填列）	15	fs(6701,月,"借",,)
资产处置损益（损失以"－"号填列）	16	
二、营业利润（亏损以"－"号填列）	17	?C5－?C6－?C7－?C8－?C9－?C11＋?C15＋?C17－?C18－?C19
加：营业外收入	18	fs(6301,月,"贷",,)
减：营业外支出	19	fs(6711,月,"借",,)
三、利润总额（亏损总额以"－"号填列）	20	?C21＋?C22－?C23
减：所得税费用	21	fs(6801,月,"借",,)
四、净利润（净亏损以"－"号填列）	22	?C24－?C25
（一）持续经营净利润（净亏损以"－"号填列）	23	?C26
（一）终止经营净利润（净亏损以"－"号填列）	24	
五、其他综合收益的税后净额	25	
六、综合收益总额	26	?C26
七、每股收益：	27	
（一）基本每股收益	28	0.09
（二）稀释每股收益	29	

五、实验操作指导

(一) 资产负债表

1. 打开资产负债表模板

(1) 以"002　孙娜"角色登录企业应用平台,在导航菜单栏底部选择"业务工作"项目,选择"财务会计-UFO报表",执行"文件"—"新建"命令,如图9-1所示。

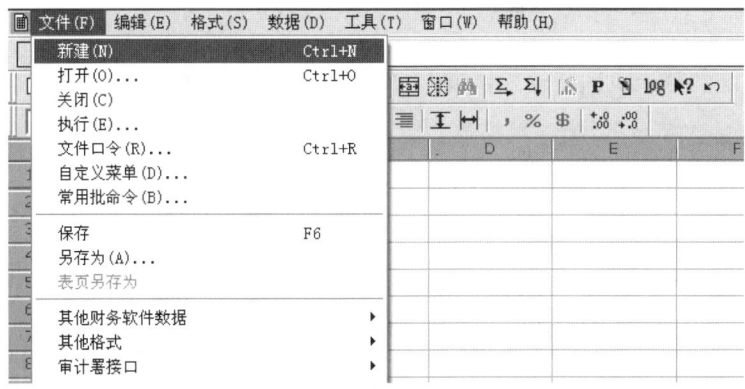

图9-1　新建报表页面

(2) 执行"格式"—"报表模板"命令,打开"报表模板"对话框。单击"您所在的行业"输入框的下拉箭头,选择"2007年新会计准则科目"选项,单击"财务报表"输入框的下拉箭头,选择"资产负债表"选项,如图9-2所示。

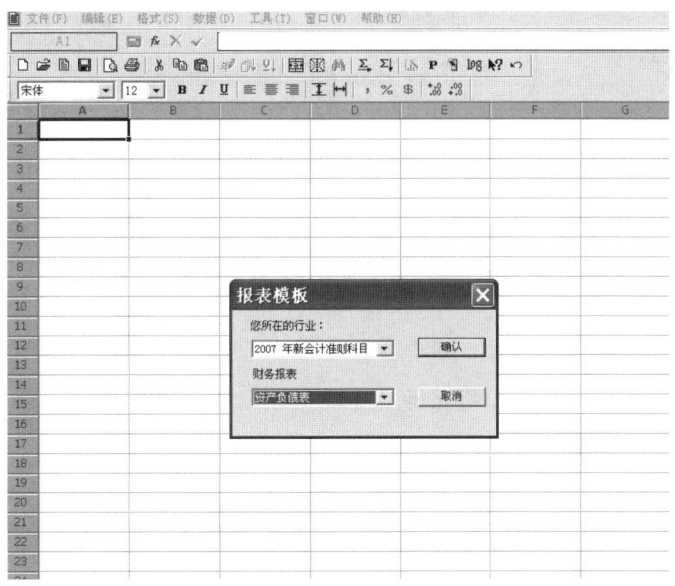

图9-2　生成资产负债表模板

（3）单击"确认"按钮，系统弹出"模板格式将覆盖本表格式！是否继续？"提示框，单击"确定"按钮，如图9-3所示。

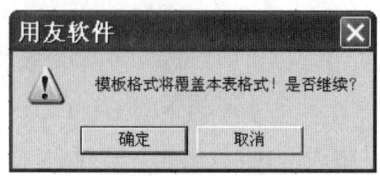

图9-3 覆盖本表格式提示框

（4）系统的资产负债表模板，如图9-4所示。模板编辑方式与Excel表格类似，最左边一列是数字编码，第一行是英文字母编码，我们可以运用单元格行和列数字和字母的交点命名单元格，如第一行第一列称为"A1"。

		资产负债表					
							会企01表
编制单位：		××××年	××月	××日			单位：元
资产	行次	期末余额	年初余额	负债和所有者权益（或股东权益）	行次	期末余额	年初余额
流动资产：				流动负债：			
货币资金	1	公式单元	公式单元	短期借款	32	公式单元	公式单元
交易性金融资产	2	公式单元	公式单元	交易性金融负债	33	公式单元	公式单元
应收票据	3	公式单元	公式单元	应付票据	34	公式单元	公式单元
应收账款	4	公式单元	公式单元	应付账款	35	公式单元	公式单元
预付款项	5	公式单元	公式单元	预收款项	36	公式单元	公式单元
应收利息	6	公式单元	公式单元	应付职工薪酬	37	公式单元	公式单元
应收股利	7	公式单元	公式单元	应交税费	38	公式单元	公式单元
其他应收款	8	公式单元	公式单元	应付利息	39	公式单元	公式单元
存货	9	公式单元	公式单元	应付股利	40	公式单元	公式单元
一年内到期的非流动资产	10			其他应付款	41	公式单元	公式单元
其他流动资产	11			一年内到期的非流动负债	42		
流动资产合计	12	公式单元	公式单元	其他流动负债	43		
非流动资产：				流动负债合计	44	公式单元	公式单元
可供出售金融资产	13	公式单元	公式单元	非流动负债：			
持有至到期投资	14	公式单元	公式单元	长期借款	45		
长期应收款	15	公式单元	公式单元	应付债券	46		
长期股权投资	16	公式单元	公式单元	长期应付款	47		
投资性房地产	17	公式单元	公式单元	专项应付款	48		
固定资产	18	公式单元	公式单元	预计负债	49		
在建工程	19	公式单元	公式单元	递延所得税负债	50	公式单元	公式单元
工程物资	20			其他非流动负债	51		

图9-4 系统的资产负债表模板

2．资产负债表的基础设置

（1）编辑设置。因企业会计准则不断在修订，软件开发者编制报表模板时的企业会计准则与企业使用模板时的企业会计准则存在不完全一致的情况，通过"编辑"功能可以将模板内容调整为企业适用的会计准则。报表模板格式与Excel表格类似，能够对各个单元格进行"增加行""减少列""复制""粘贴""剪切"等操作，如图9-5所示。

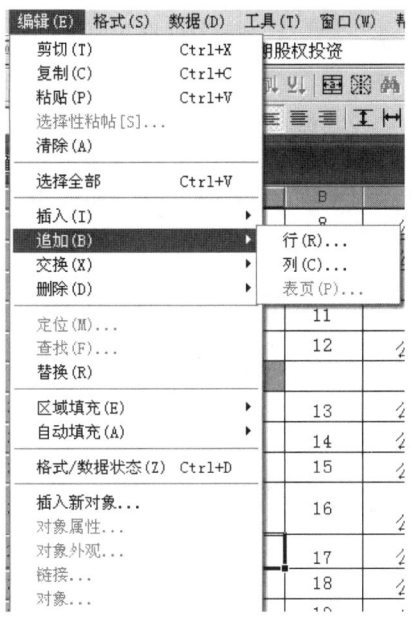

图 9-5 "编辑"选项卡

▶▶▶ 注意事项

在增加行时,是在选中的单元格的上方增加。例如,我们要在"A2"与"A3"之间增加一行时,鼠标需要选中"A3"单元格。

(2) 格式设置。新道 U8+V15.0 系统的 UFO 报表页面,分为"格式状态"和"数据状态"两种,可以单击左下角"格式/数据"切换两种状态。在"格式"状态下,"格式"选项卡下的各种操作都是可以执行,如图 9-6 所示。

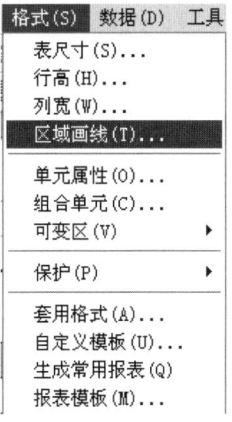

图 9-6 "格式"选项卡

当需要设置单元格的行高和列宽时,一种方法是精确设置,执行"格式"—"行高(列宽)"命令,如图9-7所示。另一种方法是直接左右或者上下拖动行标和列标的数字和英文字母,实现手动、直观调整。

图 9-7 行高设置

当表头太长或者需要合并单元格时,执行"格式"—"组合单元"命令,如模板中的表头"资产负债表"是把"D1"和"E1"两个单元格进行组合,如图9-8所示。

企业要求出具的报表数据保留两位小数或者设置百分号等属性时,可以执行"格式"—"单元格属性"命令,如图9-9所示。

当套用常用资产负债表或者利润表及现金流量表时,可以通过执行"格式"—"报表模板"命令,如图9-10所示。单击"您所在的行业"输入框的下拉箭头,一般选择"2007年新会计准则科目"选项,单击"财务报表"输入框的下拉箭头,根据需要自行选择。

(3) 公式设置。UFO报表页面分为"格式模式"和"数据模式"两种,在"格式"状态下可以看到表中填写数据的单元格显示"公式单元",此时可以编辑每个科目的公式。单元公式按照输入方式分为两类,一类是直接输入,另一类是通过函数公式引导输入。

财务报表编制 项目九

	A	B	C	D	E	F	G	H
1					资产负债表			
2								会企01表
3	编制单位：			xxxx年				单位:元
4	资产	行次	期末余额			行次	期末余额	年初余额
5				选中组合区域：				
6	流动资产：			D1:E1				
7	货币资金	1	公式单元	整体组合 取消组合		32	公式单元	公式单元
8	交易性金融资产	2	公式单元	按行组合 按列组合 放弃		33	公式单元	公式单元
9	应收票据	3	公式单元			34	公式单元	公式单元
10	应收账款	4	公式单元	公式单元	应付账款	35	公式单元	公式单元
11	预付款项	5	公式单元	公式单元	预收款项	36	公式单元	公式单元
12	应收利息	6	公式单元	公式单元	应付职工薪酬	37	公式单元	公式单元
13	应收股利	7	公式单元	公式单元	应交税费	38	公式单元	公式单元
14	其他应收款	8	公式单元	公式单元	应付利息	39	公式单元	公式单元
15	存货	9	公式单元	公式单元	应付股利	40	公式单元	公式单元
16	一年内到期的非流动资产	10			其他应付款	41	公式单元	公式单元
17	其他流动资产	11			一年内到期的非流动负债	42	公式单元	公式单元
18	流动资产合计	12	公式单元	公式单元	其他流动负债	43	公式单元	公式单元
19	非流动资产：				流动负债合计	44	公式单元	公式单元
20	可供出售金融资产	13	公式单元	公式单元	非流动负债：			
21	持有至到期投资	14	公式单元	公式单元	长期借款	45	公式单元	公式单元
22	长期应收款	15	公式单元	公式单元	应付债券	46	公式单元	公式单元
23	长期股权投资	16	公式单元	公式单元	长期应付款	47	公式单元	公式单元
24								
25								
26	投资性房地产	17	公式单元	公式单元	专项应付款	48	公式单元	公式单元
27	固定资产	18	公式单元	公式单元	预计负债	49	公式单元	公式单元
28	在建工程	19	公式单元	公式单元	递延所得税负债	50	公式单元	公式单元
29	工程物资	20	公式单元	公式单元	其他非流动负债	51	公式单元	公式单元
30	固定资产清理	21	公式单元	公式单元	非流动负债合计	52	公式单元	公式单元

图 9-8 组合单元设置

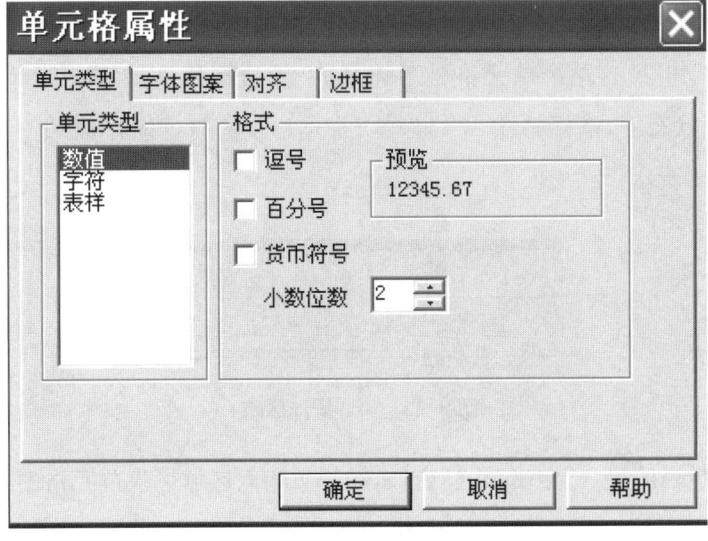

图 9-9 单元格属性

127

会计信息化实验

图 9-10 报表模板

① 直接输入：多用于最后的不连续的合计计算。例如，该模板中的"C41"单元格是"资产总额"的数据，等于"流动资产合计"的数据加"非流动资产合计"的数据，即"C18"＋"C40"。这两个单元格是不连续的，无法运用连加合计的函数公式。此时，在"格式"状态下，鼠标选中"C41"单元格，上方的"fx"操作区域显示可操作状态，如图 9-11 所示。

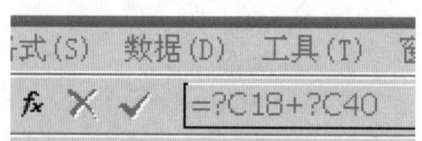

图 9-11 "fx"操作区域

单击"fx"按钮，进入"定义公式"窗口，在函数输入区域输入单元格的编码，并在单元格前添加一个"？"，否则系统将无法识别。此时，可看到公式为"C41＝?C18＋?C40"，如图 9-12 所示，即表示"C41"的数据等于"C18"的数据加"C40"的数据。

A	B	C	D	E	F	G	H
其他应收款	8	公式单元	公式单元	应付利息	39	公式单元	公式单元
存货	9	公式单元	公式单元	应付股利	40	公式单元	公式单元
一年内到期的非流动资产	10			其他应付款	41	公式单元	公式单元
其他流动资产	11			一年内到期的非流动负债	42		
流动资产合计	12	公式单元	公式单元	其他流动负债	43		
非流动资产:				流动负债合计	44	公式单元	公式单元
可供出售金融资产	13	公式单元	公式单元	非流动负债:			
持有至到期投资	14	公式单元	公式单元	长期借款	45	公式单元	公式单元
长期应收款	15					公式单元	公式单元
长期股权投资	16					公式单元	公式单元
投资性房地产	17			预计负债	49	公式单元	公式单元
固定资产	18	公式单元	公式单元	递延所得税负债	50	公式单元	公式单元
在建工程	19	公式单元	公式单元	其他非流动负债	51		
工程物资	20			非流动负债合计	52	公式单元	公式单元
固定资产清理	21	公式单元	公式单元	负债合计	53		
生产性生物资产	22			所有者权益（或股东权益）:			
油气资产	23	公式单元	公式单元	实收资本（或股本）	54	公式单元	公式单元
无形资产	24						
开发支出	25	公式单元	公式单元	资本公积	55	公式单元	公式单元
商誉	26	公式单元	公式单元	减: 库存股	56	公式单元	公式单元
长期待摊费用	27	公式单元	公式单元	盈余公积	57	公式单元	公式单元
递延所得税资产	28	公式单元	公式单元	未分配利润	58	公式单元	公式单元
其他非流动资产	29			所有者权益（或股东权益）合计	59	公式单元	公式单元
非流动资产合计	30	公式单元	公式单元				
资产总计	31	公式单元	公式单元	负债和所有者权益（或股东权益）总计	60	公式单元	公式单元

图 9-12　定义公式

② 通过函数公式引导输入。此方法为常用方法，需熟练掌握常用函数的用法及用途。比如，资产负债表最常用的"QM 函数"，是指取指定会计科目的期末余额的函数，可以取借方余额，也可以取贷方余额，资产负债表中的期末余额就需要通过此函数进行计算。与之相对的是"QC 函数"，是指取指定会计科目的期初余额的函数，资产负债表中的期初余额就需要通过此函数进行计算。"fs 函数"多用于利润表中，是指取借方或者贷方的发生额的函数。

以资产负债表中的"货币资金"科目为例。选中"C7"单元格，单击操作区域中的"fx"按钮，删除原有公式。单击左下角的"函数向导"按钮，在左侧的函数分类中找到"用友财务函数"，在右侧显示出的各种函数中双击选择"期末（QM）"（注意：应双击选择，不是单击"下一步"按钮），如图 9-13 所示。

在弹出的"账务函数"窗口中，账套号选择"默认"，科目选择"1002"（注意要选择一级科目，不选择二级科目），期间选择"月"，会计年度选择"默认"，截止日期不需要填写，方向选择"默认"（根据情况有些科目需要借贷方），最后单击"确定"按钮，如图 9-14 所示。

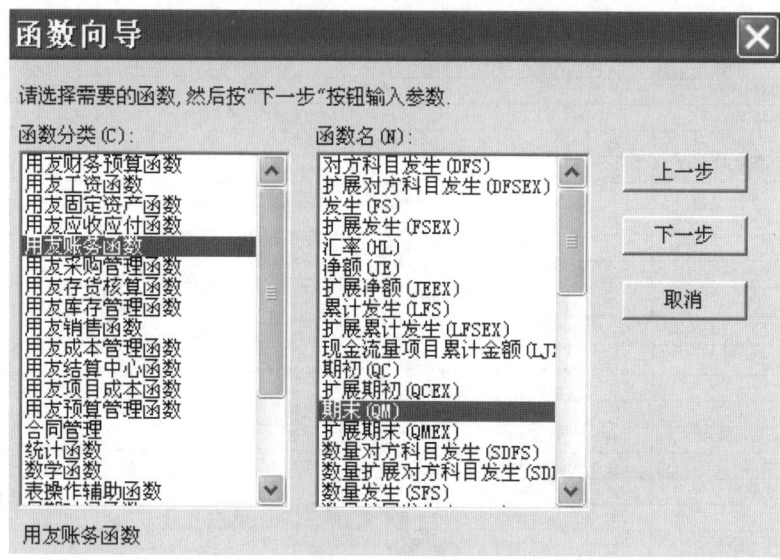

图 9-13　函数向导

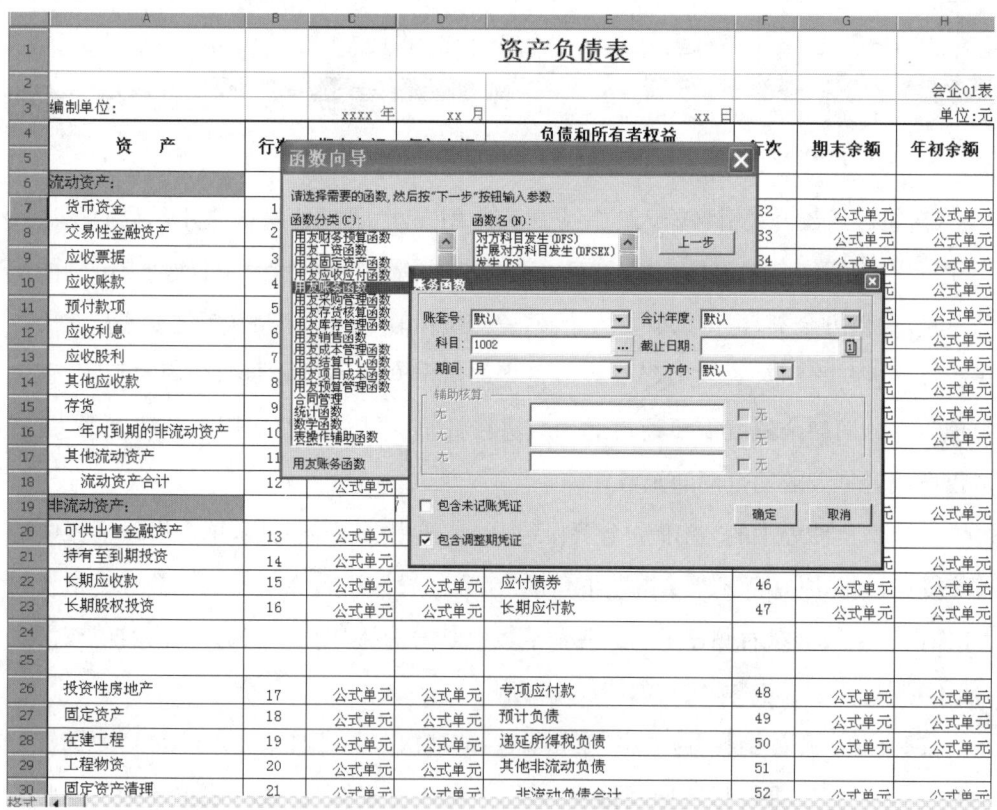

图 9-14　财务函数

在"定义公式"窗口的输入公式区域会出现"QM("1002",月,,,年,,)",在公式后输入"+",重复上述步骤依次输入"QM("1001",月,,,年,,)"和"QM("1012",月,,,年,,)",如图9-15所示。最后单击"确定"按钮,资产负债表中"货币资金"的公式输入完毕,式中公式为"C7=QM("1001",月,,,年,,)+QM("1002",月,,,年,,)+QM("1012",月,,,年,,)"。

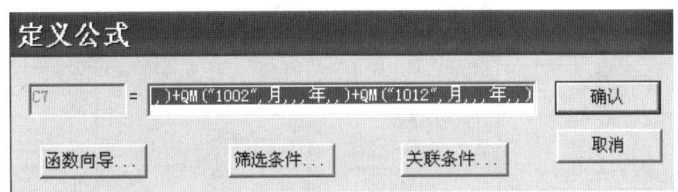

图9-15 货币资金公式

▶▶▶ **注意事项**

报表的单元公式,是在编辑报表时确定表单元数据来源的函数,其主要作用是在报表生成的过程中,从公式描述的账套中提取指定的数据并运算,并将运算结果放入选中的单元格中。因此,单元公式在报表中非常重要。

(4) 数据设置。数据设置顾名思义是数据处理,可以处理和数字相关的信息,如关键字设置。关键字是游离于单元之外的特殊数据单元,用于在大量表页中快速选择表页,定义关键字主要包括设置关键字和调整关键字在表页上的位置。关键字主要有单位名称、单位编号、年、月、日,还包括自定义关键字。可以根据实际需要设置相应的关键字。一个关键字在表中只能被定义一次,即同一个表中不能有重复的关键字。在"格式"状态下可以设置关键字,而在"数据"状态下可以录入关键字,通过执行"数据"—"关键字"—"录入"命令来实现,如图9-16所示。

关键字录入完毕之后,需要偏移关键字,即将年、月、日的位置错开,防止重叠在一起造成混乱,可以通过执行"数据"—"关键字"—"偏移"命令来实现,如图9-17所示。一般偏移数据设置为:年偏移"-150",月偏移"-100",日偏移"-50"。

▶▶▶ **注意事项**

关键字的偏移单位为像素,负数值代表向左移动,正数值代表向右移动。

切换页面左下角的"格式"和"数据"状态时,系统将弹出"是否重算第1页?"提示框,如图9-18所示。单击"是"按钮,系统进行数据重算。

图 9-16　录入关键字

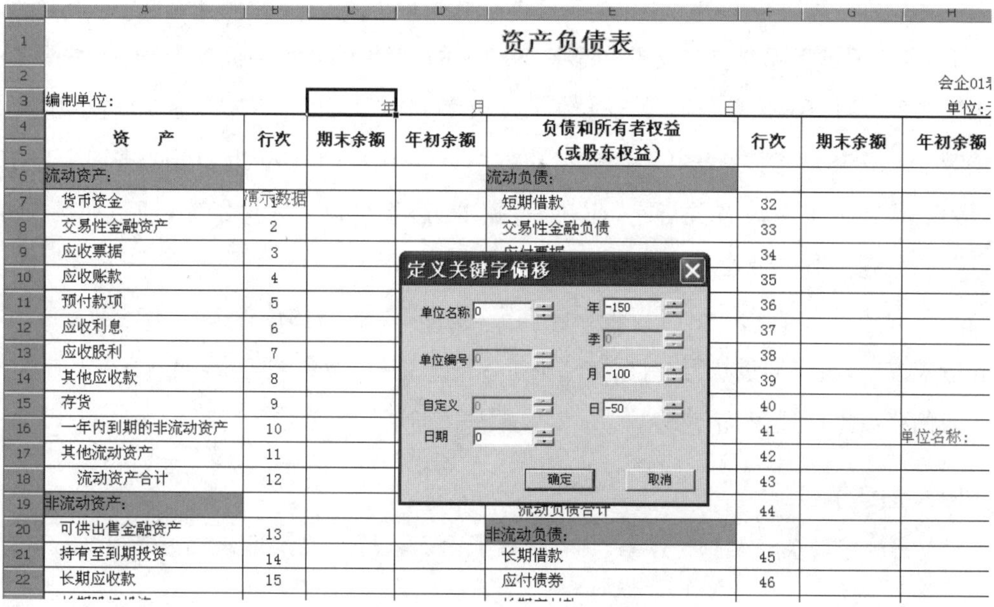

图 9-17　定义关键字偏移

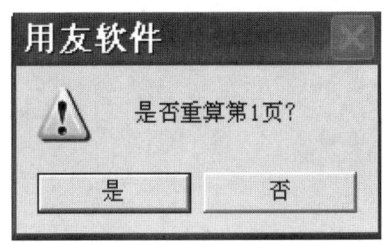

图 9-18　是否重算提示

可以通过执行"数据"—"整表重算"命令来实现重新计算全部数据，如图 9-19 所示。

图 9-19　整表重算

3. 修改资产负债表模板（只设置企业常用科目公式）

（1）修改流动资产项目，如表 9-1 所示。将行次修改为正确行次序号：

① 修改行次1~4科目。在"格式"状态下,行次1、2科目公式不变,双击"A9"单元格,将"应收票据"修改为"衍生金融资产",剪切"C9""D9"单元格的公式,粘贴到"C10""D10"单元格,同理将"A10"单元格原有的"应收账款"修改为"应收票据"。

> **注意事项**
>
> 在输入期末QM公式时,"年"可以省略。比如,应收票据公式"QM("1121",月,,,年,,)"和"QM("1121",月,,,,,)"都是正确的。

② 修改行次5~6科目。双击将"A11"单元格原有"预付款项"修改为"应收账款",原报表模板中应收账款科目的公式有误,会计准则中的公式为"应收账款=应收账款借方余额+预收账款借方余额-坏账准备",需要修改模板中的原有公式。

双击"C11"单元格,删除原有公式,单击"函数向导"按钮,在左侧的分类中选中"用友账务函数"选项,双击选择"期末(QM)",科目输入"1122",方向为"借",其余默认,单击"确定"按钮。回到函数输入区域,输入"+",继续重复上述步骤选择"QM公式",科目输入"2203",方向为"借",单击"确定"按钮。再输入"-",继续选择"QM公式",科目输入"1231",方向为默认,单击"确定"按钮,应收账款期末公式如图9-20所示,其含义为:应收账款期末余额=应收账款(1122)借方期末余额+预收账款(2203)借方期末余额-坏账准备(1231)。

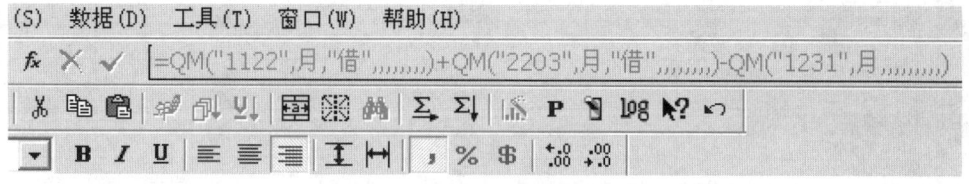

图9-20 应收账款期末公式

双击"D11"单元格,执行"函数向导"—"用友账务函数"命令,双击选择"期初(QC)",科目输入"1122",期间选择"全年",方向为"借"。回到函数输入区域,输入"+",继续重复上述步骤选择"QC公式",科目输入"2203",方向为"借",单击"确定"按钮。再输入"-",继续选择"QC公式",科目输入"1231",方向为默认,单击"确定"按钮,应收账款年初公式如图9-21所示,其含义为:应收账款年初余额=应收账款(1122)借方年初余额+预收账款(2203)借方年初余额-坏账准备(1231)年初余额。

操作熟练后,年初公式和期末公式类似,可复制期末QM公式,粘贴在年初QC公式的位置,将"QM"改为"QC",期间"月"改为"全年"。

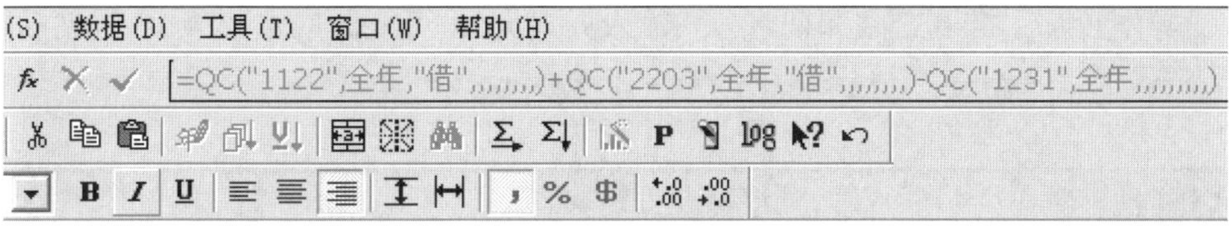

图 9-21　应收账款年初公式

▶▶▶ 注意事项

"应收账款""应付账款""预收账款""预付账款"科目在填制凭证的时候应特别注意二级科目的公式输入是否正确。在资产合计出现问题时,应首先检查这四个科目的凭证是否正确输入。

双击"A12"单元格,改为"应收款项融资",删除"C12""D12"单元格的原有公式。

③ 修改行次7科目。双击"A13"单元格,改为"预付款项",原报表模板中"预付款项"科目的公式有误,会计准则中的公式为"预付账款＝预付账款借方余额＋应付账款借方余额",需修改模板中的原公式。

双击"C13"单元格,删除原有公式,执行"函数向导"—"用友账务函数"命令,双击选择"期末(QM)",科目输入"1123",方向为"借",其余默认,单击"确定"按钮。回到函数输入区域,输入"＋",继续重复上述步骤选择"QM公式",科目输入"2202",方向为"借",单击"确定"按钮,预付账款期末公式如图9-22所示,其含义为:预付账款期末余额＝预付账款(1123)借方期末余额＋应付账款(2202)借方期末余额。

图 9-22　预付账款期末公式

双击"D13"单元格,执行"函数向导"—"用友账务函数"命令,双击选择"期初(QC)"。科目输入"1123",期间选择"全年",方向为"借",单击"确定"按钮。回到函数输入区域,输入"＋",继续重复上述步骤选择"QC公式",科目输入"2202",方向为"借",单击"确定"按钮,预付账款年初公式如图9-23所示,其含义为:预付账款年初余额＝预付账款(1123)借方年初余额＋应付账款(2202)借方年初余额。

操作熟练后,年初公式和期末公式输入方式类似,可复制期末 QM 公式,粘贴在年初 QC 公式的位置,"QM"改为"QC","月"改为"全年"。

图 9-23　预付账款年初公式

④ 修改行次 8 科目。双击"C14"单元格,在原有公式后输入"+",执行"函数向导"—"用友账务函数"命令,双击选择"期末(QM)",科目输入"1131",其余为默认(方向也为默认,公式中除涉及"应收""应付""预收""预付"外,其他方向都为默认),单击"确定"按钮。回到函数输入区域,输入"+",继续重复上述步骤选择"QM 公式",科目输入"1132",其余默认,单击"确定"按钮,其他应收款期末公式如图 9-24 所示,其含义为:其他应收款期末余额=其他应收款(1221)期末余额+应收利息(1132)期末余额+应收股利(1131)期末余额。

图 9-24　其他应收款期末公式

双击"D14"单元格,复制期末 QM 公式,删除"D14"单元格中原有公式,粘贴在年初 QC 公式的位置,"QM"改为"QC","月"改为"全年",其他应收款年初公式如图 9-25 所示。

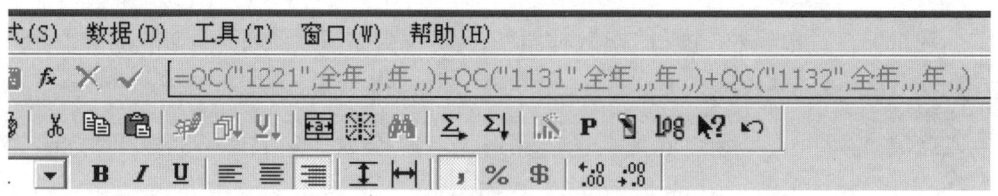

图 9-25　其他应收款年初公式

>>> 注意事项

企业会计准则中规定"其他应收款"公式:其他应收款期末余额＋应收利息期末余额＋应收股利期末余额。

(2) 修改非流动资产项目,如表 9-2 所示。将行次序号修改为正确行次序号:

① 修改行次 13～18 科目。双击"A20"单元格,将"可供出售金融资产"改为"债权投资",双击"C20"单元格,执行"函数向导"—"用友账务函数"命令,双击选择"期末(QM)",科目输入"1501",其余默认,单击"确定"按钮。回到函数输入区域,输入"一",继续重复上述步骤选择"QM 公式",科目输入"1502",其余默认,单击"确定"按钮,债权投资期末公式如图 9-26 所示。

图 9-26　债权投资期末公式

双击"D20"单元格,复制期末 QM 公式,删除"D20"单元格中原有公式,粘贴在年初 QC 公式的位置,"QM"改为"QC","月"改为"全年"即可,债权投资年初公式如图 9-27 所示。

图 9-27　债权投资年初公式

根据表 9-2 非流动资产项目计算公式完成"A21""C21""D21"单元格行次修改,行次 15、16 不用修改。

单击"A24"单元格,执行"编辑"—"插入"—"行"命令,输入"2"行。在空白单元格"A24"中输入"其他权益工具投资",在空白单元格"A25"中输入"其他非流动金融资产",行次分别为"17""18"。

② 修改行次19~21科目。双击"C27"单元格,在原有公式后输入"—",执行"函数向导"—"用友账务函数"命令,双击选择"期末(QM)",科目输入"1606",其余默认,单击"确定"按钮,固定资产期末公式如图9-28所示。

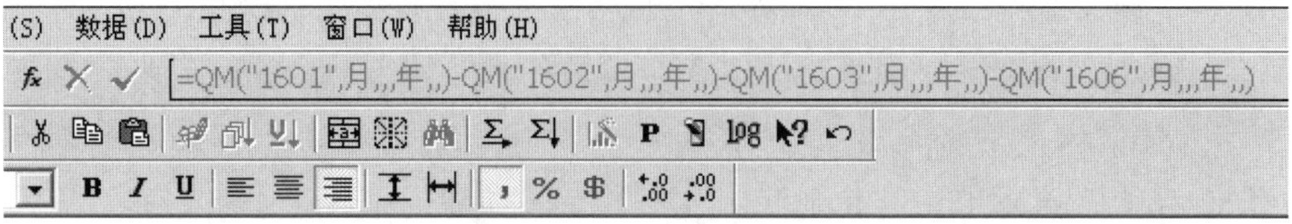

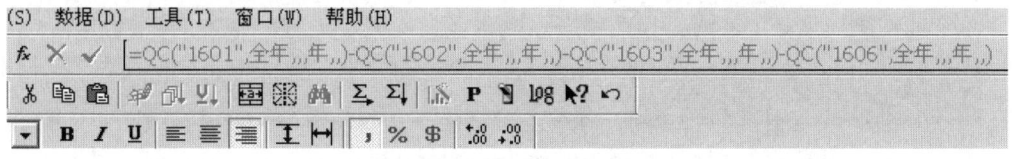

图9-28 固定资产期末公式

双击"D27"单元格,在原有公式后输入"—",执行"函数向导"—"用友账务函数"命令,双击选择"期初(QC)",科目输入"1606",其余默认,单击"确定"按钮,固定资产年初公式如图9-29所示。

图9-29 固定资产年初公式

参考表9-2,将"B26""B27""B28"单元格行次修改为19、20、21。

③ 修改行次22~29科目。根据表9-2,删除行次22~28原有科目和公式,输入正确的科目及公式。注意:"C35"单元格非流动资产合计,修改为"ptotal(?C20:?C34)","D35"单元格修改为"ptotal(?D20:?D34)"。删除A36~A39单元格原有科目及公式,"C40"单元格资产合计,修改为"?C18+?C35","D40"单元格修改为"?D18+?D35"。

> **注意事项**
>
> 输入"ptotal"公式应在英文状态下完成。

(3) 修改流动负债项目。参考表9-3,将行次序号全部修改正确:

① 修改行次30~33科目。在"格式"状态下,行次30、31科目公式不变。双击"E9"单元格,将"应收票据"修改为"衍生金融负债",剪切"G9""H9"单元格的公式,粘贴到"G10""H10"单元格,双击"E10"单元格,将原有的"应收账款"修改为"应收

票据"。

② 修改行次 34 科目。双击"E11"单元格将原有"预收款项"修改为"应付账款",原报表模板中"应付账款"科目的公式有误,会计准则中的公式为"应付账款＝应付账款贷方余额＋预付账款贷方余额"。

双击"G11"单元格,删除原有公式,单击"函数向导"按钮,在左侧的分类中选择"用友账务函数",右侧双击选择"期末(QM)"函数,科目输入"2202",方向为"贷",其余默认,单击"确定"按钮。回到函数输入区域,输入"＋",继续重复上述步骤选择"QM 公式",科目输入"1123",方向为"贷",单击"确定"按钮,应付账款期末公式如图 9-30 所示,其含义为:应付账款期末余额＝应付账款(2202)贷方期末余额＋预付账款(1123)贷方期末余额。

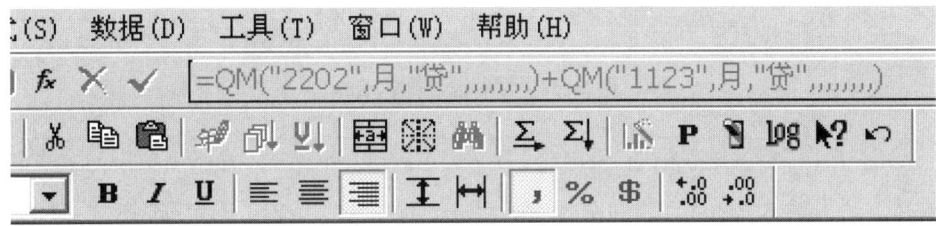

图 9-30 应付账款期末公式

双击"H11"单元格,执行"函数向导"—"用友账务函数"命令,双击选择"期初(QC)"。科目输入"2202",期间选择"全年",方向为"贷",单击"确定"按钮。回到函数输入区域,输入"＋",继续重复上述步骤选择"QC 公式",科目输入"1123",方向为"贷",单击"确定"按钮,应付账款年初公式如图 9-31 所示,其含义为:应付账款年初余额＝应付账款(2202)贷方年初余额＋预付账款(1123)贷方年初余额。

操作熟练后,年初公式和期末公式类似,可复制期末 QM 公式,粘贴在年初 QC 公式的位置,"QM"改为"QC","月"改为"全年"。

图 9-31 应付账款年初公式

③ 修改行次 35 科目。双击"E12"单元格,改为"预收款项",原报表模板中"预收

款项"科目的公式有误,会计准则中公式为"预收账款=预收账款贷方余额+应收账款贷方余额"。

双击"G12"单元格,删除原有公式,执行"函数向导"—"用友账务函数"命令,双击选择"期末(QM)",科目输入"2203",方向为"贷",其余默认,单击"确定"按钮。回到函数输入区域,输入"+",继续重复上述步骤选择"QM公式",科目输入"1122",方向为"贷",单击"确定"按钮,预收账款期末公式如图9-32所示,其含义为:预收账款期末余额=预收账款(2203)贷方期末余额+应收账款(1122)贷方期末余额。

图9-32 预收账款期末公式

双击"H12"单元格,执行"函数向导"—"用友账务函数"命令,双击选择"期初(QC)"。科目输入"2203",期间选择"全年",方向为"贷",单击"确定"按钮。回到函数输入区域,输入"+",继续重复上述步骤选择"QC公式",科目输入"1122",方向为"贷",单击"确定"按钮,预收账款年初公式如图9-33所示,其含义为:预收账款年初余额=预收账款(2203)贷方年初余额+应收账款(1122)贷方年初余额。

操作熟练后,年初公式和期末公式类似,可复制期末QM公式粘贴在年初QC公式的位置,"QM"改为"QC","月"改为"全年"。

图9-33 预收账款年初公式

④ 修改行次36~42科目。参考表9-3中科目及公式正确输入行次36~38。

双击"G16"单元格,在原有公式后输入"+",执行"函数向导"—"用友账务函数"命令,双击选择"期末(QM)",科目输入"2231",其余为默认(方向也为默认,公式中除涉及"应收""应付""预收""预付"外,方向都为默认),单击"确定"按钮。回到函数输入区域,输入"+",继续重复上述步骤选择"QM公式",科目输入"2232",其余默认,单击

"确定"按钮,其他应付款期末公式如图9-34所示,其含义为:其他应付款期末余额=其他应付款(2241)期末余额+应付利息(2231)期末余额+应付股利(2232)期末余额。

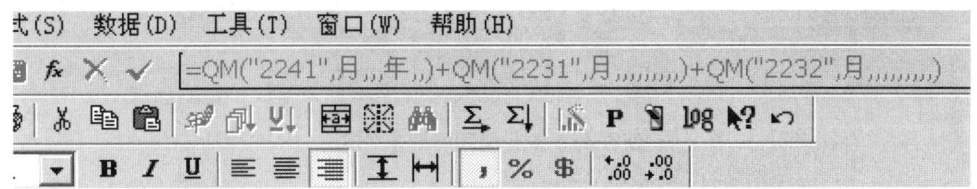

图9-34 其他应付款期末公式

双击"H16"单元格,复制期末QM公式,删除"H16"单元格中原有公式,粘贴在年初QC公式位置,"QM"改为"QC","月"改为"全年",其他应付款年初公式如图9-35所示。

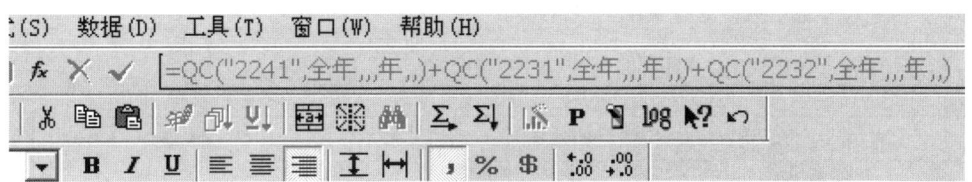

图9-35 其他应付款年初公式

▶▶▶ **注意事项**

企业会计准则中规定"其他应付款"公式:其他应付款期末余额+应付利息期末余额+应付股利期末余额。

(4) 修改非流动负债项目,如表9-4所示。注意:在输入期末QM公式的时候,"年"可以省略。比如,应收票据公式"QM("1121",月,,,年,,)"和"QM("1121",月,,,,,)"都是正确的。

(5) 修改所有者权益项目,如表9-5所示。选中"E39"单元格,执行"编辑"—"插入"—"行"命令,输入4行,删除原有的公式,按照表9-5的格式输入正确的行次序号。

在此只介绍"未分配利润"。双击"G42"单元格,执行"函数向导"—"用友账务函数"命令,双击选择"期末(QM)",科目输入"4103",其余为默认(方向也为默认),在原有公式后输入"+",执行"函数向导"—"用友账务函数"命令,双击选择"期末(QM)",科目输入"4104",其余为默认,未分配利润期末公式如图9-36所示。年初公式同理。

图 9-36　未分配利润期末公式

（6）计算出正确的数据，完成对系统中报表模板的公式和科目修改，适当调整科目名称在单元格中的位置，以及行次序号数字的字体。

操作步骤：在"数据"状态下执行"数据"—"整表重算"命令，等待一段时间即可生成最终报表数据，如图 9-37、图 9-38 所示。

资产	行次	期末余额	年初余额	负债和所有者权益（或股东权益）	行次	期末余额	年初余额
单位名称：		2023 年	12 月			31 日	
流动资产：				流动负债：			
货币资金	1	1,811,736.69	2,126,437.72	短期借款	30	780,000.00	980,000.00
交易性金融资产	2	678,000.00	994,500.00	交易性金融负债	31		
衍生金融资产	3			衍生金融负债	32		
应收票据	4	1,185,665.71	75,000.00	应付票据	33	260,000.00	140,000.00
应收账款	5	1,004,136.80	1,472,264.71	应付账款	34	307,765.00	665,875.00
应收款项融资	6			预收款项	35	33,619.47	10,683.67
预付款项	7	5,095.20	30,424.60	合同负债	36		
其他应收款	8	36,519.92	20,177.68	应付职工薪酬	37	95,800.00	91,522.00
存货	9	1,825,745.63	2,141,253.86	应交税费	38	86,599.29	77,072.33
一年内到期的非流动资产	10			其他应付款	39	350,550.00	84,375.00
其他流动资产	11			一年内到期的非流动负债	40		
流动资产合计	12	6,546,899.95	6,860,058.57	其他流动负债	41		
非流动资产：				流动负债合计	42	1,914,333.76	2,049,528.00
债券投资	13	204,094.00	206,000.00	非流动负债：			
其他债权投资	14			长期借款	43	820,000.00	820,000.00
长期应收款	15			应付债券	44		
长期股权投资	16	619,800.00	600,000.00	其中：优先股	45		
其他权益工具投资	17			永续股	46		
其他非流动金融资产	18			长期应付款	47		
投资性房地产	19			预计负债	48		
固定资产	20	6,380,798.01	6,120,653.67	递延收益	49		
在建工程	21			递延所得税负债	50	4,890.00	9,450.00
无形资产	22	416,200.00	420,000.00	其他非流动负债	51		
研发支出	23			非流动负债合计	52	824,890.00	829,450.00
商誉	24			负债合计	53	2,739,223.76	2,878,978.00
长期待摊费用	25			所有者权益（或股东权益）：			
递延所得税资产	26	2,687.51	5,000.00	实收资本（或股本）	54	8,050,000.00	7,850,000.00

图 9-37　资产负债表参考数据（1）

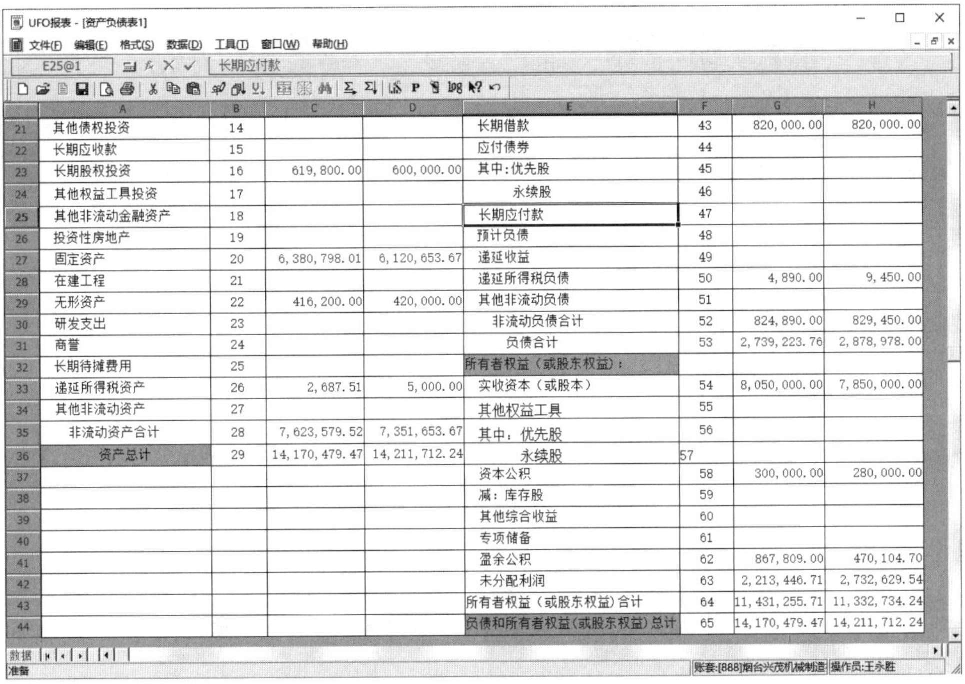

图 9-38　资产负债表参考数据(2)

> **注意事项**
>
> 本月损益类账户结转的结果是形成本月的利润,本月利润反映在"本年利润"账户中,本年利润在年终利润分配之前构成企业的留存收益,具体反映在资产负债表的未分配利润项目中。如果本月损益类账户存在余额,将意味着资产负债表中的未分配利润项目数据有误,损益类账户的余额在资产负债表中也没有"容身之地",结果将造成资产负债表的不平衡。

4. 输入、输出报表

当实验未完成时,可先行将未完成的报表输出。操作步骤:执行"文件"—"另存为"命令,如图 9-39 所示。此文件只能在 UFO 报表系统中打开,进入 UFO 报表系统后,执行"文件"—"打开"命令即可操作,如图 9-40 所示。

5. 常见问题

(1) 注意在输入期末 QM 公式时,"年"可以省略。例如,应收票据公式"QM("1121",月,,,年,,)"和"QM("1121",月,,,,,)"都是正确的。

(2) "数据"状态下才能进行算数等操作,"格式"状态是编辑公式,可以单击左下角的"数据"和"格式"调节。

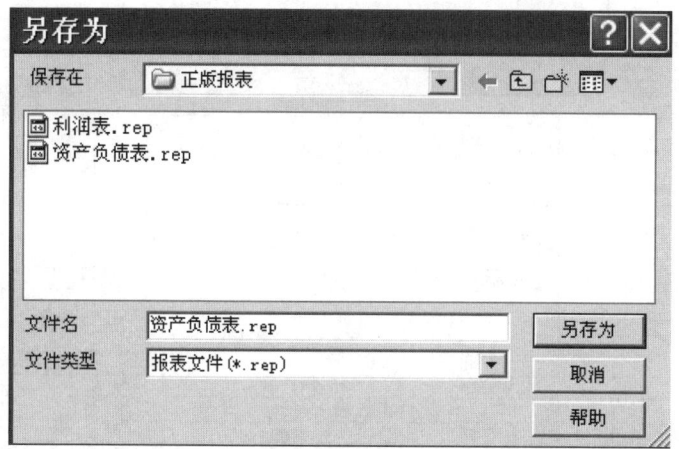

图 9-39 输出报表

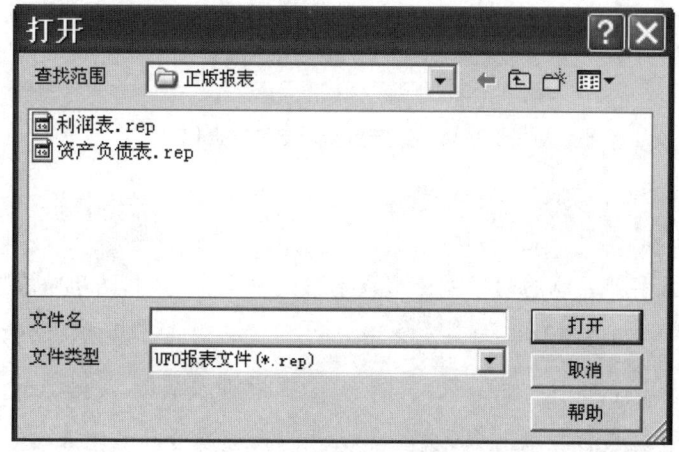

图 9-40 输入报表

(3) 当数据显示不全时，可以用鼠标拖曳单元格调节宽度，将全部数据显示完全。

(4) 对于"应收账款""应付账款""预收账款""预付账款"科目，在填制凭证的时候应特别注意二级科目的公司是否输入正确，当最后的资产合计出现问题时，应检查这四个科目的凭证是否输入正确。

(5) 如果在编辑过程中担心数据丢失，可以按"F6"保存数据。

(6) 如果整表重算后无数据，则表示账套中的凭证未进行记账。

(7) 直接输入单元格加、减法的公式，如"资产合计"，输入时要注意在单元格前加"?"。

(8) 制造费用应在月末分配结转到成本对象中，增加存货的价值。如果月末"制造费用"账户存在余额又没有结转,就意味着资产负债表中的存货缺少数据,制造费用在资产负债表中又没有"容身之地",编制的资产负债表不可能平衡。

（9）本月损益类账户结转的结果形成本月的利润,本月利润反映在"本年利润"账户中;本年利润在年终利润分配之前构成企业的留存收益,具体反映在资产负债表的"未分配利润"项目中。如果本月损益类账户存在余额,将意味着资产负债表中的"未分配利润"项目数据有误,损益类账户的余额在资产负债表中也没有"容身之地",结果将造成资产负债表的不平衡。

（10）"本年利润"账户在年终结转前,也属于未分配利润的范畴。因此,资产负债表中的未分配利润应包括"利润分配"和"本年利润"两个账户余额之和,但是系统内置模板只取"利润分配"账户的余额,没有设置"本年利润"账户的取数公式,应予以添加。在实际工作中,该栏目数据出现的问题最多,是导致资产负债表不平衡的主要原因。

(二) 利润表(只设置企业常用科目公式)

1. 打开利润表模板

（1）执行"文件"—"新建"命令,在"格式"状态下执行"格式"—"报表模板"命令,选择"2007年新会计准则科目""利润表",如图9-41所示。

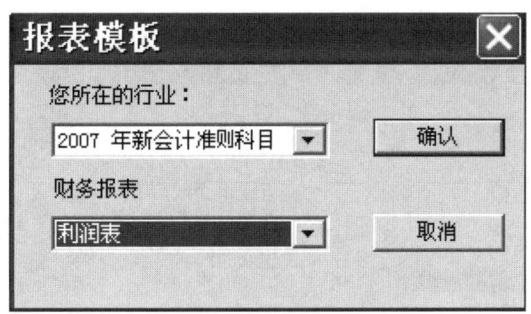

图9-41　报表模板

（2）单击"确认"按钮,生成利润表模板,如图9-42所示。

2. 修改利润表模板(只设置企业常用科目公式)

（1）选中"A14"单元格,执行"编辑"—"插入"—"行"命令,输入"9"行,对照表9-6对模板中的行次进行修改。

（2）以"财务费用"为例,在"格式"状态下,双击"A11"单元格,将原有"资产减值损失"修改为"财务费用"。双击"C11"单元格,删除原有公式,执行"函数向导"—"用友账务函数"—"发生(FS)"命令,如图9-43所示。

利润表模板

项目	行数	本期金额	上期金额
利润表			会企02表
编制单位：	xxxx 年	xx 月	单位:元
一、营业收入	1	公式单元	公式单元
减：营业成本	2	公式单元	公式单元
税金及附加	3	公式单元	公式单元
销售费用	4	公式单元	公式单元
管理费用	5	公式单元	公式单元
财务费用	6	公式单元	公式单元
资产减值损失	7	公式单元	公式单元
加：公允价值变动收益（损失以"-"号填列）	8	公式单元	公式单元
投资收益（损失以"-"号填列）	9	公式单元	公式单元
其中：对联营企业和合营企业的投资收益	10		
二、营业利润（亏损以"-"号填列）	11	公式单元	公式单元
加：营业外收入	12	公式单元	公式单元
减：营业外支出	13	公式单元	公式单元
其中：非流动资产处置损失	14		
三、利润总额（亏损总额以"-"号填列）	15	公式单元	公式单元
减：所得税费用	16	公式单元	公式单元
四、净利润（净亏损以"-"号填列）	17	公式单元	公式单元
五、每股收益：	18		
（一）基本每股收益	19		
（二）稀释每股收益	20		

图 9-42　利润表模板

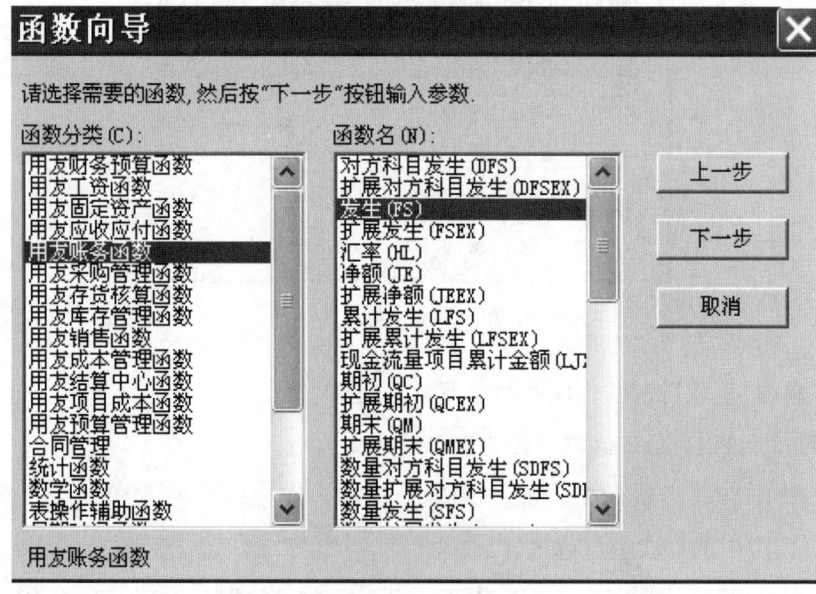

图 9-43　发生函数

（3）双击选择"发生（FS）"函数，进入"账务函数"窗口，与"期末（QM）"函数类似，科目输入"6603"，方向为"借"，单击"确定"按钮，公式为"＝fs(6603,月,"借",,)"，其含义为：取财务费用（6603）的借方发生额，如图9-44所示。

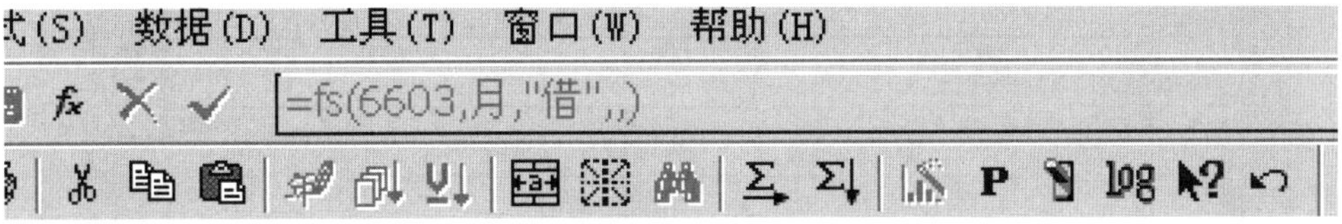

图9-44　财务费用发生函数

▶▶▶ 注意事项

　　损益类科目或者收入类科目金额错误时，检查"发生（FS）"函数中借贷方是否正确输入，如果公式没问题，则检查录入结转损益之前的凭证，有没有调节借贷方红字。

（4）直接输入单元格加减的公式时，一定注意对应的编号，并在单元格前加"?"。例如，行数17，双击"D21"单元格，输入"＝?C5－?C6－?C7－?C8－?C9－?C11＋?C15＋?C17－?C18－?C19"，如图9-45所示。

图9-45　营业利润公式

▶▶▶ 注意事项

　　直接输入单元格加减时，要注意在单元格前加"?"，且一定在英文状态下输入，否则会提示公式错误。

（5）完成后对照表9-6，适当调整单元格的宽度、高度及字体，形成最后的利润表，单击左下角"格式"按钮，使之变为"数据"状态，此时提示"是否整表重算"，单击"是"按钮，进行表页数据的计算，如图9-46所示。

（6）输出利润表并保存，如图9-47所示。

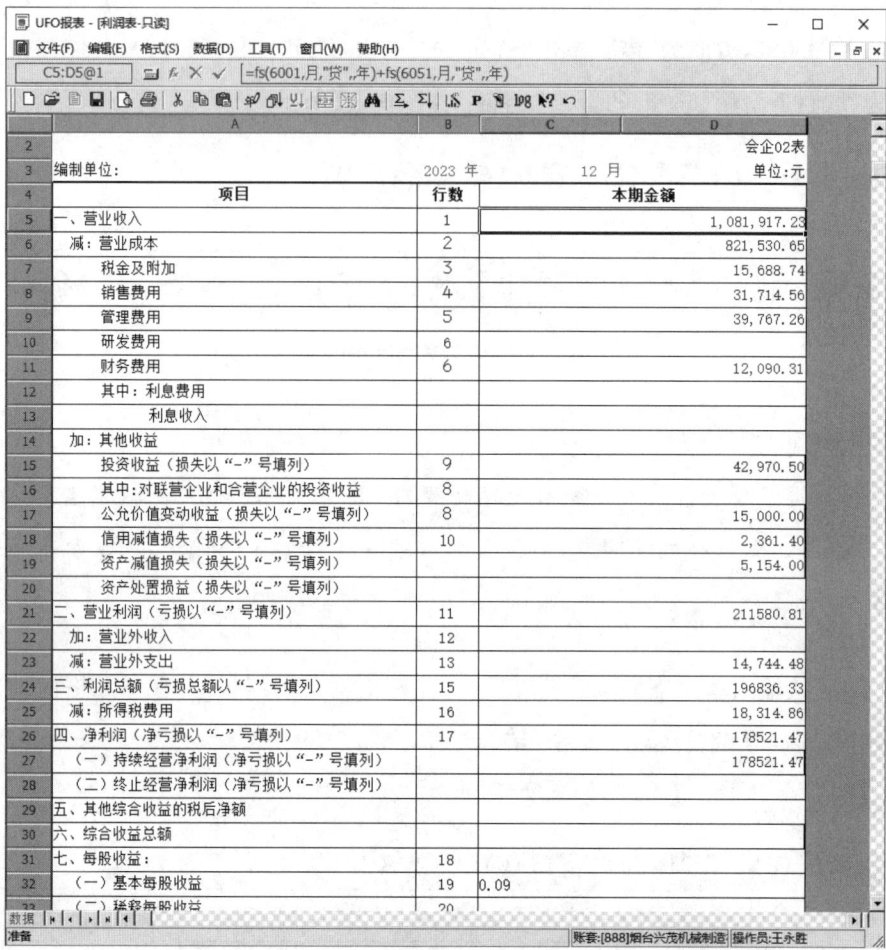

图 9-46 利润表

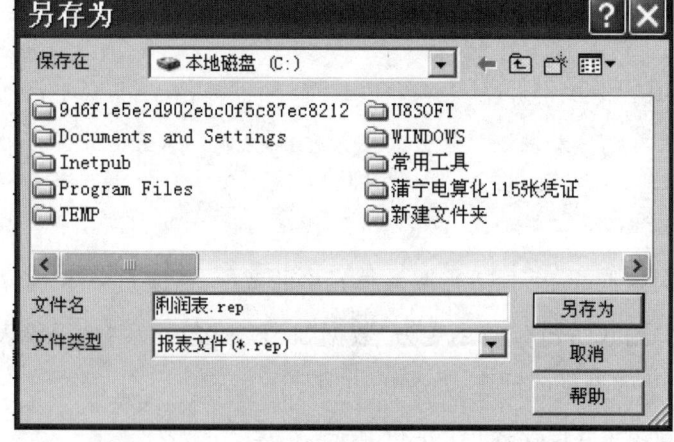

图 9-47 输出并保存利润表

3. 常见问题

（1）损益类或者收入类科目金额错误，检查"发生(FS)"函数中借贷方是否输入，如果公式没问题，则检查录入结转损益之前的凭证，有无调节借贷方红字。

（2）若最后营业利润错误或者利润总额错误，检查营业利润直接输入单元格以及正负号是否正确。

（3）若净利润、所得税费用错误，检查公式、录入关于所得税的凭证是否正确，尤其注意递延所得税科目是否调节借贷方红字。

（4）只能在UFO报表系统内打开利润表，在外部无法打开。

（5）"发生(FS)"函数在利润表编制中的应用有限制条件。"发生(FS)"函数的功能是取账务系统中指定账户、指定会计期和指定方向的发生额。例如，"=FS("6603",月,"借")"，其意义是取"财务费用"科目（6603）当月借方发生额。如果损益类账户在期末结转前只在单一的本位方上有发生额，那么不论是在期末结转之前还是结转之后，其本位方数据就是应该填列到利润表相应项目中的数据。在期间损益结转前，如果损益类账户在借方和贷方均有发生额，单纯地利用系统内置的模板是不能正确编制利润表的，这是因为系统内置的模板只取一个方向的发生额，另一个方向的发生额必然遗漏。如果使用"发生(FS)"函数，则必须调节之前凭证损益类科目和收入类科目的借贷方。

第三篇　会计信息化综合实验

　　本篇为会计信息化综合实验,以 2023 年 12 月烟台兴茂机械制造有限公司真实经济业务为背景,按照最新的企业会计准则及烟台兴茂机械制造有限公司相关财务制度,完成 2023 年 12 月烟台兴茂机械制造有限公司全部财务核算、登记账簿、制作报表工作。

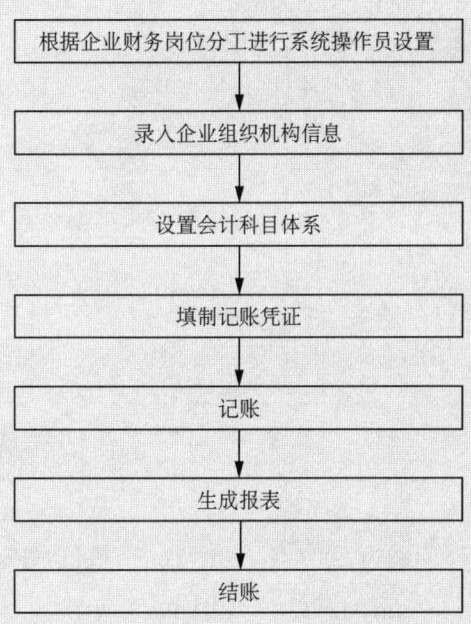

项目十　综合实验

一、实验目的

(1) 能够完成操作员的增加和操作员权限分配的操作。

(2) 能够熟练掌握企业账套的建立与期初录入。

(3) 能够熟练运用软件进行企业日常业务处理。

(4) 能够熟练运用软件进行企业期末业务处理。

(5) 能够熟练运用软件进行财务报表编制。

二、实验内容

(1) 增加操作员并分配权限。

(2) 建立企业账套。

(3) 企业日常业务处理。

(4) 企业期末业务处理。

(5) 财务报表编制。

三、实验准备

(1) 将电脑右下角时间调为 2023 年 12 月 31 日,执行"日期和时间"—"更改日历设置"—"短日期"—"yyyy-mm-dd"命令,如图 10-1 所示。

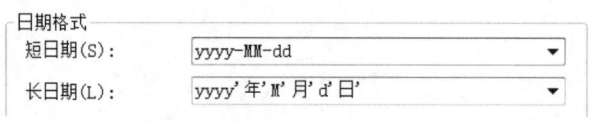

图 10-1　日期设置

(2) 执行"程序"—"新道 U8＋V15.0"—"系统服务"—"应用服务器配置"—"数据库服务器"—"修改"—"数据库服务器"命令,输入计算机属性中的机器号。

四、实验资料

2023年12月1日,烟台兴茂机械制造有限公司实行会计信息化,公司账套的基本信息如下。

(一) 操作员及其权限

操作员及其权限设置,如表10-1所示。

表10-1　　　　　　　　　操作员及其权限设置

部门	编码	姓名	口令	权限
财务部	001	张丽	1	账套主管,负责系统日常运行管理,具有全部权限
财务部	002	王永胜	2	具有"基本信息""总账管理"(审核凭证、出纳签字除外)子系统的全部权限
财务部	003	王正伟	3	具有"总账—凭证—出纳签字"和"总账—出纳"子系统的全部权限

(二) 账套信息

账套号:888

账套名称:烟台兴茂机械制造有限公司

账套路径:系统默认路径

启用账簿期:2023年12月

会计期间设置:12月1日至12月31日

(三) 企业信息

单位名称:烟台兴茂机械制造有限公司

单位简称:烟台兴茂制造

单位地址:山东省烟台市莱山区港城东大街100号

法人代表:孔祥瑞

税号:913706129662088957

联系电话及传真:0531-6900119

电子邮箱:yantaixingmao@126.com

(四) 核算类型

本币名称:人民币(RMB)

企业类型:工业

行业性质:2007年新会计准则科目

账套主管:张丽

要求:按行业性质预置会计科目

(五) 基础信息

有外币核算,不对存货、客户、供应商进行分类。

(六) 分类编码方案

科目编码级次:4222

其他编码级次采用系统默认值。

(七) 数据精度

采用系统默认值。

(八) 系统启用

启用"总账"子系统,启用日期为2023年12月1日。

(九) 企业组织架构

烟台兴茂机械制造有限公司组织架构,如表10-2所示。

表10-2　　　　　烟台兴茂机械制造有限公司组织架构

部门编码	部门或职务	人员编码	部门负责人	性别	雇佣状态	人员类别
1	总经理	001	孔祥瑞	男	在职	正式工
2	办公室	002	宋成亮	男	在职	正式工
3	财务部	003	张丽	女	在职	正式工
4	生产部	—	—	—	—	—
401	生产部——生产车间	004	孙思泽	男	在职	正式工
402	生产部——仓库	005	于传强	男	在职	正式工
403	生产管理部门	006	王加成	女	在职	正式工
5	销售部	007	徐瑞诚	男	在职	正式工
6	采购部	008	刘星	女	在职	正式工

(十) 账户期初数据

(1) 永久性账户明细分类账期初余额,如表10-3所示。

表10-3　　　　　永久性账户明细分类账期初余额　　　　　单位:元

总账科目	明细科目	方向	余额	账户类型
库存现金		借	7 130.00	日记账
银行存款	中国农业银行	借	1 979 307.72	日记账

(续表)

总账科目	明细科目	方向	余额	账户类型
其他货币资金	银行本票存款	借	140 000.00	三栏式
交易性金融资产	股票投资——浪潮软件——成本	借	900 000.00	三栏式
	股票投资——浪潮软件——公允价值变动	借	94 500.00	三栏式
应收票据	银行承兑汇票——烟台凯马汽车制造公司	借	75 000.00	三栏式
	银行承兑汇票——青岛通达汽车配件公司	平	0	三栏式
	银行承兑汇票——烟台三立有限公司	平	0	三栏式
	银行承兑汇票——泰安银光电子公司	平	0	三栏式
应收账款	威海东恒公司	借	331 233.00	三栏式
	青岛通达汽车配件公司	借	430 000.00	三栏式
	青岛山海机械有限公司	借	5 366.00	三栏式
	烟台三立有限公司	借	755 665.71	三栏式
	济南西城机械有限公司	平	0	三栏式
应收股利		平	0	三栏式
应收利息		平	0	三栏式
坏账准备	应收账款	贷	50 000.00	三栏式
预付账款	预付报刊订阅费	借	275.23	三栏式
	预付车辆保险费	借	149.37	三栏式
	青岛广源钢材有限公司	借	30 000.00	三栏式
其他应收款	刘星	借	5 000.00	三栏式
	李强	平	0	三栏式
	重庆华宇机械有限公司	平	0	三栏式
	基本养老保险费	借	6 101.76	三栏式
	失业保险费	借	228.72	三栏式
	基本医疗保险费	借	1 525.44	三栏式
	住房公积金	借	7 321.76	三栏式
	赵小英	平	0	三栏式

(续表)

总账科目	明细科目	方向	余额	账户类型
	济南曼华包装有限公司	平	0	三栏式
原材料	钢板	借	245 000.00	数量金额式
	铝合金	借	166 250.00	数量金额式
材料采购	钢板	平	0	数量金额式
	铝合金	平	0	数量金额式
	包装盒	平	0	数量金额式
材料成本差异	钢板	贷	1 050.00	三栏式
	铝合金	借	2 500.00	三栏式
	包装盒	平	0	三栏式
库存商品	抗性消音器	借	843 094.00	数量金额式
	铝合金油箱	借	445 945.80	数量金额式
	有源消音器	平	0	数量金额式
委托加工物资	有源消音器	平	0	三栏式
生产成本	抗性消音器	借	256 777.27	三栏式
	铝合金油箱	借	171 356.79	三栏式
低值易耗品	包装盒	借	11 380.00	数量金额式
债权投资	债券投资——成本	借	200 000.00	三栏式
	债券投资——利息调整	借	6 000.00	三栏式
长期股权投资	烟台天明机械装备有限公司——成本	借	600 000.00	三栏式
	烟台天明机械装备有限公司——损益调整	平	0	三栏式
固定资产	建筑物	借	2 660 000.00	三栏式
	机器设备	借	4 858 272.00	三栏式
	办公设备	借	287 550.00	三栏式
累计折旧	建筑物	贷	665 000.00	三栏式
	机器设备	贷	931 168.33	三栏式
	办公设备	贷	89 000.00	三栏式
固定资产减值准备		平	0	三栏式
固定资产清理		平	0	三栏式

(续表)

总账科目	明细科目	方向	余额	账户类型
待处理财产损溢	待处理流动资产损溢	平	0	三栏式
无形资产	专利	借	480 000.00	三栏式
累计摊销	专利	贷	60 000.00	三栏式
递延所得税资产		借	5 000.00	三栏式
短期借款	中国农业银行	贷	980 000.00	三栏式
应付票据	烟台伟业有限公司	贷	90 000.00	三栏式
	青岛广源钢材有限公司	贷	50 000.00	三栏式
应付账款	烟台伟业有限公司	贷	210 000.00	三栏式
	济南星光公司	贷	262 000.00	三栏式
	中通工业集团	贷	193 875.00	三栏式
	烟台市自来水公司	平	0	三栏式
	烟台市供电局	平	0	三栏式
预收账款	山东恒通汽车制造有限公司	贷	6 096.53	三栏式
	烟台神通电气有限公司	贷	4 587.14	三栏式
	济南信达汽车配件有限公司	平	0	三栏式
应付职工薪酬	工资	贷	91 522.00	三栏式
	社会保险金	平	0	三栏式
	工会会费	平	0	三栏式
	住房公积金	平	0	三栏式
应交税费	未交增值税	贷	62 565.00	三栏式
	应交个人所得税	平	0	三栏式
	应交城市维护建设税	贷	4 379.55	三栏式
	应交教育费附加	贷	1 251.30	三栏式
	应交印花税	贷	376.48	三栏式
	应交企业所得税	贷	8 500.00	三栏式
	应交房产税	平	0	三栏式
	应交城镇土地使用税	平	0	三栏式
应付利息	长期借款利息	贷	33 825.00	三栏式
应付股利		平	0	三栏式

(续表)

总账科目	明细科目	方向	余额	账户类型
其他应付款	保证金	贷	50 550.00	三栏式
长期借款	中国工商银行	贷	820 000.00	三栏式
递延所得税负债		贷	9 450.00	三栏式
实收资本	烟台兴鲁机械制造有限公司	贷	7 000 000.00	三栏式
	烟台飞达机械设备有限公司	贷	850 000.00	三栏式
	烟台海德专用车有限公司	平	0	三栏式
资本公积	其他资本公积	贷	280 000.00	三栏式
盈余公积	法定盈余公积	贷	235 052.35	三栏式
	任意盈余公积	贷	235 052.35	三栏式
本年利润	本年利润	贷	1 810 000.00	三栏式
利润分配	提取法定盈余公积	平	0	三栏式
	提取任意盈余公积	平	0	三栏式
	应付股利	平	0	三栏式
	未分配利润	贷	922 629.54	三栏式

(2)临时性账户明细分类账期初余额,如表10-4所示。

表10-4　　　　　　临时性账户明细分类账期初余额　　　　　　单位:元

总账科目	明细科目	方向	余额	账户类型
主营业务收入	抗性消音器	平	0	三栏式
	铝合金油箱	平	0	三栏式
	有源消音器	平	0	三栏式
其他业务收入	固定资产出租	平	0	三栏式
投资收益		平	0	三栏式
公允价值变动损益		平	0	三栏式
资产减值损失		平	0	三栏式
主营业务成本	抗性消音器	平	0	三栏式
	铝合金油箱	平	0	三栏式
	有源消音器	平	0	三栏式
税金及附加		平	0	三栏式
销售费用	广告费	平	0	多栏式

(续表)

总账科目	明细科目	方向	余额	账户类型
	展览会费用	平	0	多栏式
	职工薪酬	平	0	多栏式
	水电费	平	0	多栏式
	包装盒	平	0	多栏式
管理费用	差旅费	平	0	多栏式
	报刊订阅费	平	0	多栏式
	办公用品	平	0	多栏式
	业务招待费	平	0	多栏式
	维修费	平	0	多栏式
	培训费	平	0	多栏式
	职工薪酬	平	0	多栏式
	水电费	平	0	多栏式
	折旧	平	0	多栏式
	其他	平	0	多栏式
财务费用	利息支出	平	0	多栏式
	现金折扣	平	0	多栏式
	存款利息收入	平	0	多栏式
	其他	平	0	多栏式
营业外支出	捐赠支出	平	0	三栏式
	处置固定资产净损失	平	0	三栏式
所得税费用		平	0	三栏式

（3）数量金额式账户期初余额，如表 10-5 所示。

表 10-5　　　　　　　　数量金额式账户期初余额　　　　　　金额单位：元

总账	明细	单位	数量	单价	方向	金额
材料采购	钢板	吨	0		平	0
	铝合金	吨	0		平	0
	包装盒	吨	0		平	0
原材料	钢板	个	70	3 500.00	借	245 000.00
	铝合金	吨	12.50	13 300.00	借	166 250.00

(续表)

总账	明细	单位	数量	单价	方向	金额
低值易耗品	包装盒	个	5 690	2.00	借	11 380.00
库存商品	抗性消音器	件	3 430	245.80	借	843 094.00
	铝合金油箱	件	1 158	385.10	借	445 945.80
	有源消音器	件	0		平	0

(4)生产成本多栏式账户期初余额,如表10-6所示。

表10-6　　　　　　　　生产成本多栏式账户期初余额　　　　　　单位:元

明细	原材料	燃料和动力	工资	制造费用	合计
抗性消音器	184 326.86	1 719.66	40 487.26	30 243.49	256 777.27
铝合金油箱	108 989.13	1 480.34	34 852.74	26 034.58	171 356.79

(十一)企业会计政策与核算规则

1. 账务处理程序

烟台兴茂机械制造有限公司采用科目汇总表账务处理程序,如图10-2所示。

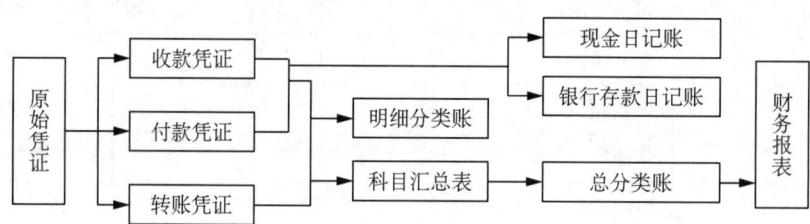

图10-2　账务处理程序

2. 交易性金融资产的确认与计量

以赚取差价为目的而持有活跃在市场上有报价的金融资产,确认为交易性金融资产。在初始确认时,按照公允价值计量持有的交易性金融资产,相关交易费用直接计入当期损益;持有交易性金融资产的会计期间,其公允价值变动形成的利得与损失,应当计入当期损益。

3. 债权投资的确认与计量

对于到期日固定、回收金额固定或可确定,且企业有明确意图和能力持有至到期的、在活跃市场上有报价的债券投资,确认为以摊余成本计量的金融资产,核算时计入债权投资。在初始确认时,按照实际支付价格计量,相关交易费用计入初始确认金额,构成实际利息组成部分。取得债权投资以后的会计期间,采用实际利率法,按摊余成本计量。

4．备用金核算

采购员及其他职工出差预支差旅费,回公司后一次结清。

5．材料核算方法

（1）原材料、低值易耗品按计划成本进行日常核算,计划成本表详见"建账材料""材料采购""材料成本差异"明细分类,与原材料、低值易耗品明细分类相同,其分类项目为钢板、铝合金、包装盒。

（2）将钢板材料发出委托加工单位加工成库存商品有源消音器。公司一般当月接到合同订单,当月向委托加工单位发出材料,当月加工完成。公司发出材料时,根据委托加工材料出库单核算钢板材料成本差异。

（3）生产车间领用材料时不核算材料成本差异,在月末根据本月领料单编制材料收发存汇总表,核算材料成本差异,计入各产品生产成本。

（4）公司每年12月份对原材料、库存商品等存货进行盘点清查,根据盘点结果编制盘盈盘亏报告单,报相关领导审批后在年末结账前处理完毕。

6．基于薪酬的社会保险费、住房公积金和有关经费的计提

（1）公司为员工缴纳的基本养老保险费、失业保险费、基本医疗保险费、工伤保险费、生育保险费依据烟台市企业职工社会保险2023年度月最低缴费基数3 465元。公司每月13日收到当月的山东省社会保险基金专用票据,按实际金额核算相关社会保险费。

（2）住房公积金计提基数为当月工资总额,计提比例为8%。

（3）工会经费由公司承担,计提基数为当月工资总额,计提比例为2%。

7．水费、电费分配方法

（1）水费、电费分摊比例,如表10-7所示。

表10-7　　　　　　　　水费、电费分摊比例表

部门	分配比例
生产车间	60%
生产管理部门	20%
行政管理部门	10%
销售部	10%
合计	100%

(2) 水费、电费分配到生产车间的费用,根据生产各产品实际耗用的工时数按比例分配计入各产品生产成本。

8. 制造费用分配方法

制造费用根据生产各产品实际耗用的工时数按比例进行分配。

9. 产品生产成本核算方法

(1) 产品生产成本采用品种法进行计算,包含"燃料与动力""直接材料""直接人工""制造费用"。生产耗费在完工产品和在产品之间的分配按照约当产量比例法,原材料在生产开始时一次投入。

(2) 在产品约当产量计算公式:

在产品约当产量＝在产品数量×在产品完工程度

(3) 产品各道工序完工度,如表 10-8 所示。

表 10-8　　　　　　　　产品各道工序完工度表

产品	第1道工序	第2道工序	第3道工序	第4道工序	第5道工序
抗性消音器	20%	30%	15%	25%	10%
铝合金油箱	30%	40%	10%	20%	—

10. 长期股权投资的核算

公司对其他单位的投资对被投资单位具有重大影响,采用权益法核算。

11. 固定资产核算

(1) 固定资产是指同时具有下列特征的有形资产:①为生产商品、提供劳务、出租或经营管理而持有的;②使用寿命超过一个会计年度。

(2) 对固定资产采用直线法计提折旧。公司固定资产按建筑物、机器设备、办公设备分类,各类固定资产的使用年限、净残值率,如表 10-9 所示。

表 10-9　　　　　　　　固定资产折旧表

固定资产种类	使用年限(年)	净残值率
建筑物	20	5%
机器设备	10	5%
办公设备	5	4%

(3) 固定资产清理应由生产车间提出报告,经技术人员鉴定,报相关领导审批后处理。

(4) 固定资产减值应由生产管理部门提出报告,经财务部门审核,报相关领导审批后处理。

12. 无形资产核算

(1) 公司有专利无形资产,按照实际成本进行初始计量,采用直线法计提摊销。

(2) 专利使用年限及净残值率,如表 10-10 所示。

表 10-10　　　　　　　　　　　无形资产摊销表

无形资产	使用年限	净残值率
专利	10 年	5%

13. 坏账准备核算

(1) 坏账准备采用备抵法核算。

(2) 不同账龄下,应收账款坏账准备计提比例,如表 10-11 所示。

表 10-11　　　　　　　　　　　坏账准备计提比例表

账龄	坏账准备计提率
1 年以内(含 1 年)	3%
1~2 年(含 2 年)	5%
2~3 年(含 3 年)	10%
3 年以上	20%

14. 所得税费用处理

所得税会计采用资产负债表债务法,比较有关资产和负债的账面价值与计税基础,确定应纳税暂时性差异和可抵扣暂时性差异;除会计准则规定的特殊情况外,确定递延所得税负债和递延所得税资产;根据递延所得税负债和递延所得税资产的本期增减变化,确定递延所得税;根据适用的税法规定计算当期应纳税所得额和应交所得税,确定当期所得税;根据当期所得税和递延所得税,确定利润表中的所得税费用。

(十二) 烟台兴茂机械制造有限公司 2023 年 12 月份发生的经济业务(共计 90 项)

(1) 12 月 1 日,签发一张支票,从中国农业银行提取现金 2 500 元备用。

(2) 12 月 1 日,购买 35 吨钢板材料,收到重庆华宇机械有限公司开具的全面数字化的电子发票(简称全电发票)(号码:23507000000121896563),发票列明价款 121 975 元,税额 15 856.75 元。材料已验收入库,通过银行汇票支付,支付 140 000 元,多出的余额 2 168.25 元暂作"其他应收款——重庆华宇机械有限公司"处理。公司钢板材料计划成本为 3 500 元/吨。

(3) 12月2日,采购员刘星重庆出差回来报销差旅费6 900元,出纳以现金补付预支款不足的差额1 900元。

> 提示:采购差旅费记入"管理费用——差旅费"科目。

(4) 12月2日,重庆华宇机械有限公司通过企业网上银行转来金额2 168.25元,系结清用银行本票存款采购钢板的余款。

(5) 12月3日,中国农业银行收取企业的网上银行年费1 200元,并收取本月的短信业务费10元。

(6) 12月3日,销售给济南西城机械有限公司抗性消音器,并开出增值税专用发票(号码:03349233),列明价款297 964.60元,税额38 735.40元,货已发出,货款尚未收到。

> 提示:成本结转月末一次进行。

(7) 12月4日,用银行存款支付11月份各项税费77 072.33元。其中,未交增值税62 565元,应交城市维护建设税4 379.55元,应交教育费附加1 251.30元,应交印花税376.48元,应交所得税8 500元。

(8) 12月4日,济南西城机械有限公司发来函电,其购买的部分抗性消音器出现产品质量与合同要求质量不符情况,提出给予价款1‰折让,公司同意给予折让并开出红字专用发票(号码:03349234)。

(9) 12月5日,签发中国农业银行支票一张,预付上海东方汽车杂志社3 600元,系公司明年为各科室预订的汽车杂志费,并收到上海东方汽车杂志社开出的全电发票(号码:23317000000085432944),列示价款3 302.75元,税额297.25元。

(10) 12月5日,摊销本年从上海东方汽车杂志社订阅的报刊费275.23元,记入"管理费用"科目。

(11) 12月5日,由中国农业银行转来中通企业集团委托收款凭证,要求承付中通企业集团发出的5吨铝合金的货款76 275元,承付期为10天,材料尚未验收入库。

> 提示:该笔业务在5日不需要作会计核算。

(12) 12月6日,收到青岛通达汽车配件公司电子银行承兑汇票一张,付讫上月发出的货款,金额为430 000元,到期日为2024年3月6日,电子汇票已在网银中签收。

(13) 12月8日,向中国农业银行申请签发银行本票一张,金额为15 000元,交给采购员李强,拟向济南曼华包装有限公司购入包装盒。

(14) 12月8日,采购员李强到济南出差,预借差旅费2 000元,出纳以现金付讫。

(15) 12月10日,采购员李强用面额为15 000元的银行汇票,向济南曼华包装有限公司购入6 000个包装盒,收到增值税专用发票(号码:07660548),列明价款12 600元,税额1 638元。货已验收入库。收到转账支票一张,济南曼华包装有限公司已将多余款项762元签发转账支票付讫,转账支票当天存入中国农业银行。这批包装盒的计划成本为2元/个。

(16) 12月10日,采购员李强出差回来,报销差旅费1 550元,差旅费余款退回现金450元。

> 提示:采购差旅费记入"管理费用——差旅费"科目。

(17) 12月11日,支付本年长期借款利息36 900元,其中支付本月利息3 075元,支付1~11月已计提利息33 825元。长期借款的名义利率与实际利率相同。

(18) 12月11日,用银行存款支付本月短期借款利息2 250元。

(19) 12月12日,一笔200 000元的中国农业银行短期借款到期,由企业网上银行偿还该项借款。

(20) 12月12日,收到济南西城机械有限公司签发的转账支票一张,用来偿还本月3日购货所欠货款,销售合同约定的信用条件为(2/10,N/30),享受2%的折扣,支票已存入中国农业银行。

> 提示:现金折扣记入"财务费用——现金折扣"科目。

(21) 12月12日,收到济南信达汽车配件有限公司签发的转账支票20 000元,系订购铝合金油箱的预付款。

(22) 12月13日,公司2023年9月18日签发并承兑的一张商业承兑汇票到期,收到中国农业银行转来收款方(烟台伟业有限公司)托收货票款的委托收款凭证付款通知联,公司支付票款90 000元。

(23) 12月13日,收到烟台市社会保险服务中心发来的职工社会保险基金结算表,公司已办理银行托管业务,银行账户扣款完成社会保险金缴纳。其中,社会保险金21 188.40元,基本养老保险6 101.76元,失业保险228.72元,基本养老保险1 525.44元,合计支付29 044.32元。

> 提示:2023年度,烟台市企业职工社会保险月最低缴费基数为3 465元,公司按烟台市最低缴费基数为职工缴纳社会保险金。

(24) 12月13日,通过企业网上银行缴纳住房公积金,金额15 328元。

(25) 12月13日,签发中国农业银行支票一张,交纳工会经费,金额1 916元。

(26) 12月14日,向中通工业集团购入5吨铝合金的货款承付期满,通过网上银行付讫。收到增值税专用发票(号码:07660312),金额为67 500元,税额为8 775元,材料已验收入库。该批铝合金的计划成本为13 300元/吨。

(27) 12月14日,购买办公用品A4打印纸,收到上海晨光文具有限公司开来的全电发票(号码:23317000000034544723),价款929.20元,税额120.80元,通过网上银行支付。A4打印纸直接交付各部门使用。

> 提示:办公用品生产车间领用记入"制造费用——办公用品"科目,行政管理部门与财务部门领用记入"管理费用——办公用品"科目。

(28) 12月14日,委托烟台勤通机床有限公司加工有源消音器160件,发出委外加工钢板10吨,我公司钢板的计划成本为3 500元。

> 提示:对于委托加工的出库材料,直接核算"材料成本差异——钢板"。

(29) 12月14日,公司行政管理部门发生业务招待费490元,收到增值税电子普通发票一张,以现金付讫。

(30) 12月15日,收到烟台海源广告策划有限公司开来的增值税专用发票(号码:07660339),列明价款3 773.59元,增值税额226.41元。公司开出转账支票支付广告费。

(31) 12月15日,烟台神通电气有限公司与公司续签厂房租赁协议,继续租用公司部分厂房,预付明年1~6月份的租金,并开出转账支票一张,送存中国农业银行。公司开给烟台神通电气有限公司一张增值税专用发票(号码:0349235),金额27 522.94元,增值税额2 477.06元。

(32) 12月15日,销售给济南信达汽车配件有限公司铝合金油箱,并开出增值税专用发票(号码:0349236),列明价款90 044.25元,增值税额11 705.75元。货已发出,收到对方交来金额为81 750元的转账支票。

> 提示:成本结转月末一次进行。

(33) 12月16日,向上海机床有限公司购进机床一台,收到全电发票(号码:23317000000033456891),列示设备价款176 991.15元,增值税额23 008.85元,用银行存款全额支付。设备已达到预定可使用状态,直接交生产车间使用(增值税额可全部一次抵扣)。

(34) 12月16日,因青岛山海机械有限公司破产,应收该公司5 366元不能收回,经批准确认为坏账并予以核销。

> 提示:采用备抵法核算坏账准备。

(35) 12月16日,开出转账支票向烟台市儿童福利院捐赠10 000元。

(36) 12月17日,销售作为交易性金融资产核算的股票(浪潮软件)15 000股,收到交割凭证一张,列示成交金额336 000元,交易费用423.50元,实际收到出售价款335 576.50元。出售日,本批出售股票的账面价值为331 500元,其中成本300 000元,公允价值变动(借方)31 500元。

(37) 12月17日,根据11月份的工资结算汇总表,通过企业网上银行支付11月份工资,并结转社会保险与住房公积金中个人的代扣代缴部分。其中,工资总额91 522元,代扣代缴社保7 855.92元,代扣代缴公积金7 321.76元,实发工资76 344.32元。

> 提示:公司通过企业网上银行支付员工工资,原始凭证附工资结算汇总表与一名员工的工资回单,其他员工工资回单略。

(38) 12月18日,签发中国农业银行转账支票一张,支付烟台兴业机电设备有限公司机器设备修理费3 350元,收到开出的增值税专用发票(号码:07660441),列示价款2 964.60元,税额385.40元。

(39) 12月18日,收到中国农业银行转来的烟台市自来水公司专用托收凭证,付讫款项共计2 048元。已从烟台市自来水公司取得增值税专用发票(号码:07660562),列明金额1 812.39元,增值税额235.61元。

> 提示:公司在月底结转水费,交纳水费时进应付账款科目。

(40) 12月18日,收到中国农业银行转来的烟台市供电局专用托收凭证,付讫款项共计3 012元。已从烟台市供电局取得增值税专用发票(号码:07660680),列明价款2 665.49元,税额346.51元。

> 提示:公司在月底结转电费,交纳水费时进应付账款科目。

(41) 12月18日,生产车间的一台数控机床,因重要部件磨损严重,降低产品合格率,经批准报废转入清理。该设备原值35 600元,净残值率5%,已使用8年,累计折旧27 056元。

> 提示:当月报废的固定资产当月继续计提折旧,该数控机床累计折旧27 056元,已包含其本月折旧费。

(42) 12月19日,收到烟台三立有限公司签发的银行承兑汇票一张,支付前欠货款,金额为755 665.71元,到期日为2024年3月19日。

(43) 12月19日,销售给烟台三立有限公司抗性消音器,并开出增值税专用发票(号码:0349237),列明价款638 495.58元,税额83 004.42元,货已发出,货款未收到。

> 提示:成本结转月末一次进行。

(44) 12月20日,将已报废的数控机床出售给烟台市废品回收公司,开出增值税专用发票(号码:0349238),列明价款3 849.56元,税额500.44元,收到烟台市废品回收公司开具的转账支票一张,金额4 350元,填制进账单,将支票存入中国农业银行。此项设备清理完毕,结转清理净损益。

> 提示:出售报废数控机床开出增值税专用发票后,需根据增值税销项税额按7%、3%分别核算城市维护建设税与教育费附加。

(45) 12月20日,支付烟台财经大学培训公司财务部门员工的培训费,金额1 200元,用现金付讫,收到收据一张。

(46) 12月21日,收到中国农业银行结算存款利息通知,公司第四季度银行存款利息收入为1 736.35元。

(47) 12月21日,签发中国农业银行支票一张,金额为9 500元,向烟台勤通机床有限公司结算160件有源消音器的加工费,收到增值税专用发票(号码:07660129),列明加工费8 407.08元,税额1 092.92元。支票已送存银行,货物已验收入库。

(48) 12月22日,公司年末财产清查,发现盘亏库存商品抗性消音器15件,抗性消音器的成本为245.80元/件,盘亏金额3 687元,盘亏责任待查。

(49) 12月23日,向烟台伟业有限公司签发电子银行承兑汇票一张,金额210 000元,付讫前欠材料货款。

(50) 12月23日,经调查发现,22日财产清查时盘亏的15件抗性消音器是由仓库管理员赵小英失误造成。经领导批准决定,仓库管理员赵小英赔偿20%盘亏损失737.40元,另外80%计入公司管理费用。

(51) 12月24日,参加在上海举办的全国汽配展览会,通过企业网上银行付讫展览会摊位费,收到汽配展览会开出的全电发票(号码:23317000000055643075),金额1 800元,税额108元。

(52)12月24日,向泰安银光电子公司出售160件有源消音器,并开出增值税专用发票(号码:0349239),列明价款53 805.31元,税额6 994.69元,货已发出,泰安银光电子公司签发银行承兑汇票一张(号码:424537),金额60 800元,货款付讫。

> 提示:成本结转月末一次进行。

(53)12月25日,将烟台凯马汽车制造公司2023年10月25日签发的银行承兑汇票向中国农业银行贴现。该汇票面值75 000元,3个月到期,银行年贴现率10%。银行扣除贴现利息625元,将剩余款项74 375元划转公司银行账户。

(54)12月25日,购买34吨钢板材料,收到青岛广源钢材有限公司开具的全电发票(号码:23377000000142814260),发票列明价款118 490元,税额15 403.70元。材料已验收入库,公司在上月已预交30 000元的预付账款,并将24日收到的银行承兑汇票(号码:424537)金额60 800元用来支付货款。钢板材料计划成本为3 500元。

(55)12月26日,通过企业网上银行支付给青岛广源钢材有限公司余款,金额43 093.70元。

(56)12月26日,签发中国农业银行转账支票一张,金额1 900元,预付明年车辆保险费。收到保险公司保单与增值税专用发票(号码:07664221),列示价款1 792.45元,增值税额107.55元。

(57)12月26日,摊销以前预付本月负担的车辆保险费149.37元,两辆车均挂在行政管理部门,记入"管理费用——其他"科目。

(58)12月26日,因青岛山海机械有限公司破产,公司于12月16日已将该公司应收款项金额5 366元转销。青岛山海机械有限公司破产清算过程,收回该应收款项的部分金额1 600.80元,款项已存入中国农业银行。

(59)12月27日,现金付讫增值税税控系统技术维护费280元,收到增值税电子普通发票一张(号码:65802356)。将该技术维护费抵减增值税应纳税额。

> 提示:增值税税控系统技术维护费可在增值税应纳税额中全额减免,记入"应交税费——应交增值税(减免税额)"科目。

(60)12月27日,确认烟台神通电气有限公司12月份的厂房租金收入金额4 587.14元。

> 提示：房租收入每半年支付一次，记入"预收账款"科目，每月确认收入。

(61) 12月27日，用企业网上银行支付中通工业集团前欠货款，金额193 875元。

(62) 12月28日，向中通工业集团购入3吨铝合金，收到增值税专用发票（号码：07660345），金额为40 500元，税额为5 265元，材料尚未验收入库，货款未付。

(63) 12月28日，委托德邦物流股份有限公司运输铝合金材料，材料已验收入库，收到物流公司开出的增值税专用发票（号码：00001278），金额300元，税额27元，用现金付讫。该批铝合金的计划成本为13 300元/吨。

(64) 12月29日，收到现金737.40元，系仓库保管员赵小英交来的罚款。

(65) 12月30日，依据公司与烟台海德专用车有限公司达成的投资协议，烟台海德专用车有限公司向公司投入价值170 000元铣床设备一台，公司收到烟台海德专用车有限公司开出的增值税专用发票（号码：07660239）一张，列明价款150 442.48元，增值税额19 557.52元，铣床设备已交付公司生产车间；公司收到烟台海德专用车有限公司投入的货币资金50 000元，资金已存入中国农业银行。烟台海德专用车有限公司拥有公司实收资本200 000元。

> 提示：资本溢价＝50 000＋170 000－200 000＝20 000（元），记入"资本公积——资本溢价"科目。

(66) 12月31日，对本年1月1日购买的公司债券进行计息。该债券面值为200 000元，票面利率为6%，按年计息，于次年1月6日付息，三年后到期一次还本，公司采用的实际利率为4.9%。该债券发行方不可以提前赎回，公司将其划分为以摊余成本计量的金融资产，年初摊余成本为206 000元。

(67) 12月31日，查明生产车间一台锻压机床账面价值为33 154元，因其工艺技术较落后，预计可收回金额为28 000元。计提固定资产减值准备。

(68) 12月31日，计提坏账准备。用应收账款账龄法计算年末坏账准备，应计提坏账准备金额2 361.40元。

(69) 12月31日，持有的交易性金融资产浪潮软件收盘价22.6元。本年交易性金融资产公允价值上涨15 000元。

(70) 12月31日，收到被投资单位烟台天明机械装备有限公司报送的本年度利润表及其董事会关于利润分配的决议，烟台天明机械装备有限公司本年实现净利润96 000元，宣告分配现金股利30 000元，公司出资比例为30%，取得投资时，烟台天明机械装备有限公司各项可辨认资产等的公允价值与其账面价值相等。公司对该项长期股权投资采用权益法进行后续核算,并按年确认投资收益。

(71) 12月31日,分摊职工薪酬费用。12月份工资结算汇总表,如表10-12所示。工资总额为95 800元,具体分配率如下:生产部门60%,生产管理部门10%,行政部门10%,销售部门20%。各产品的生产成本共用职工薪酬费用采用实耗生产工时比例进行分配,抗性消音器1 106小时、铝合金消音器921小时。

表10-12　　　　　烟台兴茂机械制造有限公司工资结算汇总表

2023年12月　　　　　　　单位:元　　　　　人数:24人

部门	基本工资	岗位工资	工龄工资	应付工资	代扣款项					个人所得税	实发金额
					基本养老保险费	失业保险费	基本医疗保险费	住房公积金	合计		
生产车间	31 000.00	21 500.00	4 980.00	57 480.00	3 661.05	137.23	915.26	4 598.40	9 311.94	0	48 168.06
生产管理部门	4 500.00	3 380.00	1 700.00	9 580.00	610.18	22.87	152.55	766.40	1 552.00	0	8 028.00
行政部门	4 000.00	3 460.00	2 210.00	9 580.00	610.18	22.87	152.55	766.40	1 552.00	0	8 028.00
销售部门	10 200.00	7 760.00	1 200.00	19 160.00	1 220.35	45.75	305.08	1 532.80	3 103.98	0	16 056.02
合计	49 700.00	36 100.00	10 000.00	95 800.00	6 101.76	228.72	1 525.44	7 664.00	15 519.92	0	80 280.08

(72) 12月31日,分配结转12月份水费。水费按部门分摊,生产部门分摊60%,生产管理部门20%,行政管理部门10%,销售部门10%。水费总额1 812.39元。各产品的生产成本共用水费用采用实耗生产工时比例进行分配,抗性消音器1 106小时、铝合金消音器921小时。

(73) 12月31日,分配结转12月份电费。电费按部门分摊,生产部门分摊60%,生产管理部门20%,行政管理部门10%,销售部门10%。12月份电费总额2 665.49元。各产品的生产成本共用电费用采用实耗生产工时比例进行分配,抗性消音器1 106小时、铝合金消音器921小时。

(74) 12月31日,固定资产采用直线法计提折旧。建筑物原值2 660 000元,使用年限20年,残值率5%;办公设备原值287 550元,使用年限5年,残值率4%;机器设备原值4 858 272元,使用年限10年,残值率5%。固定资产折旧分配,如表10-13所示。

表10-13　　　　　　　　固定资产折旧分配表

单位:烟台兴茂机械制造有限公司　　2023年12月31日　　　　　　金额单位:元

固定资产科目	建筑物		机器设备		办公设备		合计
	比例	金额	比例	金额	比例	金额	
制造费用	70%	7 370.42	100%	38 461.32	40%	1 840.32	47 672.06
管理费用	30%	3 158.75	—	0	60%	2 760.48	5 919.23
合计	—	10 529.17	—	38 461.32	—	4 600.80	53 591.29

(75) 12月31日,计提无形资产摊销。专利原值480 000元,使用年限10年,残值率5%,采用直线摊销法。

> 提示:摊销费用记入"管理费用——摊销"科目。

(76) 12月31日,分配结转制造费用。结转前制造费用余额61 689.08元,其中"制造费用——办公用品"科目464.60元,"制造费用——水电费"科目895.58元,"制造费用——职工薪酬"科目12 656.84元,"制造费用——折旧"科目47 672.06元。各产品的生产成本共用制造费用采用实耗生产工时比例进行分配,抗性消音器1 106小时、铝合金消音器921小时。

(77) 12月31日,根据本月材料领用单,分配直接材料,材料收发存汇总表,如表10-14所示。

表10-14　　　　　　材料收发存汇总表
单位:烟台兴茂机械制造有限公司　2023年12月31日

材料类别	计量单位	计划单价(元)	期初结存			本期收入			差异率
			数量	计划成本(元)	差异(元)	数量	计划成本(元)	差异(元)	
钢板	吨	3 500.00	70.0	245 000.00	-1 050.00	69	241 500.00	-1 035.00	-0.43%
铝合金	吨	13 300.00	12.5	166 250.00	2 500.00	8	106 400.00	1 900.00	1.61%

材料类别	计量单位	本期发出				期末结存		
		用途	数量	计划成本(元)	差异(元)	数量	计划成本(元)	差异(元)
钢板	吨	委托加工材料	10.0	35 000.00	-150.00	66.5	232 750.00	-997.50
		抗性消音器	62.5	218 750.00	-937.50			
铝合金	吨	铝合金油箱	9.6	127 680.00	2 060.49	10.9	144 970.00	2 339.51

(78) 12月31日,结转本月完工产品。截至月底,抗性消音器完工产品数量1 250件,铝合金油箱完工产品数量450件。抗性消音器在产品第四道工序结束,在产品数量为985件,完成率90%;铝合金油箱在产品第三道工序结束,在产品数量为485件,完成率80%。

(79) 12月31日,采用加权平均法结转主营业务成本。

(80) 12月31日,结转低值易耗品包装盒。出售铝合金油箱时,需要将产品装入包装盒。本月共销售铝合金油箱185件,耗用包装盒185个,记入"销售费用——包装盒"科目,并结转材料成本差异。

(81) 12月31日,计算并结转本月未交增值税。

(82) 12月31日,计提本月城市维护建设税、教育费附加。城市维护建设税税率7%,教育费附加费率3%。

(83) 12月31日,计提本月印花税。

(84) 12月31日,计提本季度城镇土地使用税、房产税。房产原值2 660 000元,其中出租房产原值900 000元。自用房产税计税比例70%,税率1.2%。出租房产第四季度收入13 761.42元,税率12%。土地等级:城市土地——土地二级,税额标准8元,土地总面积2 600平方米。

(85) 12月31日,期末将各项收益及各项成本费用结转至"本年利润"账户。

(86) 12月31日,计算所得税费用。对本月利润总额进行纳税调整,计算本月应交所得税额,确认递延所得税资产和负债的增减变动,确认本月的所得税费用。公司全年职工薪酬按照企业所得税法规定允许税前扣除的职工薪酬支出。1~11月累计销售收入为10 854 790元,1~11月累计业务招待费为8 440元,1~11月累计利润总额为1 894 440.86元,1~11月累计预缴企业所得税为84 440.86元。1~11月无其他应纳税调整事项,公司的所有纳税调整事项均在12月份进行,并估计未来能够取得足够的应纳税所得额供利用可抵扣暂时性差异。

(87) 12月31日,结转所得税费用18 314.86元至"本年利润"账户。

(88) 12月31日,根据股东会决议,分别按全年税后利润1 988 521.47元的10%提取法定盈余公积,按10%提取任意盈余公积。

(89) 按出资比例向投资方分配股利300 000元。现金股利尚未发放。

(90) 12月31日,结转本年净利润与本年已分配利润。将"本年利润"结转至"利润分配——未分配利润"账户,将"利润分配"明细账户的余额,转入"利润分配——未分配利润"账户。

五、实验操作指导

(一) 增加操作员

(1) 执行"开始"—"程序"—"新道U8+V15.0"—"系统服务"—"系统管理"命令,打开"系统管理"窗口,如图10-3所示。

(2) 执行"系统"—"注册"命令,打开"登录"系统管理对话框。

(3) 系统中已预先设定系统管理员"admin",密码为空,如图10-4所示。单击"登录"按钮,以系统管理员"admin"身份进入系统管理。

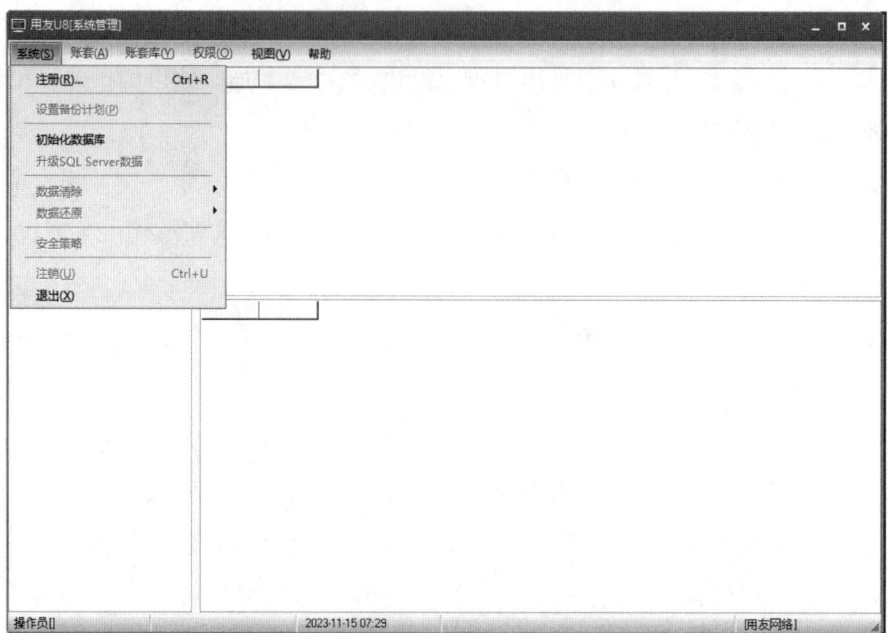

图 10-3 系统管理

图 10-4 系统登录

▶▶▶ **注意事项**

系统管理员"admin"是系统管理中权限最高的操作员。为保证系统数据的安全性,企业实际运用中应及时更改系统管理员的密码,在登录界面勾选"修改密码"复选框可设置新密码。但在教学过程中,因多人共用一台电脑,不建议设置系统管理员"admin"的密码。

（4）在"系统管理"窗口中，执行"权限"—"用户"命令，如图10-5所示。

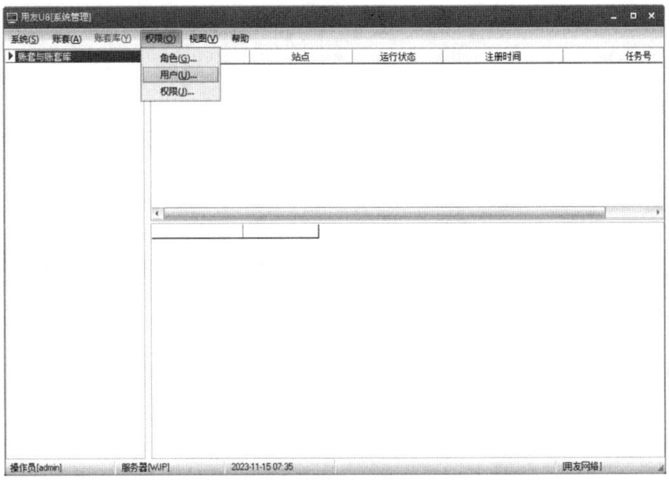

图10-5　用户管理

（5）进入"用户管理"窗口，单击"增加"按钮，打开"增加用户"对话框，输入编号"001"，姓名"张丽"，所属部门为"财务部"，所属角色勾选"账套主管"复选框，如图10-6所示。

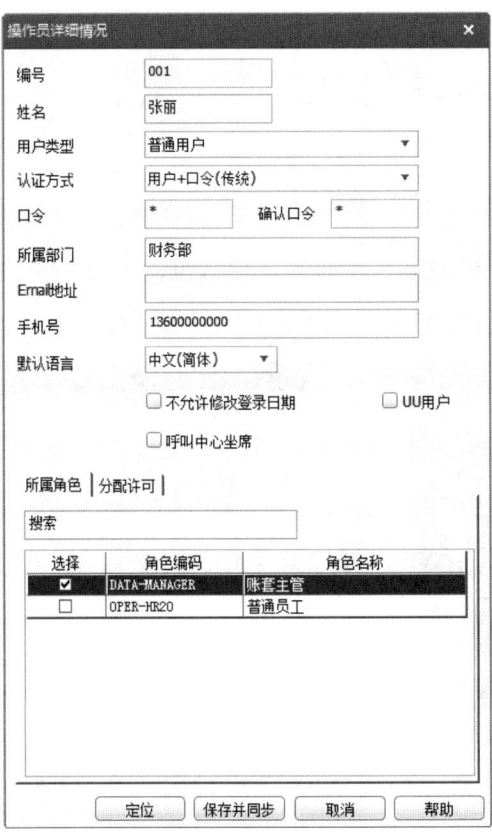

图10-6　操作员详细情况

（6）单击"增加"按钮，根据实验资料依次增加其他用户，输入编号"002"，姓名"王永胜"，所属部门"财务部"，所属角色勾选"普通员工"复选框；输入编号"003"，姓名"王正伟"，所属部门"财务部"，所属角色勾选"普通员工"复选框。设置完成后单击"取消"按钮退出。

（二）新建账套

（1）在"系统管理"窗口中，执行"账套"—"建立"命令，打开"创建账套"窗口，如图10-7所示。

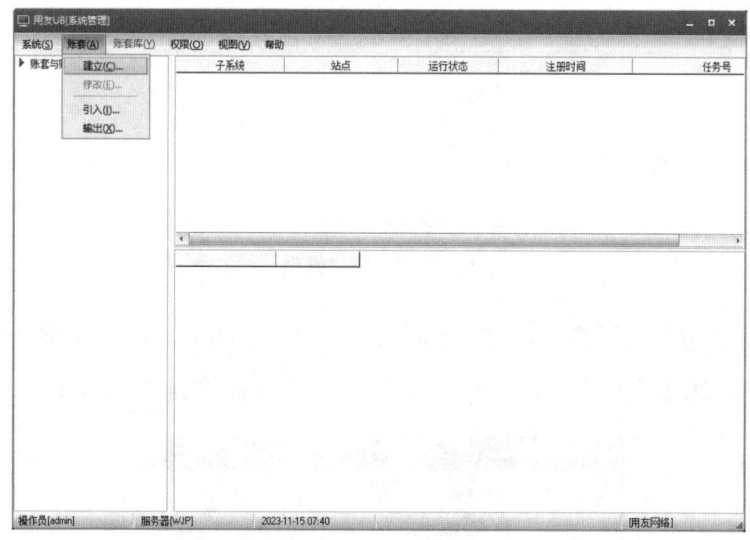

图10-7 创建账套

（2）选择"新建空白账套"选项，单击"下一步"按钮，打开"账套信息"对话框。

（3）输入账套号"888"，账套名称"烟台兴茂机械制造有限公司"，账套路径为系统默认，启用会计期为"2023年12月"，会计期间设置为12月1日至12月31日，如图10-8所示。

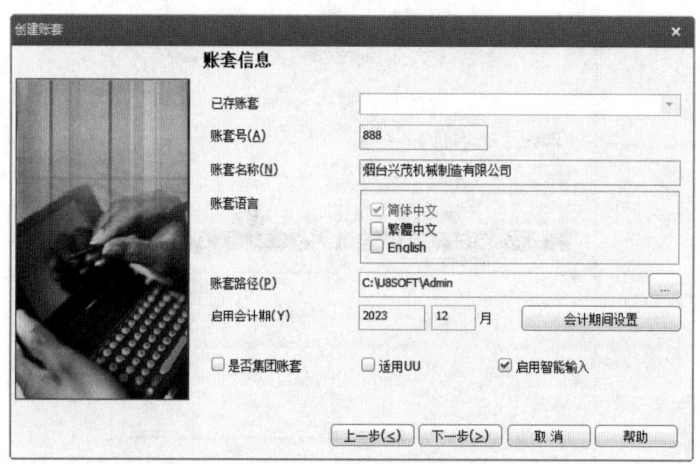

图10-8 创建账套—账套信息

(4)单击"下一步"按钮,打开"单位信息"对话框,录入单位信息,如图10-9所示。

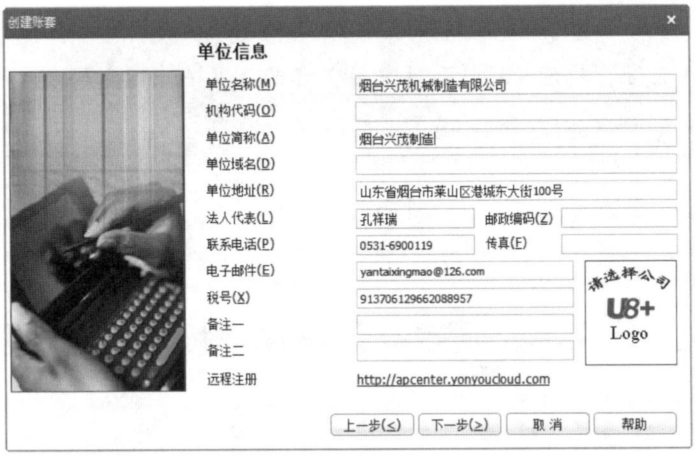

图10-9 创建账套—单位信息

> **注意事项**
>
> 单位信息中只有单位名称是必须录入的,必须录入的信息以蓝色字体标识(下同)。
>
> 打印发票时会使用单位名称,所以单位名称应录入企业的全称。

(5)单击"下一步"按钮,打开"核算类型"对话框。本币代码采用系统默认"RMB",本币名称为"人民币",企业类型选择"工业",行业性质选择"2007年新会计准则科目",账套主管选择"[001]张丽",勾选"按行业性质预置科目"复选框,如图10-10所示。

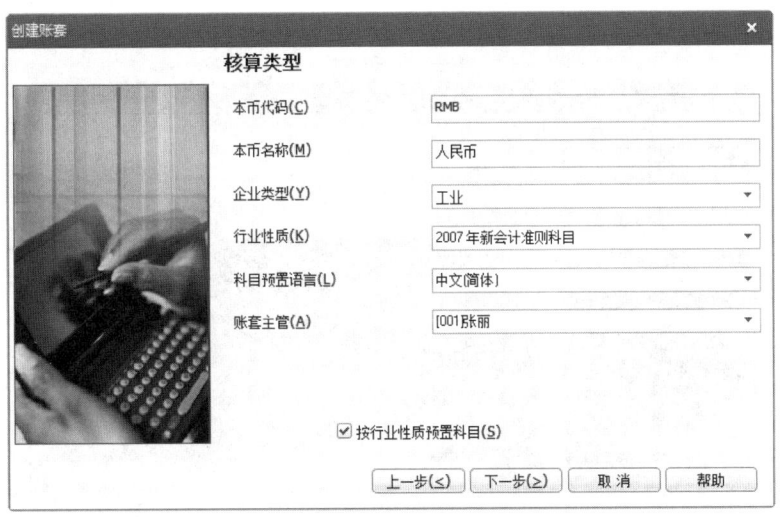

图10-10 创建账套—核算类型

▶▶▶ 注意事项

行业性质决定系统预置科目的内容,一定要根据操作要求正确选择。

勾选"按行业性质预置科目",系统才会自动配置国家规定的一级科目和部分二级科目,否则系统会计科目库为空。

(6)单击"下一步"按钮,打开"基础信息"设置界面,勾选"存货是否分类""客户是否分类"复选框,如图10-11所示。

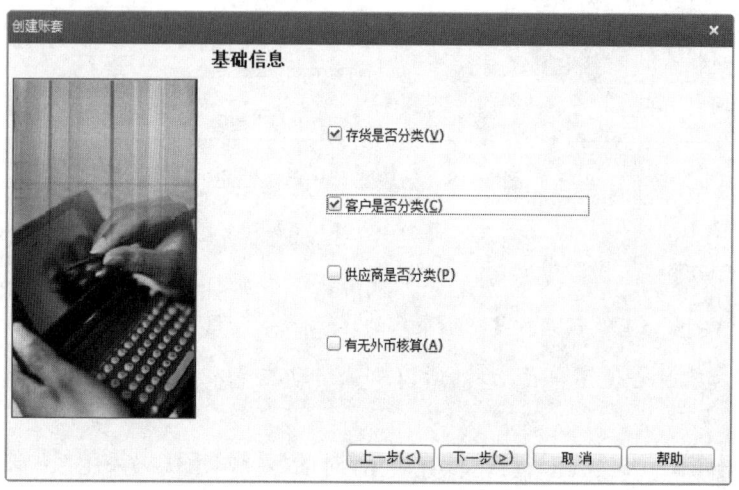

图10-11 创建账套—基础信息

(7)单击"下一步"按钮,进入"开始"界面,如图10-12所示,单击"完成"按钮,系统弹出"可以创建账套了么?"提示框。

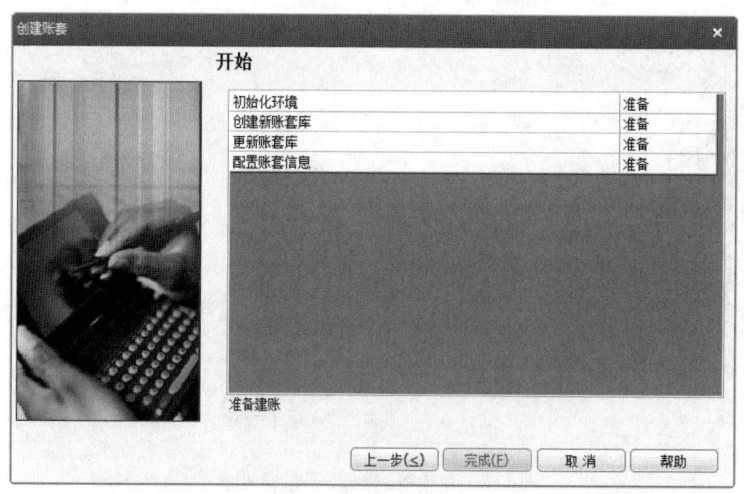

图10-12 创建账套—开始

(8) 单击"是"按钮,系统进行自动创建账套的工作。在弹出的"编码方案"对话框中,输入科目编码级次"4222",其他编码级次设置采用默认值,如图10-13所示。

图 10-13　编码方案

>>> **注意事项**

编码方案的设置,将会直接影响基础信息设置中相应内容的编码级次和每级编码的位长。

删除编码级次时,要从最后一级依次往前删。设置编码的原则是编码位数宁多不少,尽量留有一定冗余,防止之后可录入信息量不足。

(9) 单击"确定"按钮,再单击"取消"按钮,系统自动进入"数据精度"设置界面,全部采用系统默认值"2",如图10-14所示。

(10) 单击"确定"按钮,弹出"建账成功"提示框,提示"现在进行系统启用的设置?",如图10-15所示。

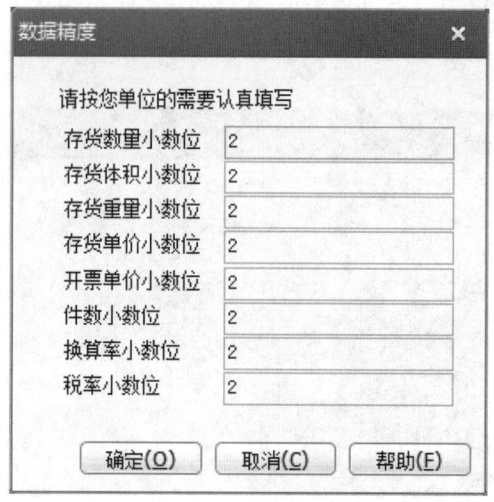

图 10-14 数据精度

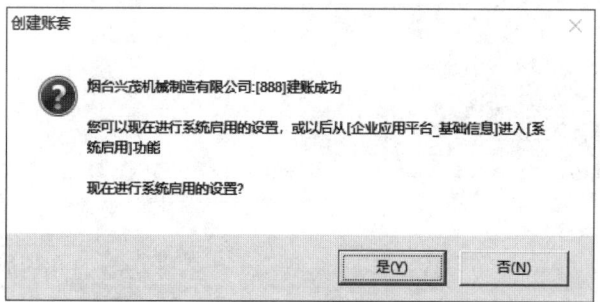

图 10-15 建账成功提示

（11）单击"是"按钮，弹出"系统启用"对话框，勾选"GL—总账"复选框，弹出"日历"窗口，选择启用日期"2023-12-01"，如图 10-16 所示。

图 10-16 系统启用

▶▶▶ 注意事项

启用日期一定选择启用会计月第一日,否则无法正确录入后续凭证,一旦选择启用日期,无法修改。

(12) 单击"确定"按钮,系统弹出"确实要启用当前系统吗?",单击"是"按钮。

(13) 启用完企业所需的模块后,单击"退出"按钮,系统弹出"请进入企业应用平台进行业务操作!",单击"确定"按钮,建账完成。

(三) 增加操作员权限

(1) 执行"系统管理"—"系统"—"注册"命令,登录操作员"admin",选择账套"default",单击"登录"按钮,登录系统管理服务器。

(2) 在"权限"选项卡下选择"用户"选项,单击菜单栏"权限"选项,在"操作员权限"窗口,选择"002 王永胜",单击菜单栏"修改"按钮,单击"财务会计"前的"＋"标记,依次展开"总账""凭证"前的"＋"号标记,勾选除"审核凭证"和"出纳签字"外的所有权限,单击菜单栏"保存"按钮,如图10-17所示。

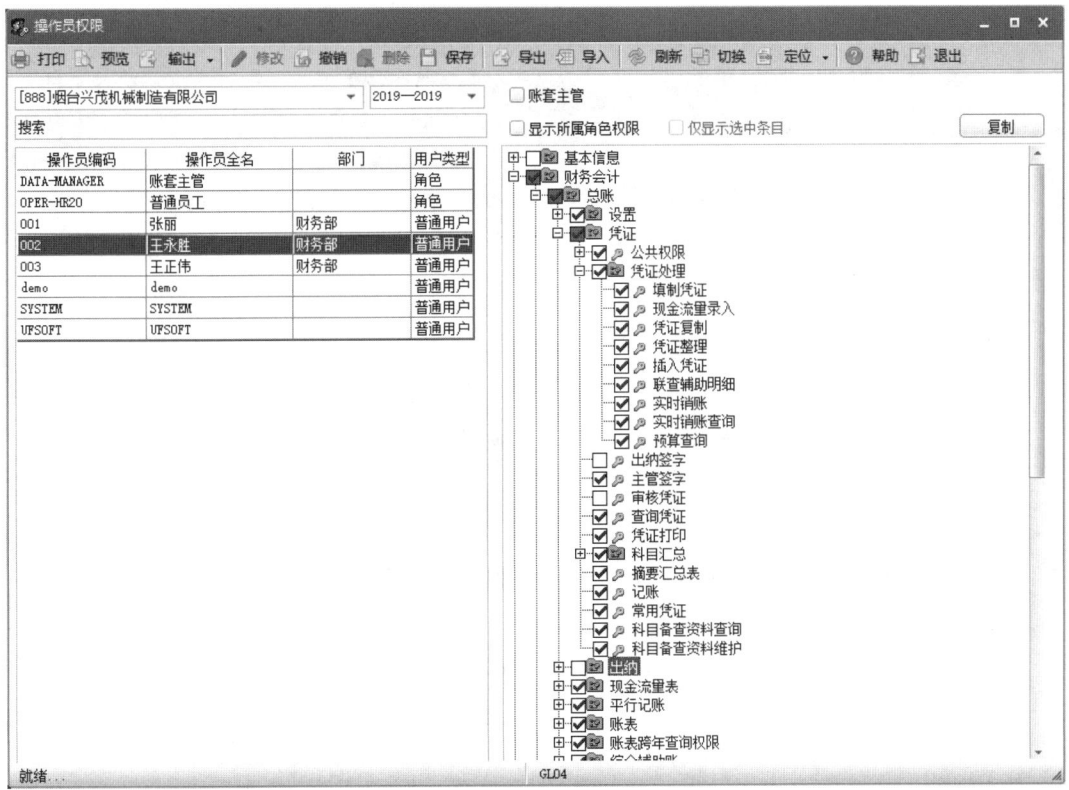

图 10-17 会计权限

（3）在"权限"选项卡下选择"用户"选项，单击菜单栏"权限"选项，在"操作员权限"窗口，选择"003　王正伟"，单击菜单栏"修改"按钮，勾选"财务会计"菜单"总账"中"凭证"菜单中的"出纳签字"选项，勾选"财务会计"菜单"出纳"选项，单击菜单栏"保存"按钮，如图10-18所示。

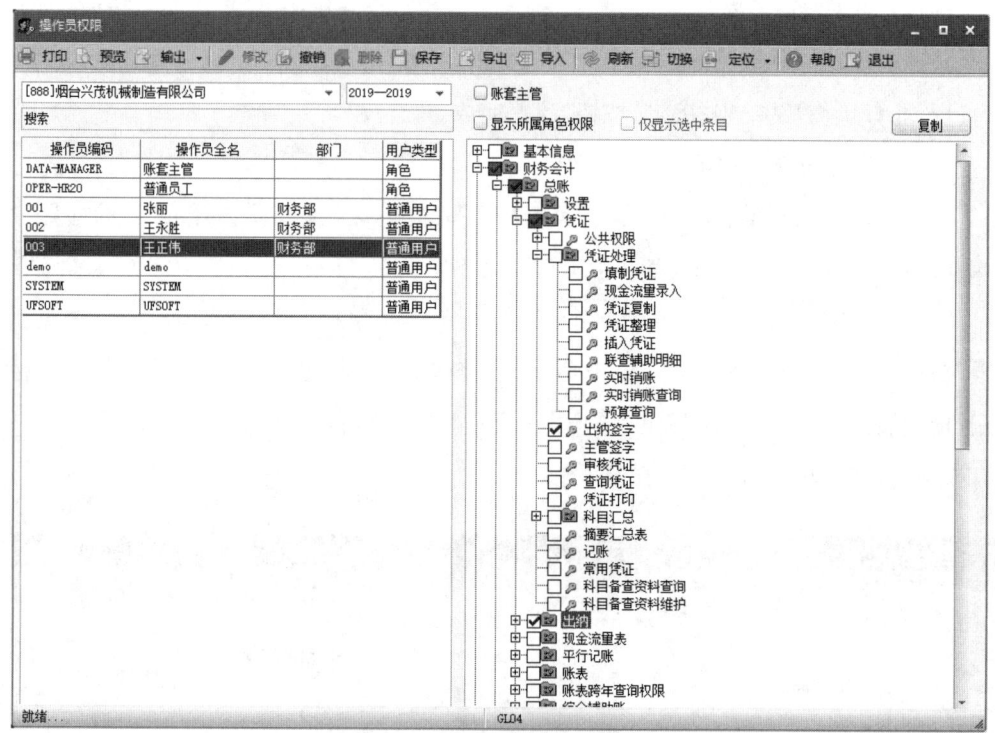

图10-18　出纳权限

>>> 注意事项

　　在给操作员授权时，应注意先单击"修改"按钮，才能进行权限分配。
　　权限会影响以后系统功能的使用，一定要结合角色需求分配。

（四）企业基本信息录入

（1）以"001　张丽"角色登录企业应用平台，选择创建好的账套，单击"登录"按钮登录系统，如图10-19所示。

（2）单击"业务导航"菜单项，执行"基础设置"—"基础档案"—"机构人员"—"机构"—"部门档案"命令，单击上方菜单栏"增加"按钮，录入企业部门档案，如图10-20所示。

（3）执行"基础设置"—"基础档案"—"机构人员"—"机构"—"人员档案"命令，

图 10-19　登录平台

图 10-20　录入部门档案

勾选左侧菜单栏中相应的部门，单击上方菜单栏"增加"按钮，录入企业人员档案，如图 10-21 所示。

（五）账套基础设置

（1）以"001　张丽"角色登录企业应用平台，选择建好的账套，单击"登录"按钮登

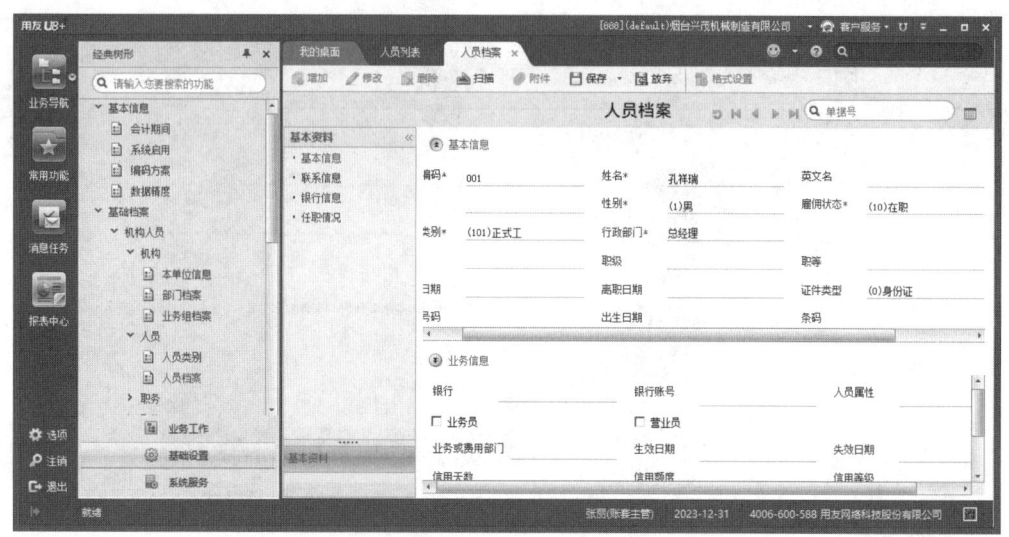

图 10-21　录入人员档案

录系统。

（2）单击"业务导航"菜单项，执行"基础设置"—"基础档案"—"财务"—"会计科目"命令，选择菜单栏"编辑"选项中的"指定科目"选项，指定现金科目"1001　库存现金"，指定银行存款科目"1002　银行存款"，单击"确定"按钮，如图 10-22 所示。

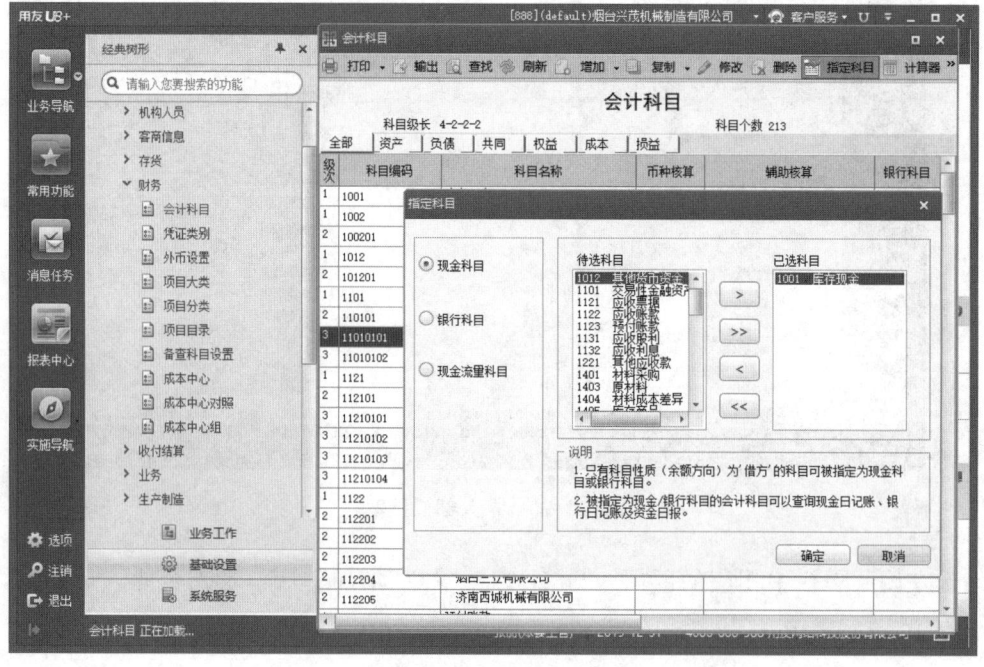

图 10-22　指定科目

> **注意事项**
>
> 不指定现金科目和银行科目,系统将无法完成收付款凭证的出纳签字。

(3) 在导航菜单栏底部选择"基础设置"选项,执行"基础档案"—"财务"—"会计科目"命令,选择菜单栏"编辑"选项中的"增加"选项。设置科目编码时应从第一级开始向后递延,科目编码第一级 4 位,第二级 2 位,第三级 2 位。例如,"应交税费——应交增值税(销项税额)"为三级科目,将科目代码设置为"22210102"。其中,2221 为一级科目代表应交税费,01 为二级科目代表应交增值税,02 为三级科目代码代表销项税额。

需要增加的会计科目如表 10-15 所示,全部需要调整的科目请参考附录一。

表 10-15 　　　　　　　　　　需增加的会计科目

序号	科目编码	科目名称
1	222101	应交增值税
2	22210101	进项税额
3	22210102	销项税额
4	22210103	转出未交增值税
5	22210104	减免税款
6	6702	信用减值损失

(4) 以增加"6702　信用减值损失"科目为例,输入科目编码"6702",科目名称"信用减值损失",科目类型"损益"类,科目性质(余额方向)勾选"支出"复选框,单击"确定"按钮,如图 10-23 所示。

图 10-23　新增会计科目

(5) 随着社会经济的不断发展，企业会计准则也随之进行修改，在使用时我们需要对一些会计科目进行修改和完善。

需要修改的会计科目，如表 10-16 所示。

表 10-16　　　　　　　　需修改的会计科目

序号	科目编码	科目名称	变更内容
1	6403	营业税金及附加	科目名称修改为"税金及附加"
2	1501	持有至到期投资	科目名称修改为"债权投资"

以修改会计科目"6403　营业税金及附加"为例，在导航菜单栏底部选择"基础设置"项目，执行"基础档案"—"财务"—"会计科目"命令，选择"6403　税金及附加"，单击"修改"按钮，输入新的科目名称"税金及附加"，单击"确定"按钮，如图 10-24 所示。

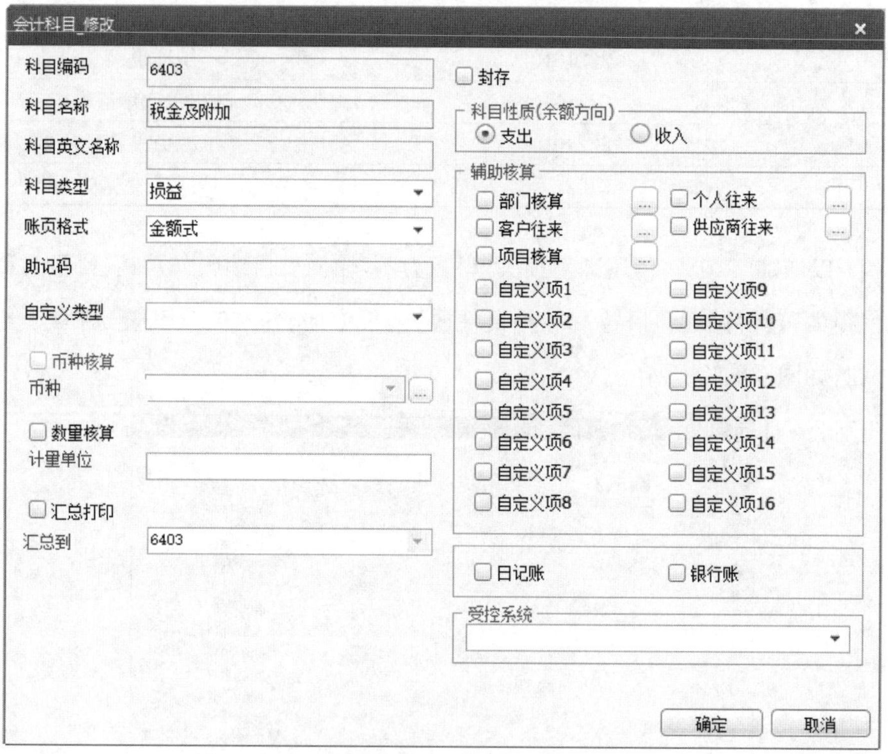

图 10-24　修改会计科目

(6) 在导航菜单栏底部选择"基础设置"项目，执行"基础档案"—"财务"—"凭证类别"命令，勾选"现金收款凭证、现金付款凭证、银行收款凭证、银行付款凭证、转账凭证"复选框,如图 10-25 所示。然后设置凭证限制类型和限制科目。

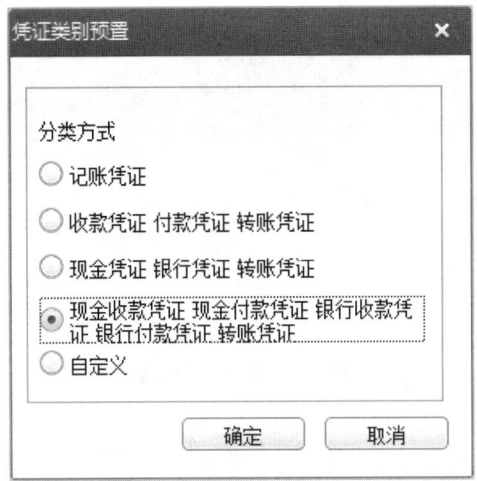

图 10-25　凭证类别预置

收款凭证限制类型借方必有,付款凭证限制类型贷方必有,转账凭证限制类型凭证必无。设置现金凭证限制科目"1001　库存现金"、银行凭证限制科目"1002　银行存款",转账凭证限制科目"1001　库存现金""1002　银行存款",如图 10-26 所示。

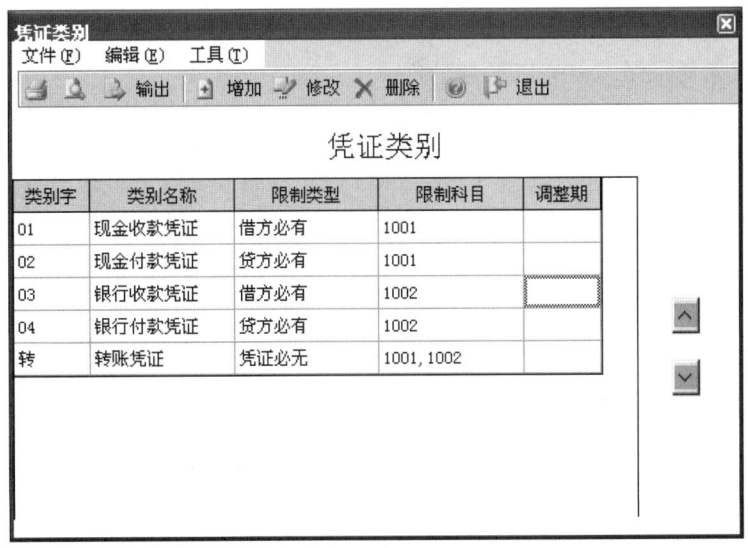

图 10-26　凭证类别设置

(7)在导航菜单栏底部选择"业务工作"选项,执行"财务会计"—"总账"—"期初"—"期初余额"命令,录入期初余额。所有数字填充完毕后,单击上方菜单栏"试算"按钮,弹出"期初试算平衡表"对话框,如图 10-27 所示。

187

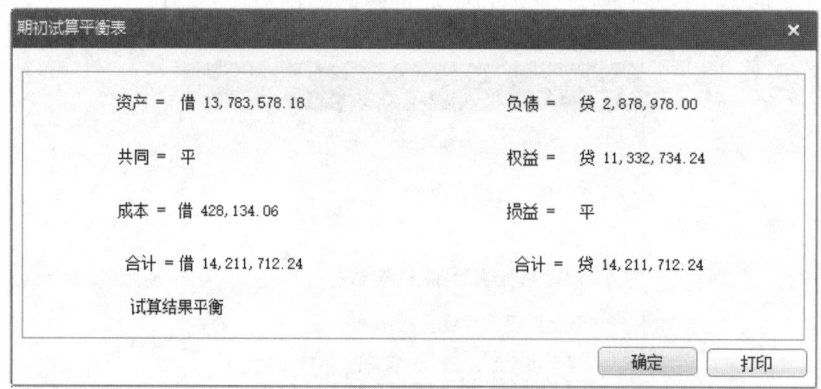

图 10-27 期初试算平衡表

▶▶▶ 注意事项

有二级或三级明细科目的要先录入明细科目的余额,系统将自动汇总明细科目金额填入一级科目的金额栏。

在录入金额时,一定注意账户余额方向,通常资产和成本类科目余额在借方,负债及所有者权益科目余额在贷方。但是资产备抵账户方向相反,材料成本差异账户余额可能在借方也可能在贷方,需要格外注意。

(六)日常凭证录入与期末账务处理

1. 凭证录入

(1)为方便此后的凭证的录入,应先去除制单序时控制。在导航菜单栏底部选择"业务工作"项目,执行"财务会计"—"总账"—"设置"—"选项"命令,单击"凭证"选项卡中的"编辑"按钮,取消勾选"制单控制"页签中"制单序时控制"复选框,如图 10-28 所示。

▶▶▶ 注意事项

在勾选"制单序时控制"复选框之前必须单击底部"编辑"按钮,否则无法进行勾选。

如果不取消勾选"制单序时控制"复选框,填制凭证中途出现凭证时间错误,修改凭证日期时会很麻烦,可能涉及错误凭证之后所有的记账凭证。

(2)以"002 王永胜"角色登录企业应用平台,选择账套"888",单击"登录"按钮登录系统。在导航菜单栏底部选择"业务工作"项目,执行"财务会计"—"总账"—"凭

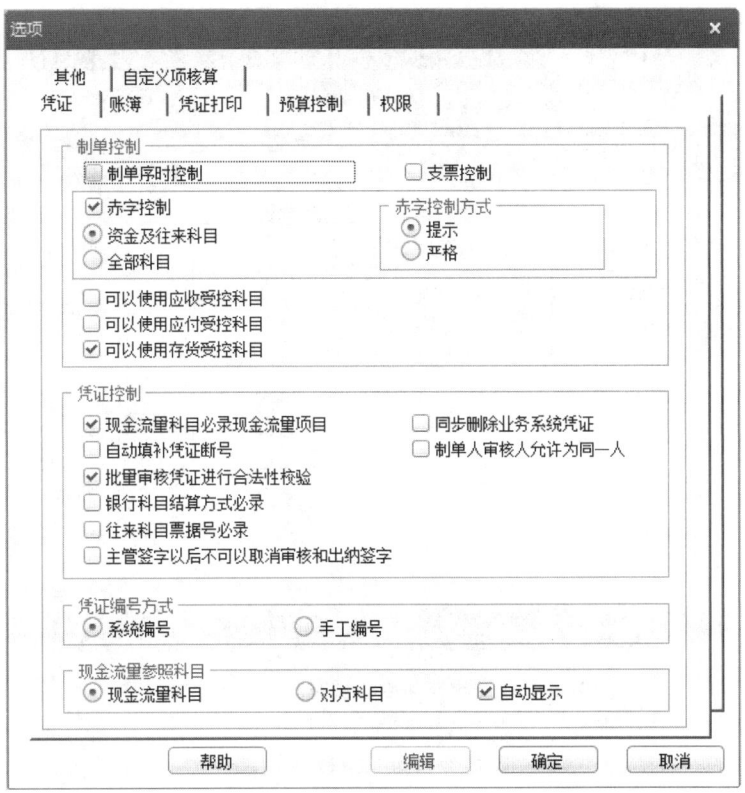

图 10-28 取消制单序时控制

证"—"填制凭证"命令,单击上方菜单栏单击"增加"按钮,填制凭证。凭证填制完成后,单击上方菜单栏"保存"按钮,保存凭证。

> **注意事项**
>
> 凭证填制时选择企业账套角色中的"会计人员"登录企业应用平台。
>
> 如果无法进入填制凭证界面,请检查是否具有"填制凭证"权限。
>
> 建议按照凭证时间顺序录入,如果按照凭证种类录入,请先录入收款凭证,否则库存现金及银行存款账户将提醒出现赤字。

为保证实验凭证的准确性,结转收入费用两张凭证不用手工输入,由软件公式完成自动结转。在期末损益结转前需保证业务 84 之前凭证全部录入完成,并完成出纳签字、审核凭证、凭证记账。

1) 银行收款凭证类型录入

业务 4:12 月 2 日,收回重庆华宇机械有限公司多余材料款,如图 10-29 所示。

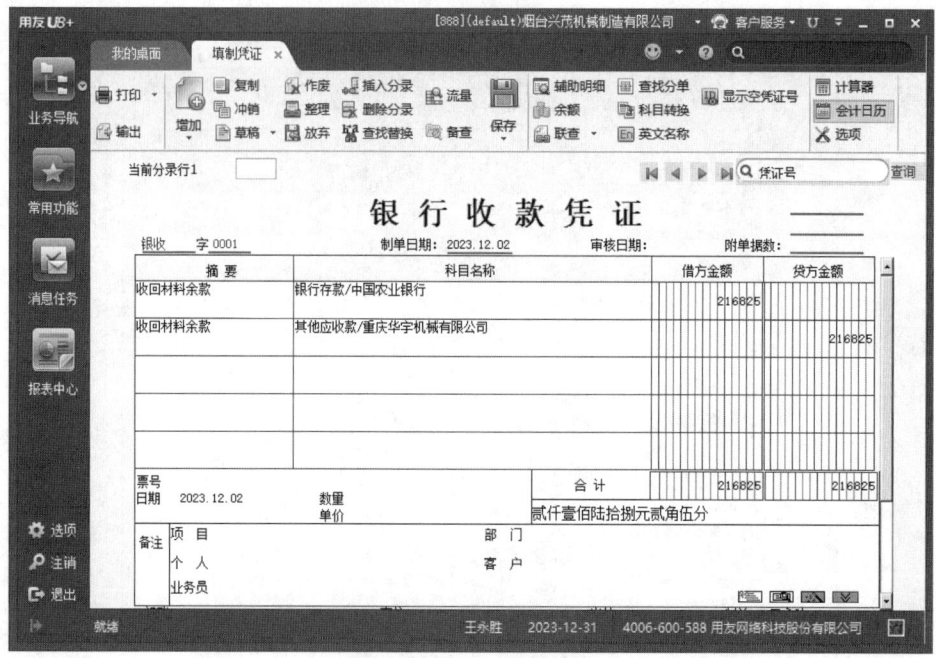

图 10-29　收回重庆华宇机械有限公司多余材料款

业务 15：12 月 10 日，购入低值易耗品包装盒，如图 10-30 所示。

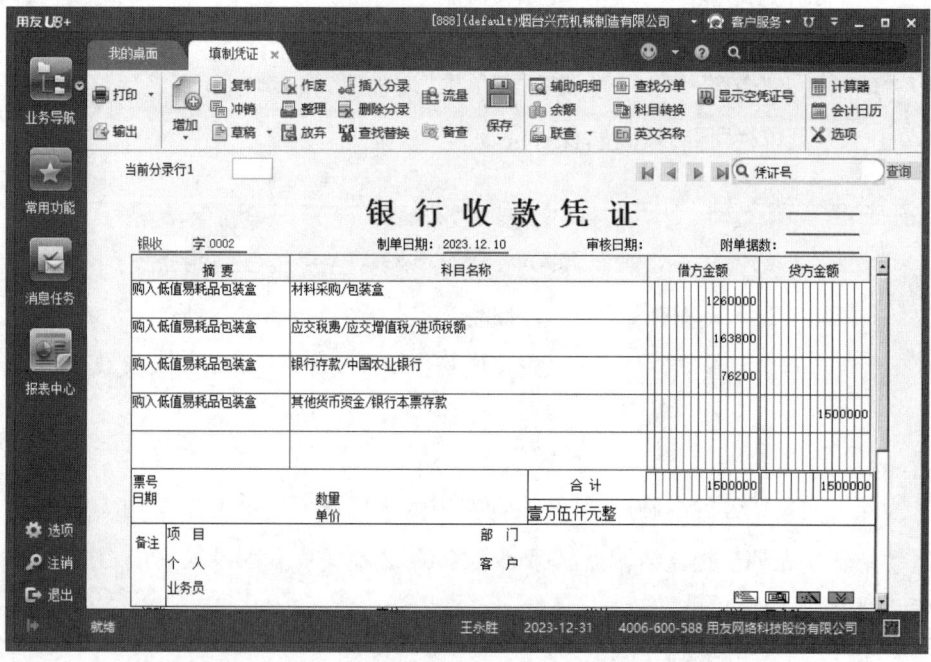

图 10-30　购入低值易耗品包装盒

2）银行付款凭证类型录入

业务1：12月1日，提取现金，如图10-31所示。

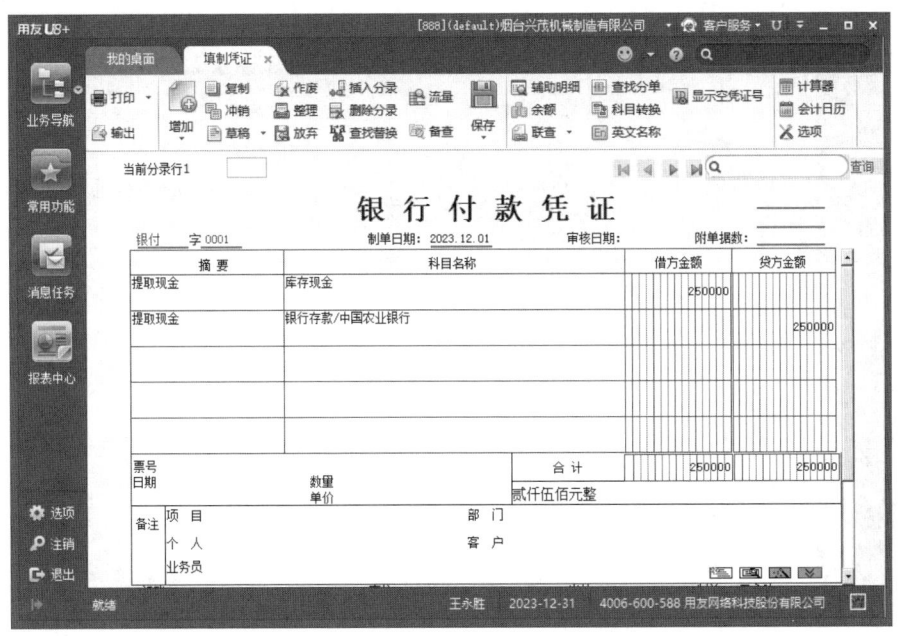

图10-31　提取现金

业务5：12月3日，支付企业网银费用，如图10-32所示。

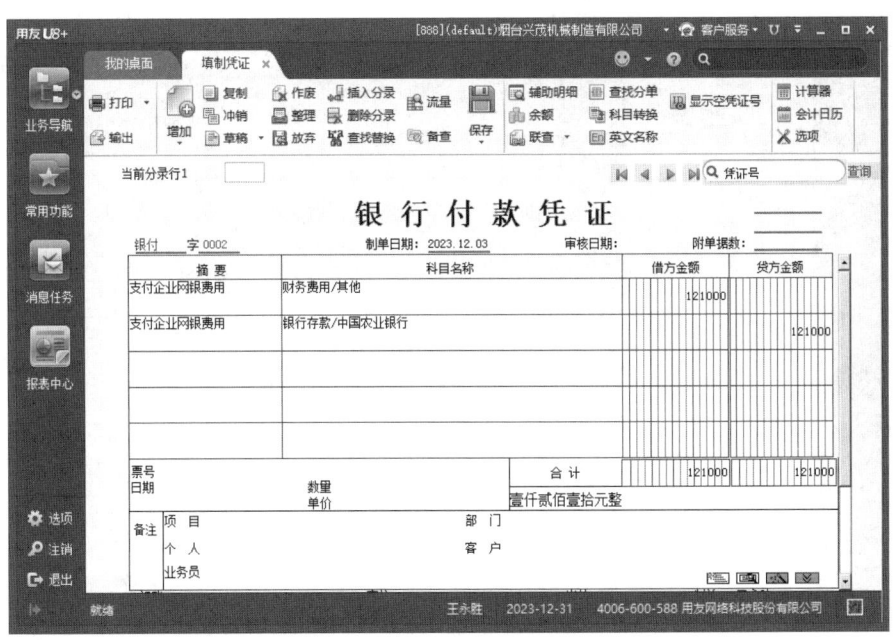

图10-32　支付企业网银费用

3）现金收款凭证类型录入

业务 16：12 月 10 日，报销差旅费，如图 10-33 所示。

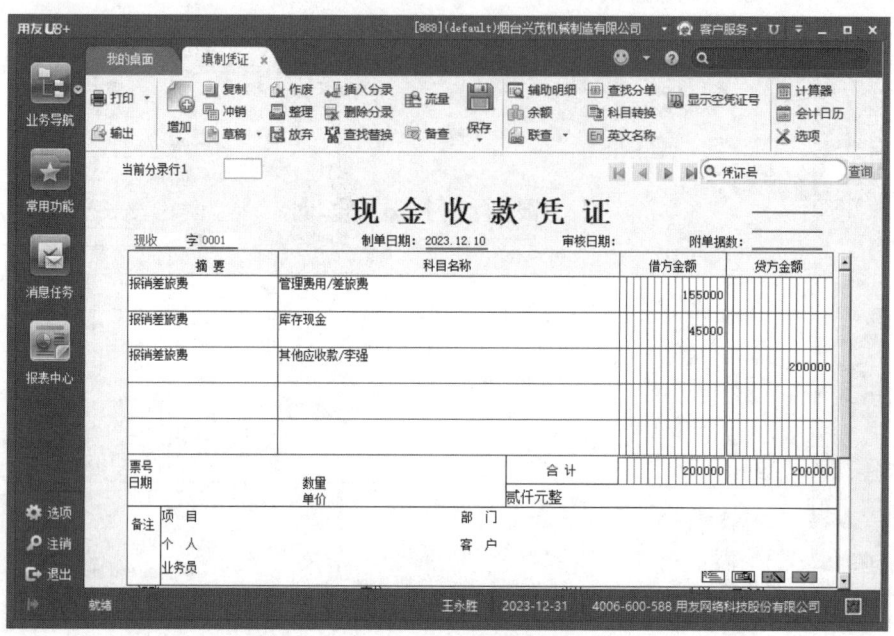

图 10-33　报销差旅费

业务 64：12 月 29 日，收到员工罚款，如图 10-34 所示。

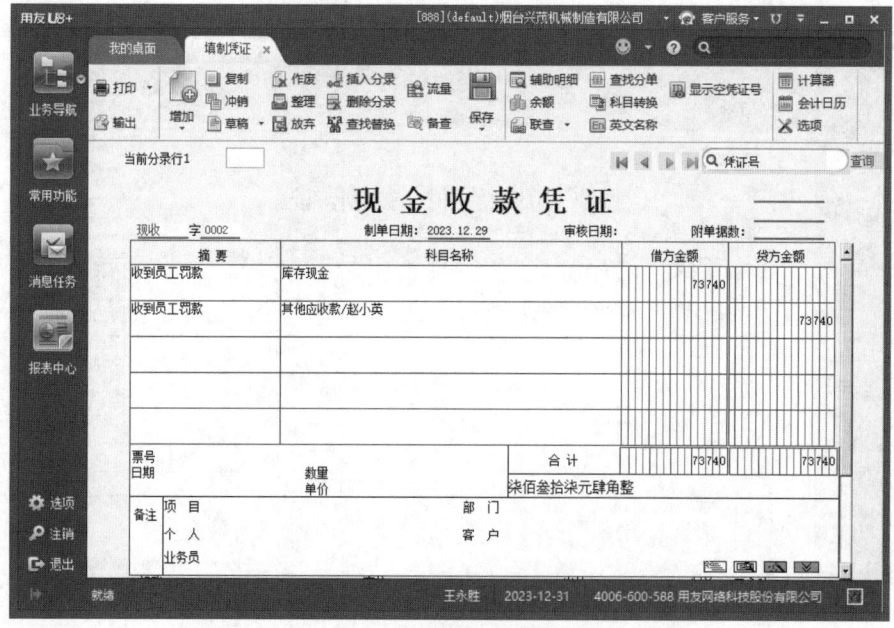

图 10-34　收到员工罚款

4）现金付款凭证类型

业务 3：12 月 2 日，报销差旅费，如图 10-35 所示。

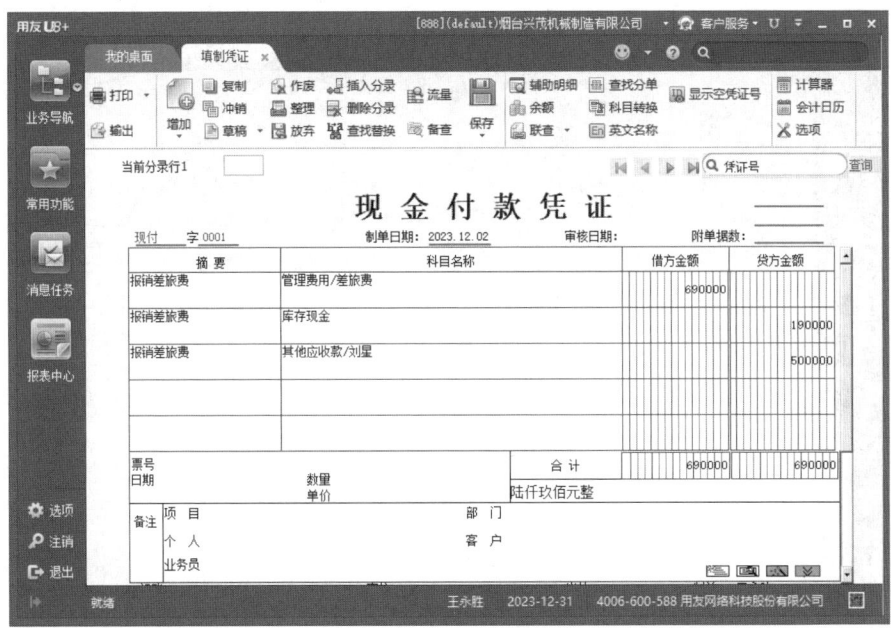

图 10-35　报销差旅费

业务 14：12 月 8 日，预支差旅费，如图 10-36 所示。

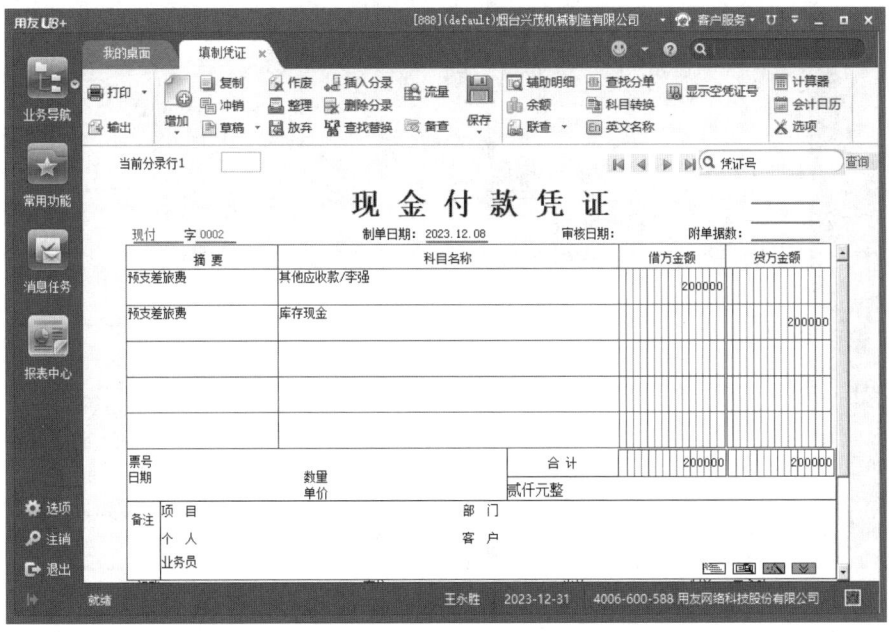

图 10-36　预支差旅费

5) 转账凭证类型

业务 2：12 月 1 日，购买材料钢板，并验收入库，如图 10-37、图 10-38 所示。

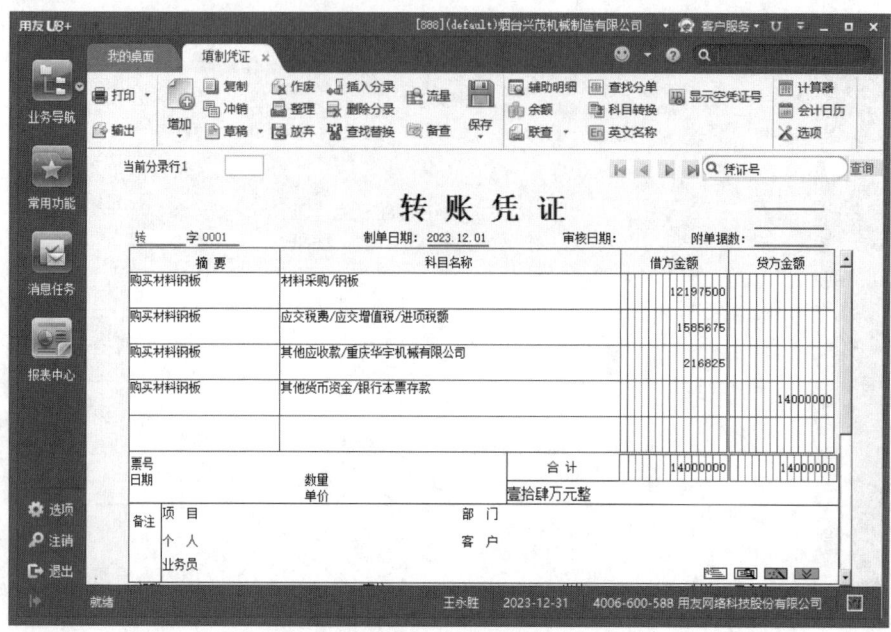

图 10-37　购买材料钢板

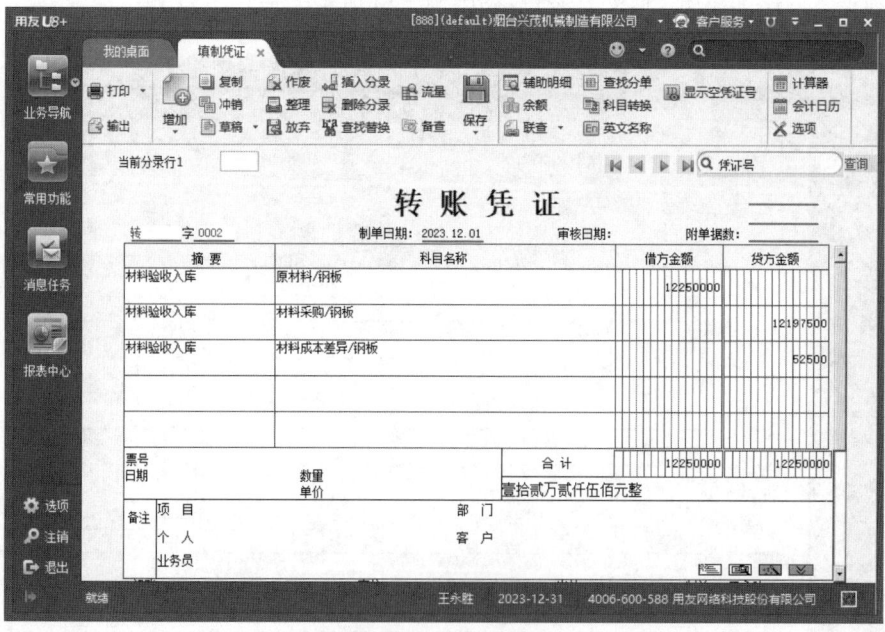

图 10-38　材料验收入库

▶▶▶ 注意事项

我们要注意新道 U8＋V15.0 系统中在结转损益之前的凭证,费用类科目默认方向为借方,收入类科目默认方向为贷方,如表 10-17 所示。如果遇到不同方向的科目,按空格键,将科目的数字调到相反的方向,再按"－"调成红字(或黑色),避免此凭证不平。调整后凭证最下方的合计是空白的。

表 10-17　　　　　常用损益类科目借贷方向表

科目编码	科目名称	借贷方向
6101	公允价值变动损益	贷
6111	投资收益	贷
6403	税金及附加	借
6601	销售费用	借
6602	管理费用	借
6603	财务费用	借
6701	资产减值损失	借
6702	信用减值损失	借
6801	所得税费用	借

业务 46:12 月 21 日,收到银行存款利息收入,手工账务处理如图 10-39 所示,会计信息化环境下需调整为如图 10-40 所示,1 736.35 表示－1 736.35。

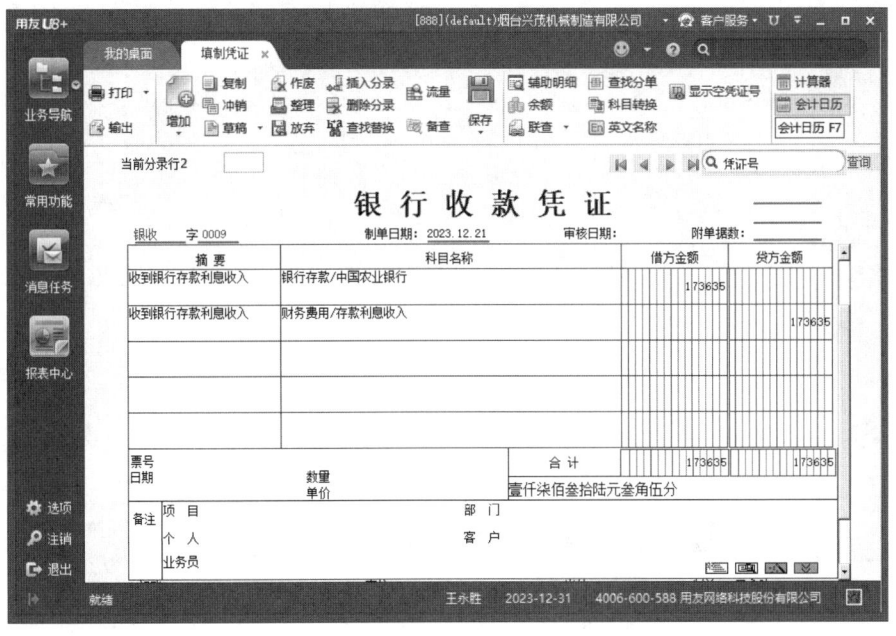

图 10-39　收到银行存款利息收入(手工)

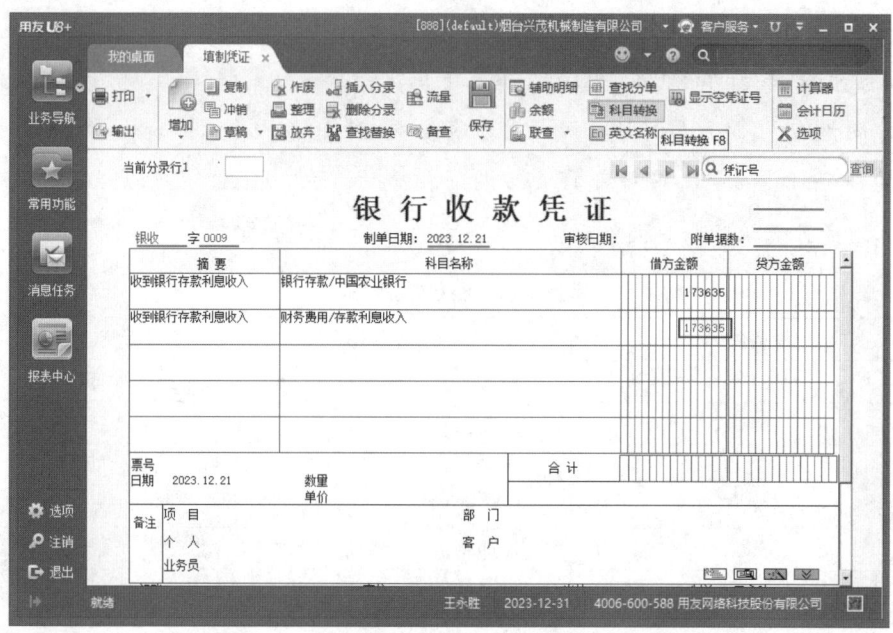

图 10-40 收到银行存款利息收入(会计信息化)

业务 36:12 月 21 日,出售股票结转公允价值变动损益,手工账务处理如图 10-41 所示,会计信息化环境下应调整为如图 10-42 所示,31 500.00 表示－31 500.00。

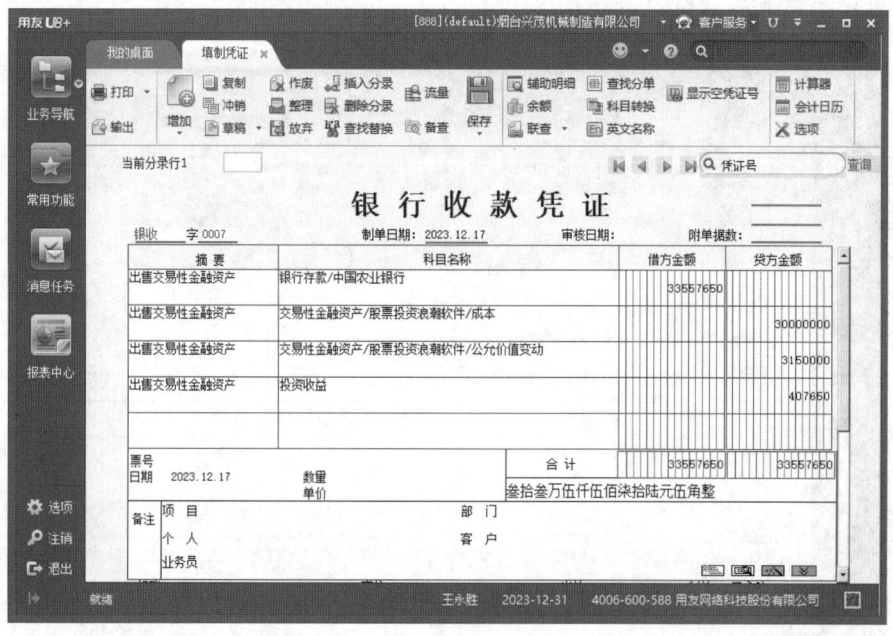

图 10-41 出售交易性金融资产(手工)

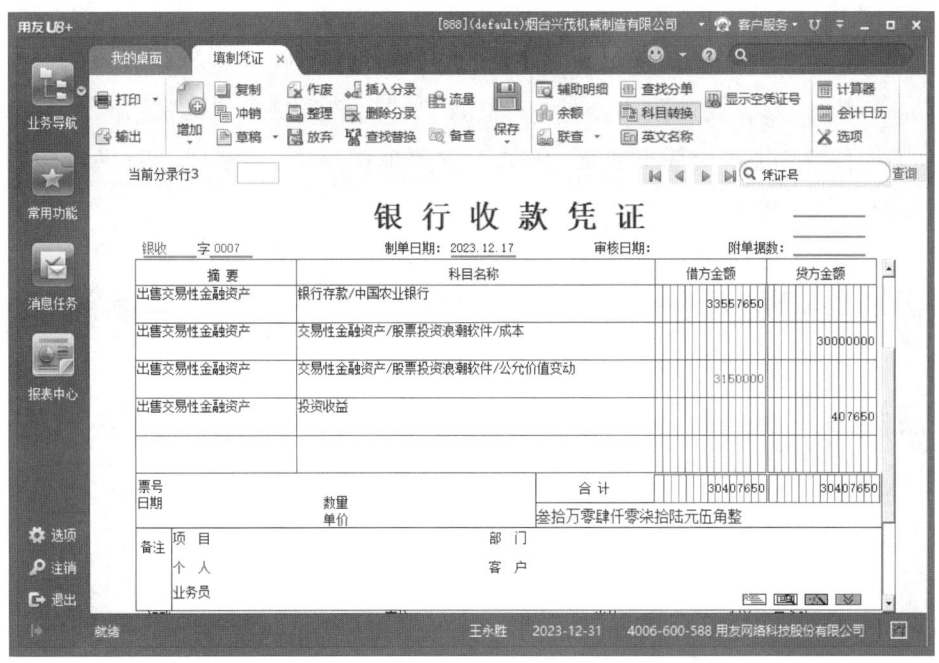

图 10-42　出售交易性金融资产（会计信息化）

业务 59：12 月 27 日，税控系统技术维护费抵减，如图 10-43 所示，280.00 表示 －280.00。

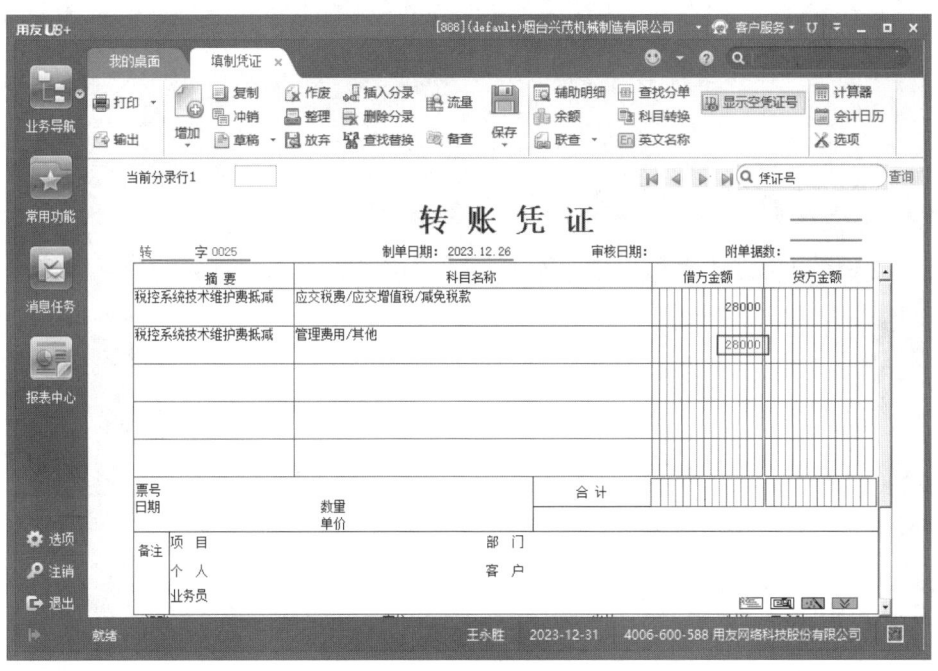

图 10-43　税控系统技术维护费抵减

2. 签字与审核

（1）以"003　王永胜"角色登录企业应用平台，在导航菜单栏底部选择"业务工作"选项，执行"财务会计"—"总账"—"凭证"—"出纳签字"—"确定"命令，双击凭证列表内任意凭证进入凭证界面，单击上方菜单栏单击"签字"按钮，进行凭证处理，如图10-44所示。

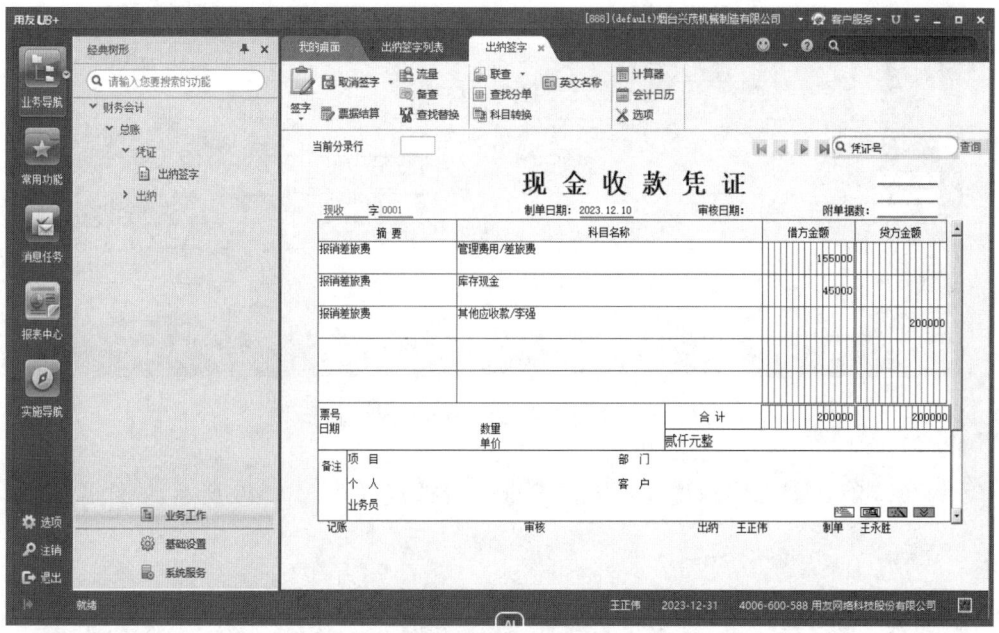

图10-44　出纳签字

> ▶▶ **注意事项**
>
> 　　出纳签字前应检查是否有作废凭证，如果存在作废凭证，应在"填制凭证"界面上方菜单栏勾选"整理凭证"复选框，防止收付款凭证出现问题。
>
> 　　出纳签字时选择企业账套角色中"出纳"人员登录企业应用平台。
>
> 　　如果无法进入凭证出纳签字界面，应检查是否具有"出纳签字"权限。
>
> 　　如果系统提示没有可签字的凭证，可能是之前操作的现金科目和银行存款科目未指定，执行"基础设置"—"基础档案"—"财务"—"会计科目"命令，选择上方菜单栏"指定科目"选项。

(2) 以"001　张丽"角色登录企业应用平台,在导航菜单栏底部选择"业务工作"选项,执行"财务会计"—"总账"—"凭证"—"审核凭证"—"确定"命令,双击凭证栏进入凭证界面,单击上方菜单栏"审核"按钮,如图10-45所示。

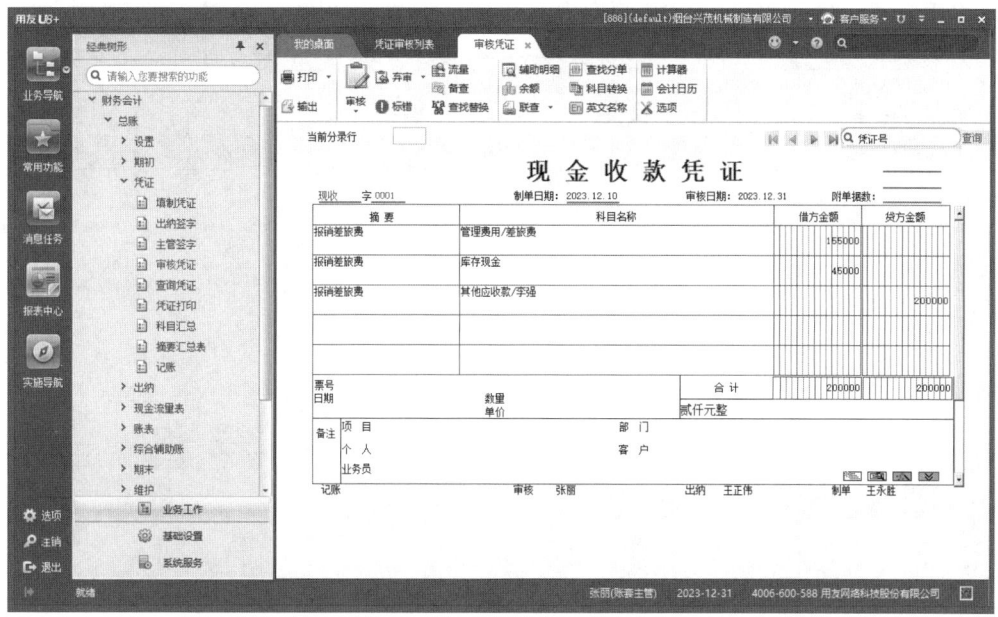

图10-45　审核凭证

> **注意事项**
>
> 　　审核凭证前应再次检查是否有作废凭证,如果存在作废凭证,应在"填制凭证"界面上方菜单栏勾选"整理凭证"复选框,防止转账凭证出现问题。
> 　　审核凭证与填制凭证不能为同一操作员,否则无法进行审核凭证。

(3) 以"001　张丽"角色登录企业应用平台,单击"登录"按钮登录系统。在导航菜单栏底部选择"业务工作"选项,执行"财务会计"—"总账"—"凭证"—"记账"命令,将凭证全部记账,如图10-46所示。

3. 期末账务处理

(1) 为保证实验凭证的准确性,结转收入费用凭证不用手工输入,由软件公式完成自动结转。在导航菜单栏底部选择"业务工作"选项,执行"财务会计"—"总账"—"期末"—"转账定义"—"期间损益"命令,在右上方"本年利润"科目输入"4103",单击"确定"按钮,如图10-47所示。

图 10-46　记账

图 10-47　期间损益结转设置

▶▶▶ 注意事项

在期末损益结转前需保证业务84之前凭证全部录入完成,并完成出纳签字、审核凭证、凭证记账。

如果"本年利润设置"选项卡中,本年利润表内没有自动填充"本年利润"科目,需要重新进行上一步操作。

单击"类型"下拉列表,选择"收入"选项,单击"全选"按钮,最后单击"确定"按钮,保存结转收入的一张凭证,要注意合计金额和手工账中略有不同,如图10-48所示。

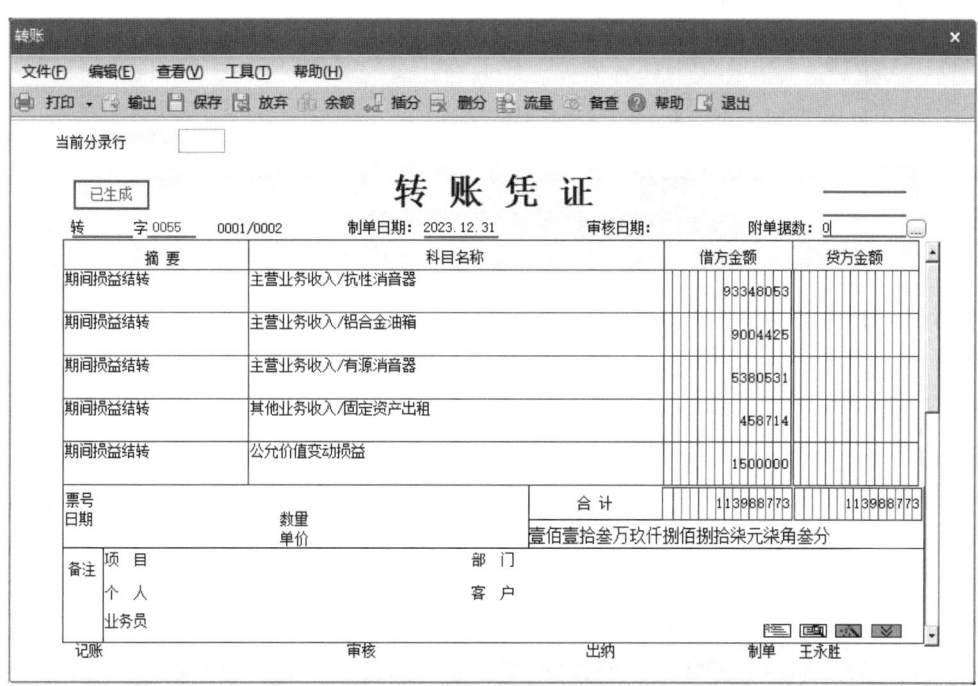

图10-48 结转收入类科目

注意,此时生成的损益凭证和手工账务处理中的损益凭证略有不同,原因是在录入之前的凭证的时候调整借贷方,一些科目的方向发生了变化,调整方向是为了之后利润表公式取数的时候可以取到正确的数,这也是手工账务处理和会计信息化之间的区别。

同样的操作,选择"支出"选项,结转支出的一张凭证,如图10-49所示。

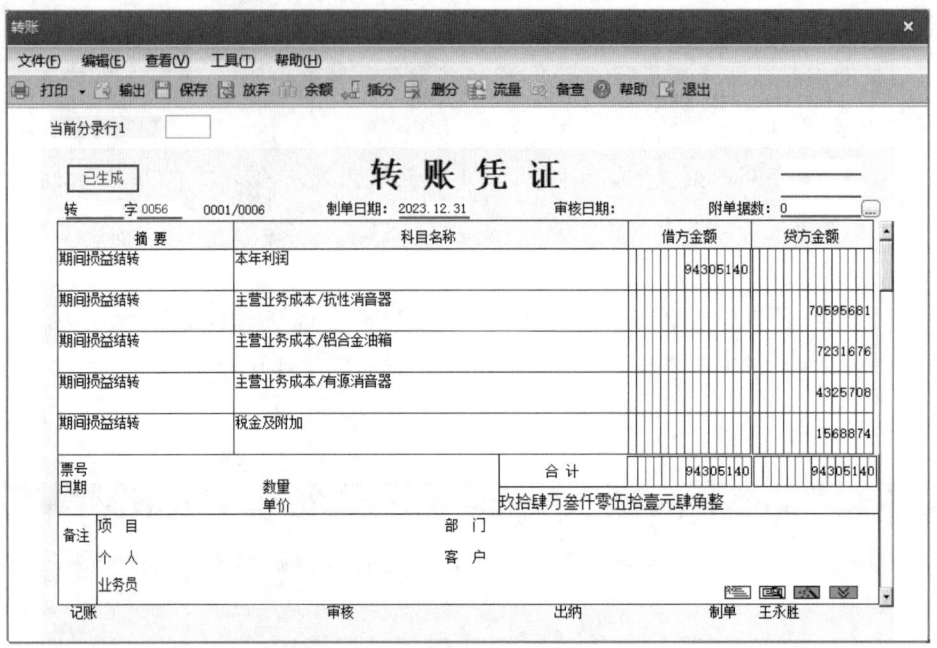

图 10-49 结转成本费用类科目

> **注意事项**
>
> 结转支出凭证时会提示"本月有未记账的凭证是否继续",单击"是"按钮即可。

信息化录入凭证时调整会计科目借贷方向,是为了便于月末制作财务报表。利润表中各项目的金额是通过相关科目的借方或者贷方的发生额计算得到的,费用类科目的发生额在借方,收入类科目的发生额在贷方。例如,"财务费用"如果写分录时放到了贷方,则这个数据是无法取到的,以至于利润表的营业利润的数据错误。收入类科目同理,这里就不再赘述。需要注意的是,在调完借贷方后,结转的时候要在相反的方向结转。例如,"财务费用"调到了借方,在结转"本年利润"科目的时候,为了把"财务费用"科目余额结平,则会出现贷方红字;结转所得税也是一样,发生的时候把"所得税费用——递延所得税"放到了借方,最后结平时候要把它放到贷方。

依次按照手工账的凭证录入即可,凭证列表如图 10-50 所示。

(2) 通过系统自定义结转,结转本期增值税、计提城市维护建设税及教育费附加。在导航菜单栏底部选择"业务工作"选项,执行"财务会计"—"总账"—"期末"—"转账定义"—"自定义转账"命令,如图 10-51 所示。

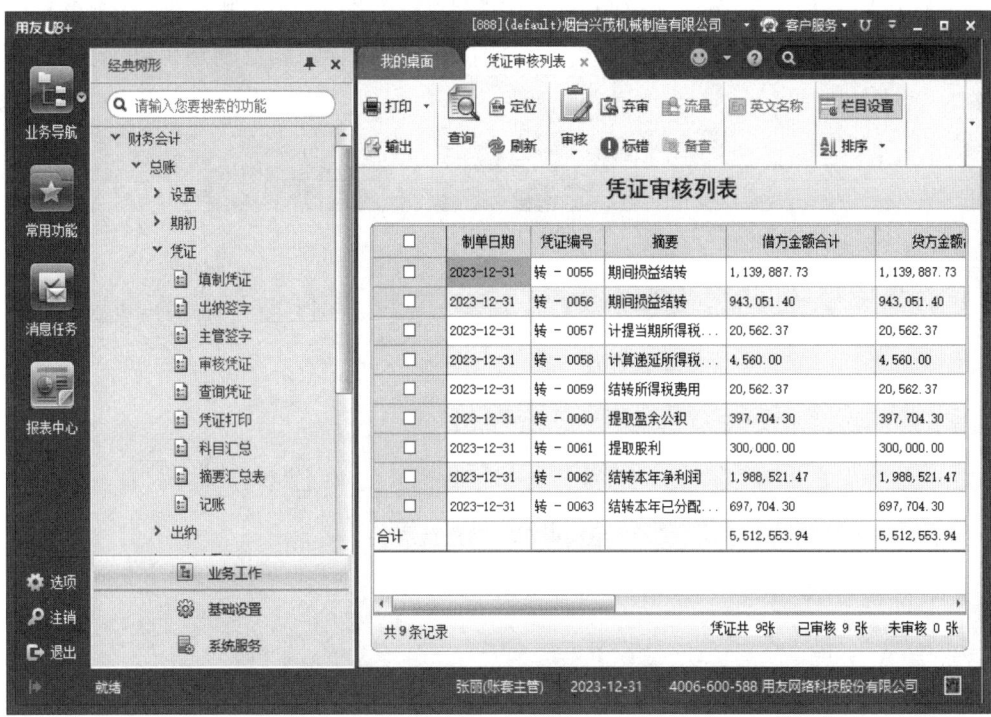

图 10-50　凭证列表

图 10-51　自定义转账设置

单击上方菜单栏"增加"按钮,在弹出的"转账目录"窗口中输入转账序号、转账说明,以及凭证类别。转账序号及转账说明由用途决定,凭证类别选择转账凭证,如图 10-52 所示。

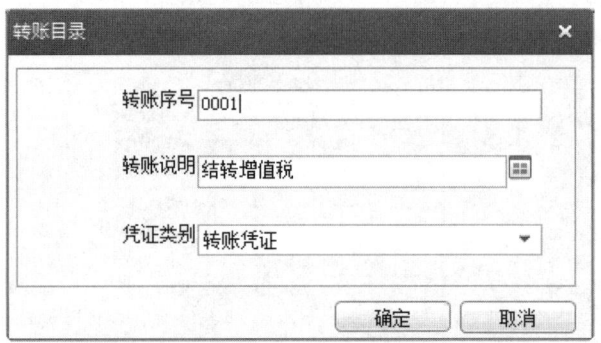

图 10-52　转账目录

▶▶▶ **注意事项**

要注意凭证类别一定选择转账凭证,否则凭证无法保存。

单击上方菜单栏"增行"按钮输入公式,如图 10-53 所示,计提城市维护建设税及教育费附加,如图 10-54 所示。

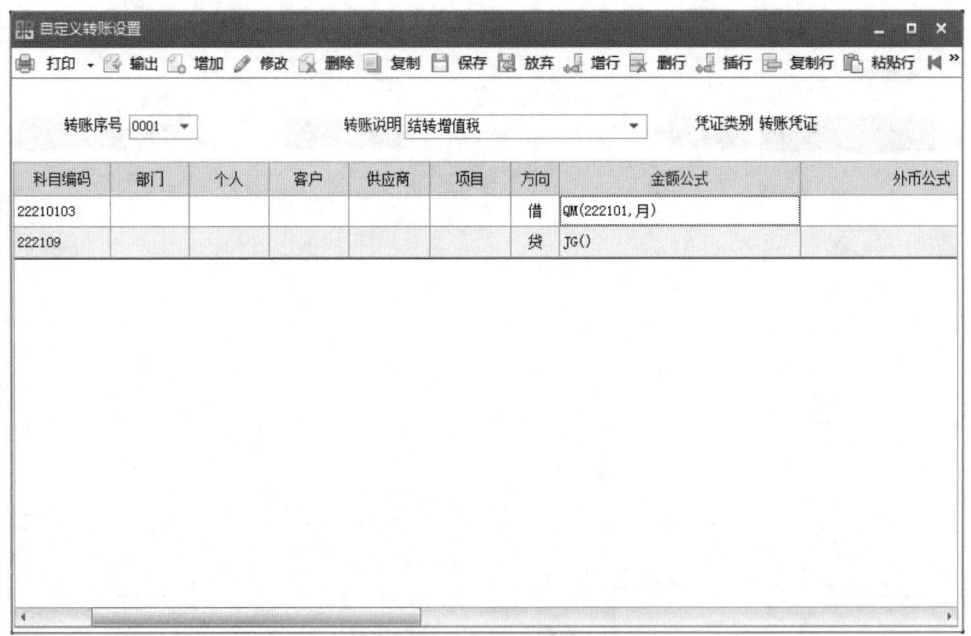

图 10-53　结转增值税

图 10-54 计提城市维护建设税及教育费附加

▶▶▶ 注意事项

要注意分录借贷方向,否则就算凭证试算平衡成立,但是凭证与实际业务不符。

(七) 输出与引入

为防止一次实验无法完成所有操作故增加账套输出与引入部分。

1. 账套的输出

(1) 在"系统管理"窗口中,执行"账套"—"输出"命令,进入"账套输出"界面。

(2) 选择需要输出的账套"888 烟台兴茂机械制造有限公司",选择账套输出路径,如图 10-55 所示。

▶▶▶ 注意事项

只有系统管理员"admin"有权限设置或取消账套主管。账套主管只能对所管辖的账套进行操作员的权限设置。

账套主管拥有该账套的全部权限,无须为账套主管另外赋权。

(3) 单击"确定"按钮,进行账套输出备份。

(4) 系统弹出"输出成功"提示框,单击"确定"按钮。

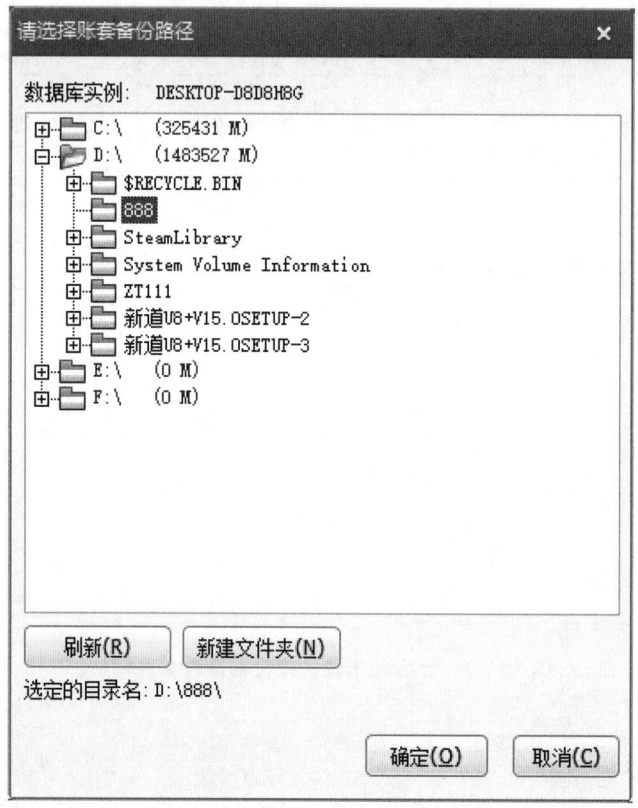

图 10-55　账套输出

2. 账套的引入

(1) 在"系统管理"窗口中,执行"账套"—"引入"命令,进入"请选择账套备份文件"窗口。

(2) 单击"选择备份文件"打开相应的账套路径,选择需要引入账套的索引文件"UfErpAct.Lst",如图 10-56 所示。

(3) 单击"确定"按钮,选择账套引入的目录,如图 10-57 所示。

> **注意事项**
>
> 只有系统管理员"admin"有权限进行账套的输出和引入。

(4) 单击"确定"按钮,选择账套引入的目录,采用默认路径即可。

(5) 单击"确定"按钮,系统提示"正在引入 888 的 2023—2023 账套库,请等待……"。

(6) 最后提示"账套引入成功",单击"确定"按钮。

综合实验 项目十

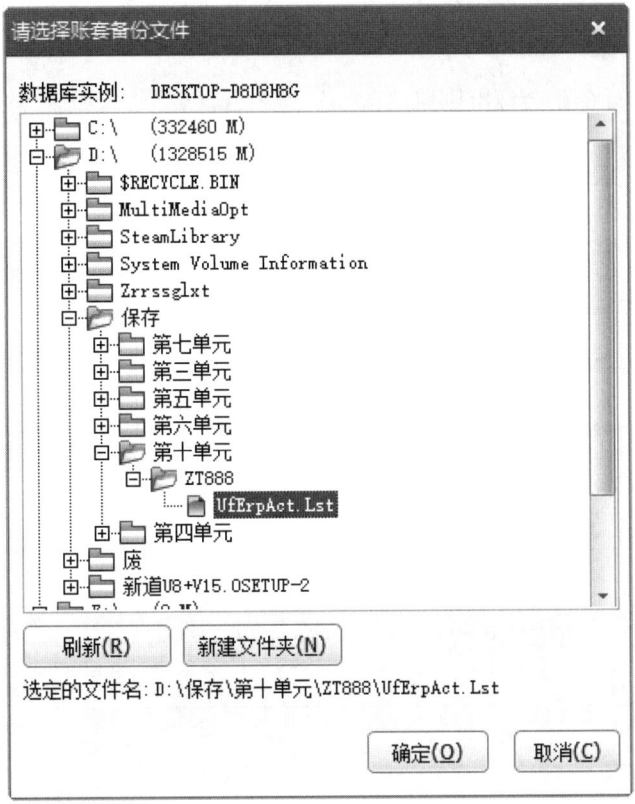

图 10-56 选择账套备份文件

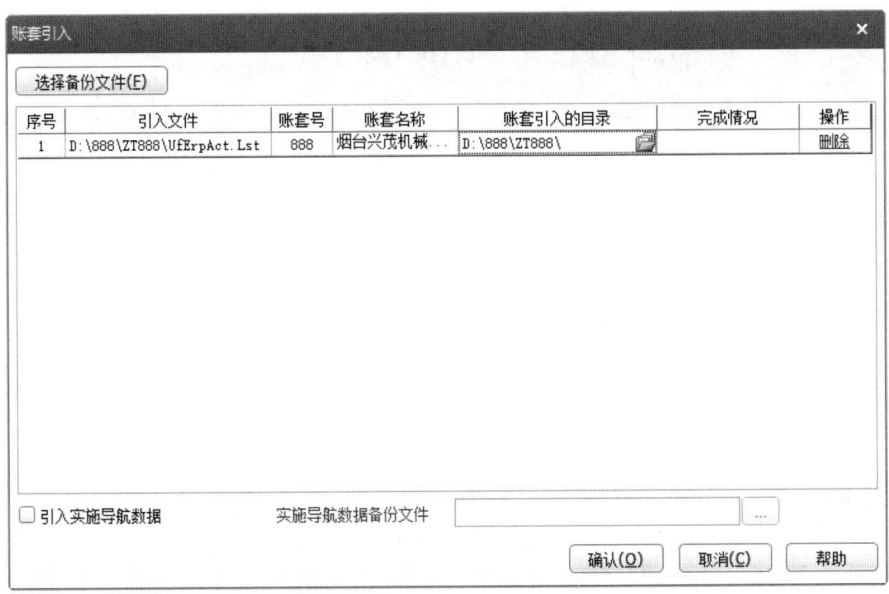

图 10-57 选择账套引入目录

207

(八) 财务报表编制(详细步骤参考项目九财务报表编制)

1. 资产负债表

(1) 根据现行企业会计准则修改流动资产项目计算公式，如表 10-18 所示。

表 10-18　　　　　　　　　流动资产项目计算公式

科目	行次	期末余额	年初余额
货币资金	1	QM("1001",月,,,年,,)+QM("1002",月,,,年,,)+QM("1012",月,,,年,,)	QC("1001",全年,,,年,,)+QC("1002",全年,,,年,,)+QC("1012",全年,,,年,,)
交易性金融资产	2	QM("1101",月,,,年,,)	QC("1101",全年,,,年,,)
衍生金融资产	3		
应收票据	4	QM("1121",月,,,年,,)	QC("1121",全年,,,年,,)
应收账款	5	QM("1122",月,"借",,,,)+QM("2203",月,"借",,,,,,,)−QM("1231",月,,,,,,,,)	QC("1122",全年,"借",,,,,,,)+QC("2203",全年,"借",,,,,,,)−QC("1231",全年,,,,,,,,)
应收款项融资	6		
预付款项	7	QM("1123",月,"借",,,,)+QM("2202",月,"借",,,,,,,)	QC("1123",全年,"借",,,,)+QC("2202",全年,"借",,,,,,,)
其他应收款	8	QM("1221",月,,,年,)+QM("1131",月,,,,)+QM("1132",月,,,,,,,,)	QC("1221",全年,,,年,,)+QC("1131",全年,,,年,,)+QC("1132",全年,,,年,,)
存货	9	QM("1401",月,,,年,)+QM("1402",月,,,年,,)+QM("1403",月,,,年,,)+QM("1404",月,,,年,,)+QM("1405",月,,,年,,)+QM("1406",月,,,年,,)−QM("1407",月,,,年,,)+QM("1408",月,,,年,,)+QM("1411",月,,,年,,)+QM("1421",月,,,年,)+QM("5001",月,,,年,,)+QM("5201",月,,,年,,)−QM("1471",月,,,年,,)	QC("1401",全年,,,年,,)+QC("1402",全年,,,年,,)+QC("1403",全年,,,年,,)+QC("1404",全年,,,年,,)+QC("1405",全年,,,年,,)+QC("1406",全年,,,年,,)−QC("1407",全年,,,年,,)+QC("1408",全年,,,年,,)+QC("1411",全年,,,年,,)+QC("1421",全年,,,年,,)+QC("5101",全年,,,年,,)+QC("5001",全年,,,年,,)−QC("1471",全年,,,年,,)
一年内到期的非流动资产	10		

(续表)

科目	行次	期末余额	年初余额
其他流动资产	11		
流动资产合计	12	ptotal(?C7:?C17)	ptotal(?D7:?D17)

以"应收账款"为例。双击"A11"单元格,将原"预付款项"修改为"应收账款",原报表模板中"应收账款"科目的公式有误,会计准则中的公式为"应收账款=应收账款借方余额+预收账款借方余额-坏账准备",需要修改模板中原有公式。

双击"C11"单元格,删除原有公式,单击"函数向导"按钮,在左侧的分类中选中"用友账务函数"选项,双击选择"期末(QM)",科目输入"1122",方向为"借",其余默认,单击"确定"按钮。回到函数输入区域,输入"+",继续重复上述步骤选择"QM公式",科目输入"2203",方向为"借",单击"确定"按钮。再输入"-",继续选择"QM公式",科目输入"1231",方向为默认,单击"确定"按钮,应收账款期末公式如图10-58所示,其含义为:应收账款期末余额=应收账款(1122)借方期末余额+预收账款(2203)借方期末余额-坏账准备(1231)。

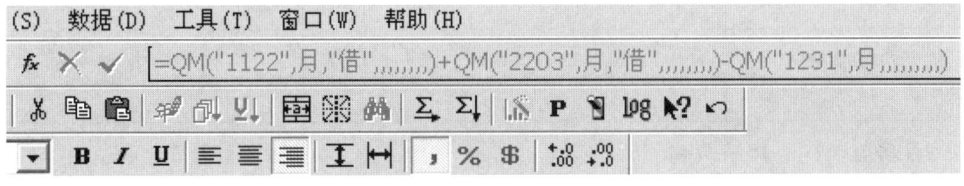

图10-58 应收账款期末公式

双击"D11"单元格,执行"函数向导"—"用友账务函数"命令,双击选择"期初(QC)",科目输入"1122",期间选择"全年",方向为"借",单击"确定"按钮。回到函数输入区域,输入"+",继续重复上述步骤选择"QC公式",科目输入"2203",方向为"借",单击"确定"按钮。再输入"-",继续选择"QC公式",科目输入"1231",方向为默认,单击"确定"按钮,应收账款年初公式如图10-59所示,其含义为:应收账款年初余额=应收账款(1122)借方年初余额+预收账款(2203)借方年初余额-坏账准备(1231)年初余额。

操作熟练后,年初公式和期末公式类似,可复制期末QM公式,粘贴在年初QC公式的位置,将"QM"改为"QC",期间"月"改为"全年"。

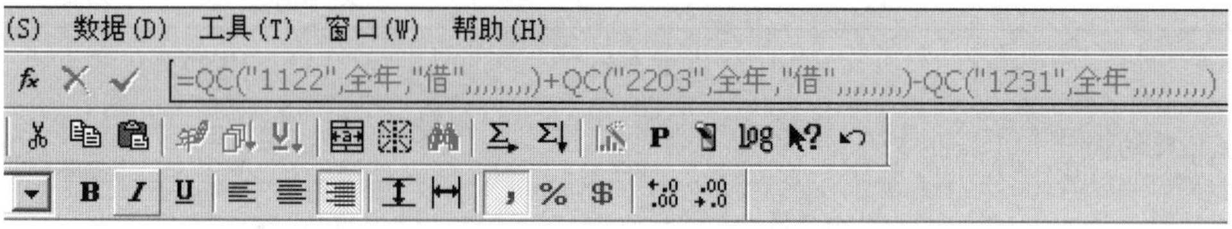

图 10-59　应收账款年初公式

（2）根据现行企业会计准则修改非流动资产项目计算公式，如表 10-19 所示。

表 10-19　　　　　　　　非流动资产项目计算公式

科目	行次	期末余额	年初余额
债权投资	13	QM("1501",月,,,年,,)－QM("1502",月,,,年,,)	QC("1501",全年,,,年,,)－QC("1502",全年,,,年,,)
其他债权投资	14	QM("1503",月,,,年,,)	QC("1503",全年,,,年,,)
长期应收款	15	QM("1531",月,,,年,,)－QM("1532",月,,,年,,)	QC("1531",全年,,,年,,)－QC("1532",全年,,,年,,)
长期股权投资	16	QM("1511",月,,,年,,)－QM("1512",月,,,年,,)	QC("1511",全年,,,年,,)－QC("1512",全年,,,年,,)
其他权益工具投资	17		
其他非流动金融资产	18		
投资性房地产	19	QM("1521",月,,,年,,)	QC("1521",全年,,,年,,)
固定资产	20	QM("1601",月,,,年,,)－QM("1602",月,,,年,,)－QM("1603",月,,,年,,)－QM("1606",月,,,年,,)	QC("1601",全年,,,年,,)－QC("1602",全年,,,年,,)－QC("1603",全年,,,年,,)－QC("1606",全年,,,年,,)
在建工程	21	QM("1604",月,,,年,,)	QC("1604",全年,,,年,,)
无形资产	22	QM("1701",月,,,年,,)－QM("1702",月,,,年,,)－QM("1703",月,,,年,,)	QC("1701",全年,,,年,,)－QC("1702",全年,,,年,,)－QC("1703",全年,,,年,,)
研发支出	23	QM("5301",月,,,年,,)	QC("5301",全年,,,年,,)
商誉	24	QM("1711",月,,,年,,)	QC("1711",全年,,,年,,)
长期待摊费用	25	QM("1801",月,,,年,,)	QC("1801",全年,,,年,,)

(续表)

科目	行次	期末余额	年初余额
递延所得税资产	26	QM("1811",月,,,年,,)	QC("1811",全年,,,年,,)
其他非流动资产	27		
非流动资产合计	28	ptotal(?C20:?C34)	ptotal(?D20:?D34)
资产总计	29	?C18+?C35	?D18+?D35

以"债券投资"为例，双击"A20"单元格，将"可供出售金融资产"改为"债权投资"，双击"C20"单元格，执行"函数向导"—"用友账务函数"命令，双击选择"期末（QM）"，科目输入"1501"，其余默认，单击"确定"按钮。回到函数输入区域，输入"—"，继续重复上述步骤选择"QM 公式"，科目输入"1502"，其余默认，单击"确定"按钮，债权投资期末公式如图 10-60 所示。

图 10-60 债权投资期末公式

双击"D20"单元格，复制期末 QM 公式，删除"D20"单元格中原有公式，粘贴在年初 QC 公式的位置，"QM"改为"QC"，"月"改为"全年"，债权投资年初公式如图 10-61 所示。

图 10-61 债权投资年初公式

（3）根据现行企业会计准则修改流动负债项目计算公式，如表 10-20 所示。

表 10-20　　　　　　　　　　流动负债项目计算公式

科目	行次	期末余额	年初余额
短期借款	30	QM("2001",月,,,年,,)	QC("2001",全年,,,年,,)
交易性金融负债	31	QM("2101",月,,,年,,)	QC("2101",全年,,,年,,)
衍生金融负债	32		
应付票据	33	QM("2201",月,,,年,,)	QC("2201",全年,,,年,,)
应付账款	34	QM("2202",月,"贷",,,,)+QM("1123",月,"贷",,,,,,,)	QC("2202",全年,"贷",,,)+QC("1123",全年,"贷",,,,,,,)
预收款项	35	QM("2203",月,"贷",,,,)+QM("1122",月,"贷",,,,,,,)	QC("2203",全年,"贷",,,)+QC("1122",全年,"贷",,,,,,,)
合同负债	36		
应付职工薪酬	37	QM("2211",月,,,年,,)	QC("2211",全年,,,年,,)
应交税费	38	QM("2221",月,,,年,,)	QC("2221",全年,,,年,,)
其他应付款	39	QM("2241",月,,,年,,)+QM("2231",月,,,,)+QM("2232",月,,,,,,,,,)	QC("2241",全年,,,年,,)+QC("2231",全年,,,年,,)+QC("2232",全年,,,年,,)
一年内到期的非流动负债	40		
其他流动负债	41		
流动负债合计	42	ptotal(?G5:?G18)	ptotal(?H5:?H18)

以"应付账款"为例。双击"E11"单元格,将原"预收款项"修改为"应付账款",原报表模板中"应付账款"科目的公式有误,会计准则中的公式为"应付账款=应付账款贷方余额+预付账款贷方余额"。

双击"G11"单元格,删除原有公式,单击"函数向导"按钮,在左侧的分类中选中"用友账务函数"选项,双击选择"期末(QM)"函数,科目输入"2202",方向为"贷",其余默认,单击"确定"按钮。回到函数输入区域,输入"+",继续重复上述步骤选择"QM公式",注意科目输入"1123",方向为"贷",单击"确定"按钮,应付账款期末公式如图 10-62 所示,其含义为:应付账款期末余额=应付账款(2202)贷方期末余额+预付账款(1123)贷方期末余额。

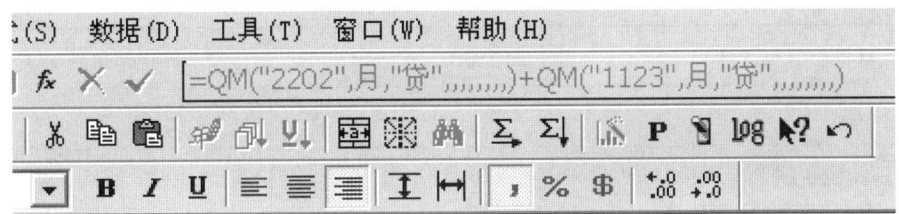

图 10-62　应付账款期末公式

双击"H11"单元格,执行"函数向导"—"用友账务函数"命令,双击选择"期初(QC)",科目输入"2202",期间选择"全年",方向为"贷",单击"确定"按钮。回到函数输入区域,输入"+",继续重复上述步骤选择"QC 公式",科目输入"1123",方向为"贷",单击"确定"按钮,应付账款年初公式如图 10-63 所示,其含义为:应付账款年初余额=应付账款(2202)贷方年初余额+预付账款(1123)贷方年初余额。

操作熟练后,年初公式和期末公式类似,可复制期末 QM 公式,粘贴在年初 QC 公式的位置,"QM"改为"QC","月"改为"全年"。

图 10-63　应付账款年初公式

(4) 根据现行企业会计准则修改非流动负债项目计算公式,如表 10-21 所示。

表 10-21　　　　　　　　　　　非流动负债项目计算公式

科目	行次	期末余额	年初余额
长期借款	43	QM("2501",月,,,年,,)	QC("2501",全年,,,年,,)
应付债券	44	QM("2502",月,,,年,,)	QC("2502",全年,,,年,,)
其中:优先股	45		
永续股	46		
长期应付款	47	QM("2701",月,,,年,,)−QM("2702",月,,,年,,)	QC("2701",全年,,,年,,)−QC("2702",全年,,,年,,)
预计负债	48	QM("2801",月,,,年,,)	QC("2801",全年,,,年,,)

(续表)

科目	行次	期末余额	年初余额
递延收益	49		
递延所得税负债	50	QM("2901",月,,,年,,)	QC("2901",全年,,,年,,)
其他非流动负债	51		
非流动负债合计	52	ptotal(?G21:?G29)	ptotal(?H21:?H29)
负债合计	53	?G19+?G30	?H19+?H30

根据表 10-21 非流动负债项目计算公式自行修改。注意在输入期末 QM 公式时,"年"可以省略。比如,应收票据公式"QM("1121",月,,,年,,)"和"QM("1121",月,,,,,)"都是正确的。

(5) 根据现行企业会计准则修改所有者权益项目计算公式,如表 10-22 所示。

表 10-22　　　　　所有者权益项目计算公式

科目	行次	期末余额	年初余额
实收资本(或股本)	54	QM("4001",月,,,年,,)	QC("4001",全年,,,年,,)
其他权益工具	55		
其中:优先股	56		
永续股	57		
资本公积	58	QM("4002",月,,,年,,)	QC("4002",全年,,,年,,)
减:库存股	59	QM("4201",月,,,年,,)	QC("4201",全年,,,年,,)
其他综合收益	60		
专项储备	61		
盈余公积	62	QM("4101",月,,,年,,)	QC("4101",全年,,,年,,)
未分配利润	63	QM("4104",月,,,,,,)+QM("4103",月,,,,,,)	QC("4104",全年,,,年,)+QC("4103",全年,,,年,,)
所有者权益(或股东权益)合计	64	?G33+?G37-?G38+?G41+?G42	?H33+?H37-?H38+?H41+?H42
负债和所有者权益(或股东权益)总计	65	?G31+?G44	?H31+?H44

以"未分配利润"为例。双击"G42"单元格,执行"函数向导"—"用友账务函数"命令,双击选择"期末(QM)",科目输入"4103",其余为默认(方向也为默认),在原有公式后输入"+",执行"函数向导"—"用友账务函数"命令,双击选择"期末(QM)",科目输入"4104",其余为默认,未分配利润期末公式如图10-64所示。年初公式同理。

图 10-64 未分配利润期末公式

(6) 计算数据:在"数据"状态下执行"数据"—"整表重算"命令,等待一段时间即可生成最终报表数据,如图10-65和图10-66所示。

资产	行次	期末余额	年初余额	负债和所有者权益（或股东权益）	行次	期末余额	年初余额
单位名称:		2023 年	12 月		31 日		
流动资产：				流动负债：			
货币资金	1	1,811,736.69	2,126,437.72	短期借款	30	780,000.00	980,000.00
交易性金融资产	2	678,000.00	994,500.00	衍生金融负债	31		
衍生金融资产	3			衍生金融负债	32		
应收票据	4	1,185,665.71	75,000.00	应付票据	33	260,000.00	140,000.00
应收账款	5	1,004,136.80	1,472,264.71	应付账款	34	307,765.00	665,875.00
应收款项融资	6			预收款项	35	33,619.47	10,683.67
预付款项	7	5,095.20	30,424.60	合同负债	36		
其他应收款	8	36,519.92	20,177.68	应付职工薪酬	37	95,800.00	91,522.00
存货	9	1,825,745.63	2,141,253.86	应交税费	38	86,599.29	77,072.33
一年内到期的非流动资产	10			其他应付款	39	350,550.00	84,375.00
其他流动资产	11			一年内到期的非流动负债	40		
流动资产合计	12	6,546,899.95	6,860,058.57	其他流动负债	41		
非流动资产：				流动负债合计	42	1,914,333.76	2,049,528.00
债券投资	13	204,094.00	206,000.00	非流动负债：			
其他债权投资	14			长期借款	43	820,000.00	820,000.00
长期应收款	15			应付债券	44		
长期股权投资	16	619,800.00	600,000.00	其中:优先股	45		
其他权益工具投资	17			永续股	46		
其他非流动金融资产	18			长期应付款	47		
投资性房地产	19			预计负债	48		
固定资产	20	6,380,798.01	6,120,653.67	递延收益	49		
在建工程	21			递延所得税负债	50	4,890.00	9,450.00
无形资产	22	416,200.00	420,000.00	其他非流动负债	51		
研发支出	23			非流动负债合计	52	824,890.00	829,450.00
商誉	24			负债合计	53	2,739,223.76	2,878,978.00
长期待摊费用	25			所有者权益（或股东权益）：			
递延所得税资产	26	2,687.51	5,000.00	实收资本（或股本）	54	8,050,000.00	7,850,000.00

图 10-65 资产负债表参考数据(1)

	A	B	C	D	E	F	G	H
21	其他债权投资	14			长期借款	43	820,000.00	820,000.00
22	长期应收款	15			应付债券	44		
23	长期股权投资	16	619,800.00	600,000.00	其中:优先股	45		
24	其他权益工具投资	17			永续债	46		
25	其他非流动金融资产	18			长期应付款	47		
26	投资性房地产	19			预计负债	48		
27	固定资产	20	6,380,798.01	6,120,653.67	递延收益	49		
28	在建工程	21			递延所得税负债	50	4,890.00	9,450.00
29	无形资产	22	416,200.00	420,000.00	其他非流动负债	51		
30	研发支出	23			非流动负债合计	52	824,890.00	829,450.00
31	商誉	24			负债合计	53	2,739,223.76	2,878,978.00
32	长期待摊费用	25			所有者权益（或股东权益）:			
33	递延所得税资产	26	2,687.51	5,000.00	实收资本（或股本）	54	8,050,000.00	7,850,000.00
34	其他非流动资产	27			其他权益工具	55		
35	非流动资产合计	28	7,623,579.52	7,351,653.67	其中:优先股	56		
36	资产总计	29	14,170,479.47	14,211,712.24	永续股	57		
37					资本公积	58	300,000.00	280,000.00
38					减:库存股	59		
39					其他综合收益	60		
40					专项储备	61		
41					盈余公积	62	867,809.00	470,104.70
42					未分配利润	63	2,213,446.71	2,732,629.54
43					所有者权益（或股东权益）合计	64	11,431,255.71	11,332,734.24
44					负债和所有者权益（或股东权益）总计	65	14,170,479.47	14,211,712.24

图 10-66　资产负债表参考数据(2)

2. 输入、输出报表

实验未完成时，可先行将未完成的报表输出。操作步骤：执行"文件"—"另存为"命令，如图 10-67 所示。此文件只能在 UFO 报表系统中打开，进入 UFO 报表系统后，执行"文件"—"打开"命令即可操作。

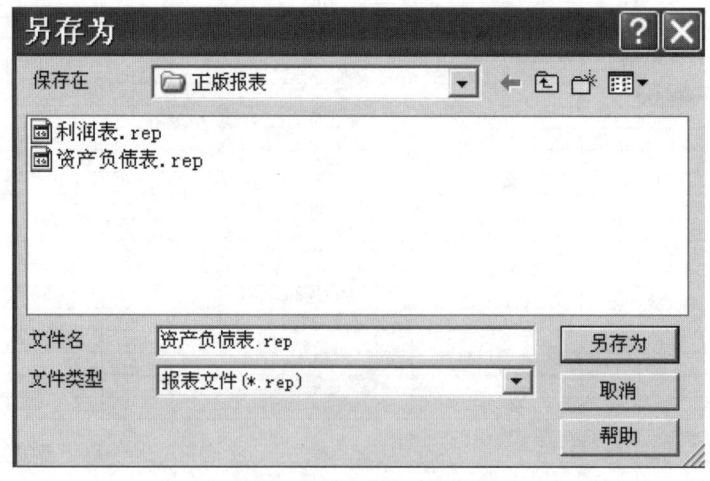

图 10-67　输出报表

(九) 利润表(只设置企业常用科目公式)

(1) 修改利润表模板(只设置企业常用科目公式),如表 10-23 所示。

表 10-23　　　　　　　　　　　　　利润表模板

项目	行数	本期金额
一、营业收入	1	fs(6001,月,"贷",,年)+fs(6051,月,"贷",,年)
减:营业成本	2	fs(6401,月,"借",,)+fs(6402,月,"借",,)
税金及附加	3	fs(6403,月,"借",,)
销售费用	4	fs(6601,月,"借",,)
管理费用	5	fs(6602,月,"借",,)
研发费用	6	
财务费用	7	fs(6603,月,"借",,)
其中:利息费用	8	
利息收入	9	
加:其他收益	10	
投资收益(损失以"-"号填列)	11	fs(6111,月,"贷",,)
其中:对联营企业和合营企业的投资收益	12	
公允价值变动收益(损失以"-"号填列)	13	fs(6101,月,"贷",,)
信用减值损失(损失以"-"号填列)	14	fs(6702,月,"借",,)
资产减值损失(损失以"-"号填列)	15	fs(6701,月,"借",,)
资产处置损益(损失以"-"号填列)	16	
二、营业利润(亏损以"-"号填列)	17	?C5－?C6－?C7－?C8－?C9－?C11＋?C15＋?C17－?C18－?C19
加:营业外收入	18	fs(6301,月,"贷",,)
减:营业外支出	19	fs(6711,月,"借",,)
三、利润总额(亏损总额以"-"号填列)	20	?C21+?C22-?C23
减:所得税费用	21	fs(6801,月,"借",,)
四、净利润(净亏损以"-"号填列)	22	?C24－?C25
(一) 持续经营净利润(净亏损以"-"号填列)	23	?C26
(二) 终止经营净利润(净亏损以"-"号填列)	24	

(续表)

项目	行数	本期金额
五、其他综合收益的税后净额	25	
六、综合收益总额	26	?C26
七、每股收益：	27	
（一）基本每股收益	28	0.09
（二）稀释每股收益	29	

以"财务费用"为例，在"格式"状态下，双击"A11"单元格，将原"资产减值损失"修改为"财务费用"。双击"C11"单元格，删除原有公式，执行"函数向导"—"用友账务函数"—"发生(FS)"命令，如图10-68所示。

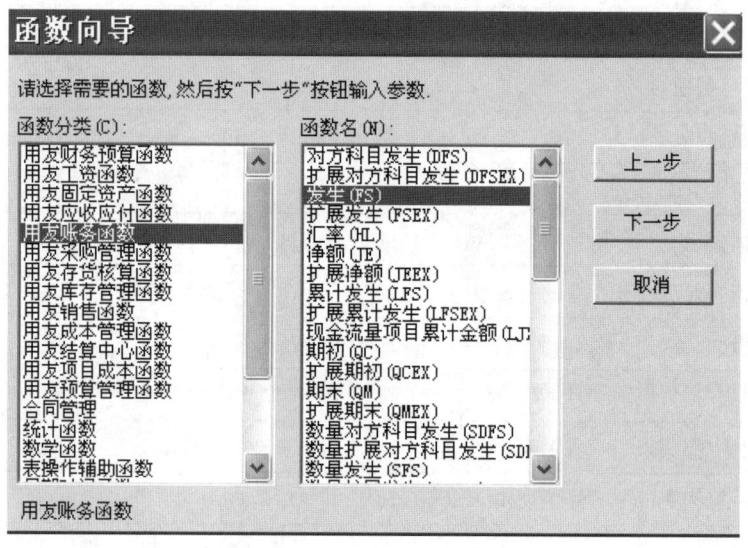

图10-68　发生函数

双击选择"发生(FS)"函数，打开"账务函数"窗口，与"期末(QM)"函数类似，科目输入"6603"，方向为"借"，单击"确定"按钮，公式为"=fs(6603,月,"借",,)"，其含义为：取财务费用(6603)的借方发生额，如图10-69所示。

图10-69　财务费用发生函数

（2）完成后仔细对照表10-23，适当调整单元格的宽度、高度及字体，形成最后的利润表。单击左下角"格式"按钮，使之变为"数据"状态，此时提示"是否整表重算"，单击"是"按钮，进行表页数据的计算，如图10-70所示。

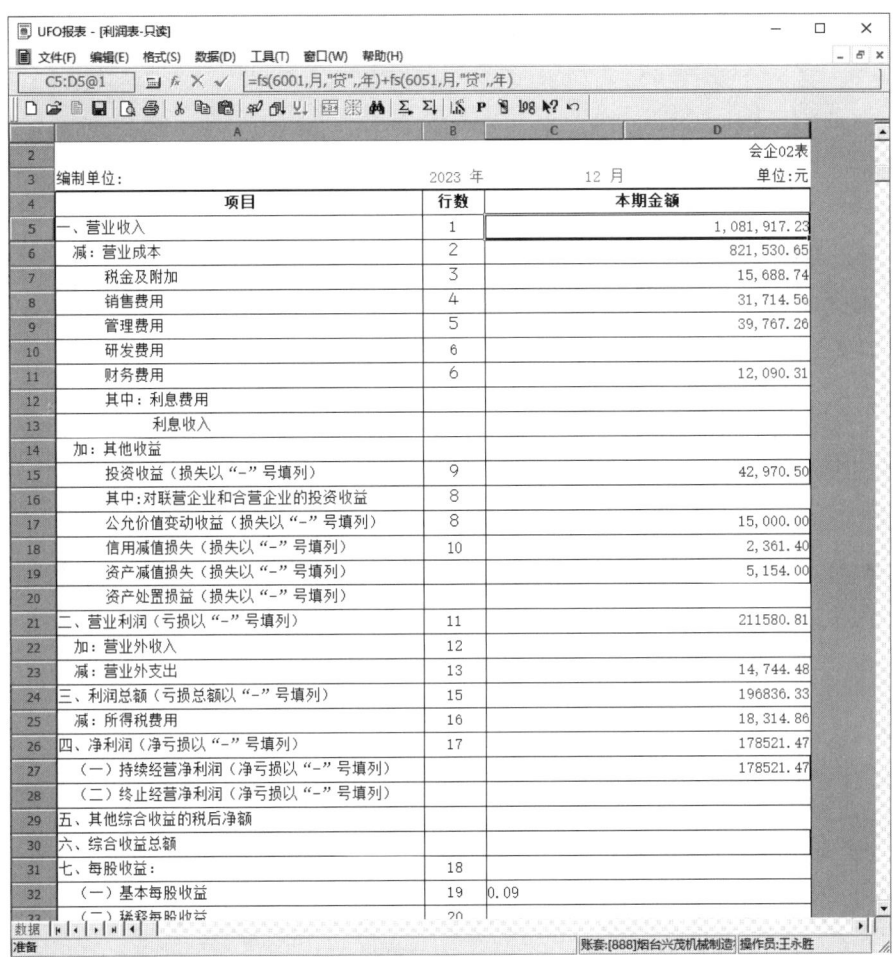

图10-70　利润表

第四篇　会计信息化发展及规范

　　本篇内容介绍会计信息化发展趋势,包括物联网、云计算、电子商务技术对会计信息化发展的影响,并附有财政部2021年12月30日发布的《会计信息化发展规划(2021—2025年)》、财政部2013年12月6日发布的《企业会计信息化工作规范》等企业会计信息化相关规范性文件。

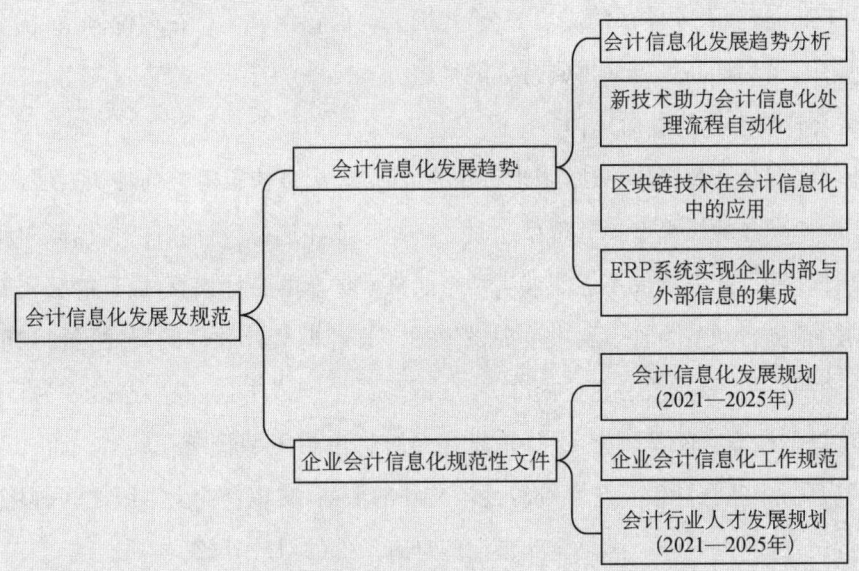

项目十一　会计信息化发展趋势

一、会计信息化发展趋势分析

信息技术的发展、互联网的普及与应用为提高企业管理水平提供了更多方式,会计信息化系统的日益完善则成为推进现代化企业会计信息化的重要保障。信息技术在企业内部经营管理中的应用不断深化,新会计制度下企业的财务会计工作不断向信息化、智能化方向转型,会计服务能力及信息质量大幅提升。随着新政策的持续推出、新技术的不断涌现、人才体系的逐步健全,我国会计信息化事业将在理论体系、技术趋势、企业应用、市场产品等方面得到持续的推进。

(一)会计信息化的纵向延伸

企业已实现会计核算信息化,未来将在会计管理、财务决策等方面加快发展,会计信息化系统由现在的核算型向管理型过渡。一些企业在选择会计软件时,已倾向使用管理型会计软件。此类软件不但能够满足企业日常经营的会计核算,而且能够实现对经营活动的预测、预警,为管理层决策提供依据。管理型会计软件的开发更加侧重对事前和事中的管控,重点关注企业内部管理,以降低生产成本、提高生产效率为目标。此外,在确保信息安全的基础上,会计信息化系统将由封闭型转向开放型。通过互联网技术的应用,企业会计信息化系统将逐步与外部衔接,实现企业上下级之间、银企之间、监管部门之间等的互联,满足企业会计信息有条件的对外开放。

业务、财务深度一体化。企业经营活动中的财务流程、业务流程、管理流程将在会计信息化系统的支持下融为一体,即业务和财务处理规则的统一,业务和财务操作人员、操作流程的统一,业务和财务数据标准的统一,高度的信息集成和共享,并可实现处理的实时和同步。

会计组织共享化。通过广泛地推行财务共享服务模式,使财务组织及支撑它的会计信息化系统实现共享,以服务于很多的组织机构,而不是单个的公司。实现会计信息化系统共享化的另一种渠道是代理记账公司利用云会计系统为中小型企业提供服务。

（二）会计信息化模块功能多元化

企业会计信息化进程缓慢的原因之一是系统模块功能单一，使得会计信息获取不完整、预测参考价值不高，无法满足企业经营管理的需要。为加快企业会计信息化建设步伐，会计信息化系统将逐步承担数据过渡、信息共享的责任，这必然要求会计信息化系统功能模块向多元化发展，包括记账模块、信息查询模块、信息监控模块、数据分析预测模块等，各类模块有效整合会计数据，并对信息资源进行合理、及时调度，同时满足其他信息系统对会计信息的采集需要。此外，会计信息化系统可建立外部使用功能模块，对敏感期以外的会计信息或是对非商密信息开放查阅权限，加强企业与投资人、债权人之间的交流。有效维护银企关系、政企关系，确保企业的稳健发展。未来，内外系统集成化将实现企业信息系统与供应商和客户等上下游企业的信息系统，企业信息系统与税务局、证监会、审计机构等外部监管机构的信息系统，以及企业信息系统与航空公司、酒店、银行、商旅系统等其他环境组织信息系统的智能集成，而内外系统集成化的难点是信息的标准化和智能技术的成熟应用。

（三）会计处理更加自动化、智能化

人工智能（AI）、机器人、大数据分析等信息技术的应用推动会计行业朝着自动化和智能化的方向发展。

会计处理全流程自动化、智能化。会计处理从原始业务凭证到会计记账凭证、会计账簿和会计报表，再到财务分析报告全流程实现自动化、智能化。目前，由于 ERP 的普及，会计处理从记账凭证到报表的过程已经实现了自动化，但从原始凭证到记账凭证、从会计报表到财务分析报告的自动化、智能化过程正在进行之中。

近年来，大数据、云计算、移动互联、智能技术等的迅猛发展，给财务工作带来了巨大的影响和挑战。一方面，随着传统商业模式不断被颠覆，层出不穷的创新型商业模式给企业财务管理模式提出了新的要求。另一方面，机器自动化、智能化程度的日益提升，对传统的以核算为核心的财务模式形成了巨大冲击。规则导向、重复性的财务会计工作越来越多地被机器人所取代。同时，基于自动化、智能化的信息系统平台的支撑，管理会计应用的深度和广度不断提升，推动企业财务模式从核算到管理不断进化。例如，RPA 就像"数字员工"，通过模拟人的操作实现自动化办公，将财务人员从重复的工作中解放出来，让他们专注更具创造性的工作，减少人工操作失误，提高运营效率。目前，RPA 已覆盖财务共享服务中心资金管理、报表处理、发票管理等多个板块，占财务共享服务中心总业务量的 48%，工作效率大幅提升。

（四）会计信息标准化、处理规则国际化

会计信息标准化，主要包括会计信息的语义标准化和格式标准化。通常，会计信息语义的标准化通过会计准则的国际趋同来解决，会计信息格式标准化则通过推广类似 XBRL 可扩展商业报告语言来实现。会计信息标准化可以解决信息孤岛，使财务信息实现有效的对比分析，并为财务数字化的实现提供数据治理的标准。

处理规则国际化。随着财务共享服务模式的推进，财务共享服务中心的财务人员将处理来自不同国家客户企业的财务数据，将会涉及不同的语言、准则、税法、货币、文化等，为满足国际经济发展的需要，客观上要求各国在制定会计政策和处理会计事务中，逐步采用国际通行的会计惯例，以达到国际间会计行为的协调、规范和统一。

（五）风险威胁扩大化

会计信息化系统从部署在 PC 机上，到部署到局域网、Intranet、Extranet 上，再到部署在财务云上，它的风险威胁会随着黑客、病毒、网络和软、硬件故障等可能性而急剧增加。为了避免由此带来的严重后果，我们需要加大 IT 治理的力度。同时，企业可以借助智能技术实现信息系统风险的提前预测和预警，并及时进行风险识别与控制。

二、新技术助力会计信息化处理流程自动化

（一）物联网及其优势

物联网是将所有物品通过各种信息传感设备与互联网相连接，实现物体信息的智能化交换、定位等一系列信息化管理手段的网络，简而言之，就是物物相连的互联网。随着信息技术日新月异的发展，物联网迅速为人们熟知，被公认为是继计算机、移动通信、互联网后世界信息革命下一个万亿级产业，在全球掀起新的浪潮，其前景和市场必将成为世界经济新的增长点，也必将改变人们的生活方式，优势日益明显。

物联网是知识经济高速发展的产物，是物体与信息的高度结合，具有三大优势：一是实现了物体与网络的互联，能对信息进行实时操作，实现数据与实物的同步，这表明在物联网时代，智能芯片将被广泛运用，成为物联网系统中的重要组成部分。二是实现了实物与信息数据的直接关联，标志着现代实物及数据的追踪技术已经有了质的飞跃，标志着实物与信息相互连通的实现，令数据信息的交换变得有据可循，为企业实现智能化提供保障，同时确保信息的有效、真实，帮助使用者作出正确的决策，提高企业的经济效益。三是实现了信息的实时化处理，意味着将人工录入存在的影响因素降到可控范围内，从而保证数据信息的真实性、有效性、准确性，同时实现实物与信息的同

步更新，便于对实物和信息的管理，利于企业实时处理数据信息。

（二）物联网对会计信息化系统的影响

（1）将会计信息来源进行统一。将物联网技术与企业的信息采集系统相结合，构建一个比较完整的数据库，企业不仅能够实现信息化智能管理，而且还可以保证各部门所需数据是来自同一个数据库。

（2）进一步优化信息传递流程。随着经济多元化的发展，消费者的需求也逐渐趋于个性化，不少传统产业被先进的信息化产业所取代，原先复杂、冗长的企业组织结构无法适应当下的环境要求，这就要求企业建立适应经济增长的集约型模式，将生产、销售、服务三大环节衔接紧密，才能使其在激烈的市场竞争中站稳脚跟，满足消费者的需求，进而提高企业经济效益。

（3）有助于企业内部信息系统的一体化。企业各部门之间的信息传输与共享均来源于企业信息系统的建立与完善，虽然企业已经将计算机与互联网技术相结合，实现了信息化统筹管理，然而大多数企业依旧存在着信息系统的子系统之间无法互联互通的问题，使整个信息系统无法成网络状，这就必然导致部门之间的信息无法共享与交流。物联网的出现在很大程度上解决了大多数企业这一问题，将计算机、互联网、物联网相结合，建立一个比较完整的信息网络，使各部门的信息实现传递、共享，促进企业内部各部门协调发展，共同为实现企业利润最大化目标不断努力。

（三）云计算技术对会计信息化系统的影响

云是网络和互联网的一种比喻，对于云计算的定义有很多种，目前广为接受的是美国国家标准与技术研究院（NIST）定义：云计算是一种按使用量付费的模式，这种模式提供便捷和按需的网络访问，用户进入可配置的计算资源共享池（资源包括服务器、应用软件、网络、存储、服务），只需投入少量的管理工作或与服务供应商进行简单的交互，即可快速访问资源。基于云计算的两大特性：分布式处理和并行处理，云计算被广泛运用于处理大数据问题。

云计算服务最大的特征在于可以为企业提供个性化自助服务，而且具有较好的可扩展性、虚拟性、可靠性、通用性、灵活性。依托云计算完善企业会计信息化系统，其必要性主要体现在以下几个方面。

第一，在企业会计信息化系统中应用云计算技术可以有效降低会计管理成本。在会计信息化系统中采用云计算模式，企业可以减少在系统建设初期的软、硬件设施投入，而且会计信息化系统后期的运营管理及维护升级等一系列的费用投入都可以得到有效的控制，不仅有利于减少财务会计管理任务，而且还可以有效降低财务会计管理成本。

第二，在企业会计信息化系统中应用云计算技术能够满足企业个性化的服务要求。云计算技术的智能化水平非常高，现阶段一些财务会计系统中无法完成的财务会计处理业务，云计算服务商可以根据企业的业务需求及业务流程的变化，在云计算平台进行相应的调整，满足企业的会计业务需求。

第三，在企业会计信息化系统中应用云计算技术能够确保会计准则与会计处理办法的一致性。在企业的财务会计业务处理过程中，如果当会计准则出现变化时，云计算服务商一般可以及时提供相应的会计处理办法，进而确保企业的财务会计业务处理方面能够准确地适用相应的会计准则办法。

第四，在企业会计信息化系统中应用云计算技术能够使财务会计工作的异地协同性更强。将云计算技术运用于会计信息化系统中，可以通过云平台实现企业大规模的数据整合及数据信息的实时共享，这对于推进财务共享服务模式的应用，以及提高财务会计集约化提供了良好的基础条件。

（四）电子商务对会计信息化系统的影响

电子商务即依托互联网媒介，打破时间、地域限制进行线上交易，是虚拟交易环境下的一种快速、简洁的商业活动。一方面，具有虚拟、便捷的特征。电子商务交易流程都是在电子信息系统上完成的，没有纸质凭证，且交易活动不受地域限制，买卖双方依托互联网技术营造的虚拟交易环境下完成商业活动。另一方面，具有安全、动态的特征。电子商务二十四小时实时、实地进行交易，商品交易服务等信息动态更新，网络世界也错综复杂，对网络信息安全程度要求极高，需要在一个相对安全、可靠的网络环境中进行完成商业交易。电子商务的发展带动了会计信息化系统的发展，电子商务对会计信息化系统的创新和进步具有正向影响，促进会计信息化系统不断与时代发展要求相结合，提高了会计信息化系统的发展效率，对社会经济产生了巨大推动作用。

1. 对会计信息化系统输入功能的影响

传统会计信息化系统输入通过纸质介质进行处理，其产生的各项数据与结果也都是通过纸质介质传播，而受电子商务影响的会计信息化系统输入是无纸化办公环境。无纸化办公环境是基于科技与网络的发展而形成的一种现代化办公方式，数据与资料通过网络进行传输，提高了办公效率的同时，也对生态环保作出了巨大贡献。无纸化办公对会计信息化系统产生了巨大影响，会计活动完成后，一经确认，电子数据就会自动进入会计信息处理系统，省去了人工记账的复杂环节，也让会计数据信息更加准确，更具实时性，提高了会计信息化系统的效率，促进了会计信息化系统发展的巨大进步，为会计信息化系统带来了革命性的变革。

2. 对会计信息化系统功能结构的影响

我国会计信息化系统一直作为一个独立系统而存在，其内容包罗万象，不仅包括财务报表等数据信息，还包括其他业务核算模块等信息，电子商务的发展对传统会计信息化系统产生了巨大冲击。电子商务的特点之一就是所有的交易均通过网络进行操作，这就要求相应的会计信息化系统也要具备网络会计核算的能力，除传统会计信息化系统实现的功能外，还要融入企业内联网的各项基本业务信息，同时提供电子数据凭证，避免会计信息失真情况的发生。此外，除传统的会计信息化系统模块外，还要增加针对电子商务会计信息的处理模块，保证电子商务信息能够及时传输，实现会计信息化系统对电子商务的相应功能，促进电子商务与会计信息化系统的同步发展。

3. 对会计信息处理速度的影响

市场经济背景下，社会高速发展，效率成为当前社会发展的重要因素。在电子商务影响下的会计信息化系统，也要不断提高会计信息处理速度，以适应当前高速发展的社会经济状况。电子商务的发展带动了会计信息化系统的发展，电子商务让会计信息处理趋向无纸化办公，而通过计算机和网络传输能够大大提高会计信息处理效率，并提高会计信息处理的准确率，避免由于人工计算与操作使得会计信息失真的情况发生，提高会计信息处理速度，让会计信息化系统的发展适应当前社会发展速度。

4. 对会计凭证的影响

会计凭证作为会计核算结果的确认，在会计信息化系统中是非常重要的。传统会计凭证都是通过手写笔记进行确认，但由于笔迹各异、字体不同，使得字迹难以辨认，无法分清的情况时有发生。而电子商务影响下的会计信息化系统改变了会计凭证的确认方式，通过统一的电子笔记进行确认，有利于会计人员清晰辨认笔迹，避免非法修改原始凭证者，保证了会计信息化系统的安全。

三、区块链技术在会计信息化中的应用

区块链技术已引起全世界关注，国内外全面研究并投入使用"区块链+会计"的先进系统，优化财务环境，提升财务数据的质量，提高财务、审计等的工作效率，以改善、解决当前会计信息化系统的现状和问题。区块链技术对会计信息化的发展将是革命性的，一方面，会计信息在确认、计量、记录和报告上将自成一套新的体系，能够实时记录和公布信息，数据存储和传递更加安全，信息质量得到保障，会计报告更加标准化和

主动化;另一方面,新型会计信息化系统促使会计人员的职能发生转变,工作重心逐渐向公司决策和战略管理发展。因此,不断学习新技术,接受新的理念,跟上时代进步的步伐,才能更好地促进财务管理和会计核算不断发展。

(一) 区块链技术

区块链是一种按照时间顺序,将数据区块以顺序相连方式组合的一种链式数据结构,并以密码学方式保证其不被篡改和不被伪造的分布式账本。在区块链中,各参与节点共同记录、共同维护,通过采用密码学算法和链式关联结构组织数据块来保证数据不被修改,最终保证数据的一致性。

区块链的特征主要包括以下几点:一是去中心化,即不需要交易中心,在区块链系统中,每笔交易记录都会在每一个节点的账本中被记录,并且每新增一笔交易,所有的节点都会共同记账,并利用密码学原理来检测交易是否合理;二是匿名性,在区块链中,各个节点依照一定的算法进行数据的交换,会有专门的程序规则判断数据交换是否被允许,无需通过信任中介,交易双方也不需要通过公开自己的身份来让对方对自己产生信任;三是不可篡改,当交易进行时,一笔新的交易添加至区块链后,区块链上的所有节点都会共同记录,加密技术保证新的交易信息与其之前和之后添加至区块链中的信息互相关联,所以单独对某条记录进行篡改的难度和成本都非常高;四是开放性,区块链具有超强的开放性,除了直接相关交易双方的私有数据会被加密,其他储存在节点中的数据都是对外公开的,信息高度透明;五是自治性,区块链能够避免会计信息被随意篡改,是因为区块链节点记录不受人为的干扰,由机器完成所有的工作,每个节点都是基于协商一致的规范和协议,即根据一套公开透明的算法来进行操作,这种高度自治性大大降低了第三方监督成本。

(二) 区块链技术与会计信息化系统融合的必要性

1. 提升会计信息质量

会计信息涵盖财务信息和非财务信息,现代社会由于会计业务量较大且烦琐,在传统的会计信息化系统中通过人机合作模式,采用中心化模式,即做账由会计人员人工输入、汇总和统筹数据信息,而会计人员可能有意或无意篡改相关数据信息,出现财务造假和舞弊。在区块链技术下,每个节点都是独立的,可以消除无效信息,通过点对网的做账方式,会计信息在区块的每个节点都会被审查,只有控制了全网超过51%的节点才能有效修改各节点数据,从而有效地防止了信息造假。即使数据被修改,借助区块链技术去中心性、安全性和可追溯性的特点,也可实现对修改记录的实时监测和追溯,提升会计信息质量。

2. 实现会计信息共享

传统会计信息化系统中企业管理者和所有者因委托代理关系,可能出现信息不对称,且传统会计工作由人工逐笔录入系统中,各系统将有关数据单独存储在各自数据库中,难以实现信息共享,带来了数据孤岛。区块链技术运用分布式核算和存储,建立分布式账簿,每一节点数据均在区块链中全网共享,建立内部区块链,实现不同部门信息全部上链,企业外部通过联盟链共享和开放信息,相关部门验证和监督信息,信息使用者可以通过公开接口查询和利用信息,且交易双方私有信息加密,降低了信息不对称,实现信息共享。

3. 降低财务会计成本

传统会计信息化系统中因可能出现的账实不一问题,尤其是涉及跨企业、跨部门交易时需要对账,增加了会计成本。在进行审计时因需询证业务单位和银行,增加了审计成本,同时伴随第三方中介代理出现寻租现象和代理成本增加。区块链技术可以实现报告、登记、确认和审计等环节的自动完成,在抑制传统会计信息化系统因人为原因带来财务风险的同时,可以提升财务人员的工作效率,通过其自动操作和点对网的传播,降低了资金成本和时间成本。同时区块链技术采用分布式记账,数据备份在每一节点,降低了传统会计信息化系统中数据备份在一台服务器中的维护成本和被攻击风险。此外,基于区块链技术构建的智能化平台,更为公开、透明和可信,可减少逆向选择和道德风险,降低了企业运营成本和高层运用财务信息的决策成本。

(三)区块链技术在企业会计应用中存在的困难和对策

1. 存在的主要困难

1)与现行会计法规制度不相容

现行的会计制度体系是建立在传统经济环境下的产物。当大数据时代来临,伴随着新的事物出现,必然会出现会计确认、计量、记录、报告与现行会计制度不相容的问题,如数字资产的确认,历史成本和公允价值的计量,借贷记账法的应用,会计主体的假设等。只有顶层设计与大数据时代的经济环境相契合,才能更好地指导区块链技术与现行的会计信息化系统相融合。此外,由于区块链去中心化的特点,无需中介介入,在会计行业应用时会弱化会计的监督职能。当出现链上违规行为时,容易出现责任不清的现象,使会计监督找不到责任主体,且存在现有的法规体系不能对这些违规行为进行准确界定和依法惩处的问题。因此,区块链技术与现行会计法规制度存在不相融的问题。

2）性能不足导致会计信息传递不及时

尽管区块链技术已经广泛应用于保险、医疗、教育等各个领域，但其自身还是存在一定的局限性，如会计存量和增量信息庞大，而目前区块链的交易吞吐量和延时响应处理效率较低，区块链的性能很难通过增加节点的数量进行横向扩展。而会计是讲究时效性的，一项业务发生之后，会计人员需要及时将经济业务进行反映，而区块链性能不足会导致业务不能及时处理，会计信息的传递出现延误，从而影响信息使用者对会计信息的使用。

3）会计系统存在存储冗余的弊端

区块链对于发生的经济业务活动按照时间进行记录，链条上包含着过去交易的信息。每发生一笔新的交易就会产生新的链条来储存发生的交易信息和过去所有的交易信息，这会造成链条越来越长。另外，分布式账本的特点是全员记账，区块链要求每个节点都要有一份备份数据，这些链上的数据将会占据每个节点越来越多的存储空间。对会计信息化系统而言，这就意味着日益增长的海量会计信息将会占用大量的存储空间，一旦会计信息量超过系统所能承担的范围，就会出现存储冗余。因此，区块链技术应用于会计信息化系统时，会计信息的存储是一个不得不考虑的问题。

2. 可采取对策

1）建立与区块链技术契合的会计法规制度

要使区块链技术更好地应用于会计行业，就需要调整现有的会计制度体系，使其更适合区块链会计信息化系统的应用。新的会计制度体系应充分考虑区块链分布式记账、信息不可篡改的特点，优化或重新认定会计假设、会计要素确认、会计记账方法、会计凭证账簿报表体系、会计核算方法和计量属性、信息披露的内容和方式、会计档案的保管及会计监督检查等。同时，要根据区块链技术去中心化、去信任、自治性的特点制定相适应的法规制度来实施一定的监管。在监管方式上，可以采取建立一种符合国家监管的"弱中心化"的方式，这样既可以保持区块链原有的特点，又可方便国家在一定程度上对企业进行监管。

2）提高会计信息处理效率

从区块链技术本身来看，目前影响区块链性能的因素主要包括通信传输、信息加密解密、共识机制、交易验证机制等几个环节，提高性能的方法主要包括闪电网络、隔离验证、RSK 侧链、分片、分层等手段。例如，将数据库分区，也就是将一个大数据库分割成许多小的、可独立处理的区块，缩短响应时间，提高处理会计信息的速度。另一种思路是调整共识机制。例如，采用 EOS 提出的 DPOS，其做法是将共识限制在被选举出来的某一部分节点上,缩短达成共识、生成区块和数据运算的时间,加快会计信息的传递。此外,也可考虑在会计信息化系统中应用正在试验的异步共识及 DDBFT 共识机制,这些共识算法能有效降低算法复杂度,提高处理效率,加快数据的记录速度。

3) 扩展会计信息存储容量

针对区块链会计信息存储冗余的问题,可考虑利用分布式存储方法,也就是建立一个区块链容量可扩展模型来解决。该模型是将一条完整的区块链分割成若干部分,存储在不同节点中,节点根据功能分为存储节点、验证节点和用户节点,不同功能的节点执行不同的任务。在该模型中,由于将节点根据功能进行划分,每个节点无需储存所有的数据,模型可以先根据会计信息的时效性进行必要数量的备份,再分散至不同的节点。从整体上看,节点存储的信息容量比原来减少很多,达到存储容量优化的效果,解决了区块链应用于会计系统的存储冗余问题。区块链技术与会计的结合是数字化时代的要求,将为会计理论和会计方法注入新的内容,使会计焕发新的生机,促进高质量的会计信息更好地为社会经济服务。

四、ERP 系统实现企业内部与外部信息的集成

(一) ERP 系统概念及特点

ERP 系统是企业资源计划的简称,是指建立在信息技术基础上,集信息技术与先进管理思想于一身,以系统化的管理思想,为企业员工及决策层提供决策手段的管理平台。它是从 MRP 发展而来的新一代集成化管理信息系统,其核心思想是供应链管理,它跳出了传统企业边界,从供应链范围去优化企业的资源、优化现代企业的运行模式,反映了市场对企业合理调配资源的要求,对于改善企业业务流程、提高企业核心竞争力具有显著作用。

ERP 系统的主要特点包括以下几点:

(1) 资源整合与数据存储。ERP 将企业信息系统进行整合,这样更具有功能性。数据只能通过专一的系统进行输入,数据精确且一致。

(2) 实用而且便利。ERP 旨在对企业的所有人、物、财、时间、空间等等资源进行整合和优化管理,协调企业各部门的运作,提高企业核心竞争力,使企业获得好的经济效益。ERP 是一个软件,也是一个管理工具,具有实用性的特点。在这种环境下,可以便捷地获得企业内部所产生的任何信息。

(3) 实时管理和互动。ERP 的整体性在于"实时和动态管理",最主要的是部门之间的协调和岗位间的配合问题,实现实时的动态配合和互动。运用 ERP 管理系

统将工作内容与工作方式信息化,拥有可靠的信息化管理工具,实现企业高效快速地运转。

随着ERP信息技术的不断发展和完善,该系统的功能日益强大,ERP系统能够实现企业资源使用效率最大化,对企业生产、人力资源管理和会计处理及财务管理有很大的帮助。因此,ERP系统被越来越多的企业所青睐并应用。企业最重要的资源之一就是资金,为了更好地记录资金的来源和用处,分析资金的使用情况及企业的经营情况,会计信息化系统能够帮助管理层分析企业目前的经营状况、资金周转率、现金流量及企业的损益情况。经过社会的发展及科学技术的支持,会计信息化系统从记录方式到功能作用都发生了很大的改变。企业使用ERP系统后,原有会计信息化系统也会发生相应的改变。

(二) ERP系统对会计信息化的影响

ERP系统是对各种资源的集成管理,其中财务模块是核心模块,ERP系统下的财务模块与会计信息化系统在很多方面都是不同的。ERP环境下对会计信息化系统的影响主要表现在以下三点。

1. 对会计信息输入的影响

首先,数据收集范围更广。ERP系统是集财务信息与业务信息于一体的,在数据收集方面范围更广,不仅包括交易日期、交易金额、账户等,还包括发生地点、联系人等。其次,保证数据的质量,这主要体现在ERP系统的集成性。ERP系统下各模块的数据由相关部门提供,经过ERP系统的记录后,为企业的各个部门共享,保证了企业信息的一致性。最后,ERP系统下数据信息受人为因素影响很小,主要是电子技术的处理,减少了人为主观因素的干扰。

2. 对会计信息处理的影响

首先,会计凭证自动生成。按照ERP业务的流程设置及相关设置,业务人员在电脑上录入相关的会计信息,信息系统自动生成凭证,会计人员只需对自动生成的凭证进行审核,保证了财务处理的及时性。其次,增加了信息系统事中控制的能力。由于ERP系统下信息是共享的,业务人员及时地把由业务活动引起的会计信息进行整理,传递到会计信息化系统,会计信息化系统就能及时地更新财务状况。再次,会计信息化系统制定相应的规则和制度,对业务进行实时监控,保证业务的顺利完成,及时监督业务流程中的风险,减少企业的损失。最后,提高了企业的决策能力。由于系统对信息的集成性,通过计算机处理的数据是综合考虑各部门的利益和各方面权衡作出的决策,这使得决策能够被广泛接受。

3. 在会计信息输出方面的影响

首先,会计信息输出形式多样性。ERP 系统不只是针对一个企业建立的系统,如果企业与上下游企业都建立了良好的客户关系,并且承诺信息具有共享性,那么 ERP 信息能够被很多的企业看到,每个企业根据自己的需要对数据进行合理的处理,使得输出结果满足自身的需要。其次,会计信息输出内容多样性。传统的财务软件的输出结果就是会计相关报告。由于 ERP 系统功能的强大性,能够输出所有相关经济业务需要的信息。

4. 对内部控制的执行情况的影响

对于企业的内部控制的执行来说,ERP 对其有着正向的意义,自动化下的信息处理使企业会计信息的安全性能得到了正向的提升。在 ERP 系统下,需要不同权限的员工对业务进行操作,只要正确划分 ERP 的权限系统,对于企业员工的权责分离和相关职业不可兼任等内部控制执行有着正向促进作用。而在自动化的信息处理下,避免了员工因为私利而出现的弄虚作假的行为,从而有助于内部控制的执行。

5. 对会计风险的影响

对于实施了 ERP 系统的企业来说,虽然其自身的信息管理效率提高,自动化的程度得到提升。但是受 ERP 的影响,企业的会计处理方式发生了变动,因此在传统的会计处理方式下未显露的风险也随之显现,会计风险因素的增加影响了 ERP 的使用效率。因此,在实施 ERP 系统时,企业需要在会计处理时,识别可能产生的风险点,并对风险点产生的原因进行分析,得出降低风险或者化解风险的理论对策,从而将因为使用 ERP 系统而给企业带来的会计风险降到最低。

(三) ERP 环境下会计信息化的发展趋势

ERP 环境下的会计信息化系统业务处理流程仍然将遵循实现会计目标为最终目的。但实现过程则是基于面向服务架构为基础构造的动态业务流程管理,这主要体现在动态性、可运行性、可视性等方面。业务流程重组时要充分考虑应对企业变革的需要与市场环境对应的多种挑战,通过业务流程库、业务流程管控和业务流程建模来完成流程调整,并固化业务,解决线路流程,以保证持续通畅运行状态。在运行过程中,通过监控组件实时监控业务流程各个节点的运营绩效,使整个会计信息化系统的信息传输状态可控。在 ERP 环境下,以企业价值链管理理念为指导的会计信息化系统的构建,应以发展、动态、前瞻视角,认知会计信息化系统内在的逻辑性与复杂性,建立适应企业管理需求的会计信息化系统。

1. 会计信息化与 ERP 系统的融会贯通

自 20 世纪 90 年代以来,ERP 系统及 ERP 系统管理发展起来。市场上开发 ERP

软件的企业也越来越多,国外比较著名的有SAP、QAD、EMS等,国内的一些软件开发商如金蝶、用友也相继走上了研发ERP软件的道路。据统计,我国对ERP软件及相关财务软件的使用占到了企业软件需求的90%左右,可以看出我国是一个ERP系统使用需求很大的市场。同时,我国企业在应用ERP系统与会计信息化系统融合方面是一个亟待解决的问题。由于国内外ERP系统开发思想的不同,使得融合点不同,国内的ERP软件设计思想是面向功能的,金蝶、用友的ERP软件包括成本核算模块、成本报表模块、预算管理模块等,这种情况下两个信息系统不能很好地融合在一起。西方的ERP软件的设计思想是面向流程的,即不存在独立的财务模块,如成本核算模块或是预算管理模块,而是把相关的财务信息集成到各个业务中,如果需要财务信息就从各个业务中提取相关数据并进行处理。以SAP软件为例,这是一个基于ERP管理的软件。它的主要模块有:销售与分销、生产计划、物料管理、管理会计、财务管理及人力资源管理。企业进行采购业务时,模块不仅要输入采购品种、采购数量、供应商、支付方式、运输方式,还要计算出采购成本、运输成本。这些会计信息随着业务的完成录入在采购模块中,企业在年终核算成本时再从各个业务流程中提取数据,进行总结。

2. 满足企业国际化发展潮流的需要

现在社会中,经济发展国际化,投资不受地点限制,支持企业选择不同地区、国家的人担任企业负责人或是职员,这要求ERP管理下的会计信息化系统能支持国际的会计准则。

项目十二　企业会计信息化规范性文件

一、会计信息化发展规划(2021—2025 年)

为科学规划、全面指导"十四五"时期会计信息化工作,根据《会计改革与发展"十四五"规划纲要》(财会〔2021〕27 号)的总体部署,财政部制定了《会计信息化发展规划(2021—2025 年)》。

会计信息化发展规划(2021—2025 年)

二、企业会计信息化工作规范

为推动企业会计信息化,节约社会资源,提高会计软件和相关服务质量,规范信息化环境下的会计工作,财政部制定了《企业会计信息化工作规范》。

企业会计信息化工作规范

三、会计行业人才发展规划(2021—2025 年)

根据《会计改革与发展"十四五"规划纲要》(财会〔2021〕27 号)的总体部署,财政部制定了《会计行业人才发展规划(2021—2025 年)》。

会计行业人才发展规划(2021—2025 年)

附录一

需要增加或修改的会计科目信息

类型	级次	科目编码	科目名称	账页格式	余额方向	银行账	日记账
资产	1	1001	库存现金	金额式	借		Y
资产	1	1002	银行存款	金额式	借	Y	Y
资产	2	100201	中国农业银行	金额式	借	Y	Y
资产	1	1012	其他货币资金	金额式	借		
资产	2	101201	银行本票存款	金额式	借		
资产	1	1101	交易性金融资产	金额式	借		
资产	2	110101	股票投资浪潮软件	金额式	借		
资产	3	11010101	成本	金额式	借		
资产	3	11010102	公允价值变动	金额式	借		
资产	1	1121	应收票据	金额式	借		
资产	2	112101	银行承兑汇票	金额式	借		
资产	3	11210101	烟台凯马汽车制造有限公司	金额式	借		
资产	3	11210102	青岛通达汽车配件公司	金额式	借		
资产	3	11210103	烟台三立有限公司	金额式	借		
资产	3	11210104	泰安银光电子公司	金额式	借		
资产	1	1122	应收账款	金额式	借		
资产	2	112201	威海东恒公司	金额式	借		
资产	2	112202	青岛通达汽车配件公司	金额式	借		
资产	2	112203	青岛山海机械有限公司	金额式	借		
资产	2	112204	烟台三立有限公司	金额式	借		
资产	2	112205	济南西城机械有限公司	金额式	借		

(续表)

类型	级次	科目编码	科目名称	账页格式	余额方向	银行账	日记账
资产	1	1123	预付账款	金额式	借		
资产	2	112301	预付订阅费	金额式	借		
资产	2	112302	预付车辆保险费	金额式	借		
资产	2	112303	青岛广源钢材有限公司	金额式	借		
资产	1	1131	应收股利	金额式	借		
资产	1	1132	应收利息	金额式	借		
资产	1	1221	其他应收款	金额式	借		
资产	2	122101	刘星	金额式	借		
资产	2	122102	李强	金额式	借		
资产	2	122103	重庆华宇机械有限公司	金额式	借		
资产	2	122104	基本养老保险	金额式	借		
资产	2	122105	失业保险	金额式	借		
资产	2	122106	基本医疗保险	金额式	借		
资产	2	122107	住房公积金	金额式	借		
资产	2	122108	赵小英	金额式	借		
资产	2	122109	济南曼华包装有限公司	金额式	借		
资产	1	1231	坏账准备	金额式	贷		
资产	2	123101	应收账款	金额式	贷		
资产	1	1401	材料采购	金额式	借		
资产	2	140101	钢板	金额式	借		
资产	2	140102	铝合金	金额式	借		
资产	2	140103	包装盒	金额式	借		
资产	1	1403	原材料	金额式	借		
资产	2	140301	钢板	金额式	借		
资产	2	140302	铝合金	金额式	借		
资产	1	1404	材料成本差异	金额式	借		
资产	2	140401	钢板	金额式	借		

(续表)

类型	级次	科目编码	科目名称	账页格式	余额方向	银行账	日记账
资产	2	140402	铝合金	金额式	借		
资产	2	140403	包装盒	金额式	借		
资产	1	1405	库存商品	金额式	借		
资产	2	140501	抗性消音器	金额式	借		
资产	2	140502	铝合金油箱	金额式	借		
资产	2	140503	有源消音器	金额式	借		
资产	1	1408	委托加工物资	金额式	借		
资产	2	140801	有源消音器	金额式	借		
资产	1	1411	低值易耗品	金额式	借		
资产	2	141101	包装盒	金额式	借		
资产	1	1501	债权投资	金额式	借		
资产	2	150101	成本	金额式	借		
资产	2	150102	利息调整	金额式	借		
资产	1	1502	持有至到期投资减值准备	金额式	贷		
资产	1	1503	可供出售金融资产	金额式	借		
资产	1	1511	长期股权投资	金额式	借		
资产	2	151101	烟台天明机械设备有限公司	金额式	借		
资产	3	15110101	成本	金额式	借		
资产	3	15110102	损益调整	金额式	借		
资产	1	1512	长期股权投资减值准备	金额式	贷		
资产	1	1521	投资性房地产	金额式	借		
资产	1	1531	长期应收款	金额式	借		
资产	1	1601	固定资产	金额式	借		
资产	2	160101	建筑物	金额式	借		
资产	2	160102	机器设备	金额式	借		
资产	2	160103	办公设备	金额式	借		
资产	1	1602	累计折旧	金额式	贷		

(续表)

类型	级次	科目编码	科目名称	账页格式	余额方向	银行账	日记账
资产	2	160201	建筑物	金额式	贷		
资产	2	160202	机器设备	金额式	贷		
资产	2	160203	办公设备	金额式	贷		
资产	1	1603	固定资产减值准备	金额式	贷		
资产	1	1606	固定资产清理	金额式	借		
资产	1	1701	无形资产	金额式	借		
资产	2	170101	专利	金额式	借		
资产	1	1702	累计摊销	金额式	贷		
资产	2	170201	专利	金额式	贷		
资产	1	1703	无形资产减值准备	金额式	贷		
资产	1	1811	递延所得税资产	金额式	借		
资产	1	1901	待处理财产损溢	金额式	借		
资产	2	190101	待处理流动资产损溢	金额式	借		
负债	1	2001	短期借款	金额式	贷		
负债	2	200101	中国农业银行	金额式	贷		
负债	1	2201	应付票据	金额式	贷		
负债	2	220101	烟台伟业有限公司	金额式	贷		
负债	2	220102	青岛广源钢材有限公司	金额式	贷		
负债	1	2202	应付账款	金额式	贷		
负债	2	220201	烟台伟业有限公司	金额式	贷		
负债	2	220202	济南星光公司	金额式	贷		
负债	2	220203	中通工业集团	金额式	贷		
负债	2	220204	烟台市自来水公司	金额式	贷		
负债	2	220205	烟台市供电局	金额式	贷		
负债	1	2203	预收账款	金额式	贷		
负债	2	220301	山东恒通汽车制造有限公司	金额式	贷		
负债	2	220302	烟台神通电器有限公司	金额式	贷		

(续表)

类型	级次	科目编码	科目名称	账页格式	余额方向	银行账	日记账
负债	2	220303	济南信达汽车配件有限公司	金额式	贷		
负债	1	2211	应付职工薪酬	金额式	贷		
负债	2	221101	工资	金额式	贷		
负债	2	221102	社会保险金	金额式	贷		
负债	2	221103	工会经费	金额式	贷		
负债	2	221104	住房公积金	金额式	贷		
负债	1	2221	应交税费	金额式	贷		
负债	2	222101	应交增值税	金额式	贷		
负债	3	22210101	进项税额	金额式	贷		
负债	3	22210102	销项税额	金额式	贷		
负债	3	22210103	减免税款	金额式	贷		
负债	3	22210104	转出未交增值税	金额式	贷		
负债	2	222102	未交增值税	金额式	贷		
负债	2	222103	应交个人所得税	金额式	贷		
负债	2	222104	应交城市维护建设税	金额式	贷		
负债	2	222105	应交教育费附加	金额式	贷		
负债	2	222106	应交印花税	金额式	贷		
负债	2	222107	应交企业所得税	金额式	贷		
负债	2	222108	应交房产税	金额式	贷		
负债	2	222109	应交城镇土地使用税	金额式	贷		
负债	1	2231	应付利息	金额式	贷		
负债	2	223101	长期借款利息	金额式	贷		
负债	1	2232	应付股利	金额式	贷		
负债	1	2241	其他应付款	金额式	贷		
负债	2	224101	保证金	金额式	贷		
负债	1	2501	长期借款	金额式	贷		
负债	2	250101	中国工商银行	金额式	贷		

(续表)

类型	级次	科目编码	科目名称	账页格式	余额方向	银行账	日记账
负债	1	2901	递延所得税负债	金额式	贷		
权益	1	4001	实收资本	金额式	贷		
权益	2	400101	烟台兴鲁机械设备制造有限公司	金额式	贷		
权益	2	400102	烟台飞达机械设备有限公司	金额式	贷		
权益	2	400103	烟台海德专用车有限公司	金额式	贷		
权益	1	4002	资本公积	金额式	贷		
权益	2	400201	资本溢价	金额式	贷		
权益	2	400202	其他资本公积	金额式	贷		
权益	1	4101	盈余公积	金额式	贷		
权益	2	410101	法定盈余公积	金额式	贷		
权益	2	410102	任意盈余公积	金额式	贷		
权益	1	4102	一般风险准备	金额式	贷		
权益	1	4103	本年利润	金额式	贷		
权益	1	4104	利润分配	金额式	贷		
权益	2	410401	提取任意盈余公积	金额式	贷		
权益	2	410402	提取法定盈余公积	金额式	贷		
权益	2	410403	应付股利	金额式	贷		
权益	2	410404	未分配利润	金额式	贷		
成本	1	5001	生产成本	金额式	借		
成本	2	500101	抗性消音器	金额式	借		
成本	3	50010101	原材料	金额式	借		
成本	3	50010102	燃料和动力	金额式	借		
成本	3	50010103	工资	金额式	借		
成本	3	50010104	制造费用	金额式	借		
成本	2	500102	铝合金油箱	金额式	借		
成本	3	50010201	原材料	金额式	借		

(续表)

类型	级次	科目编码	科目名称	账页格式	余额方向	银行账	日记账
成本	3	50010202	燃料及动力	金额式	借		
成本	3	50010203	工资	金额式	借		
成本	3	50010204	制造费用	金额式	借		
成本	1	5101	制造费用	金额式	借		
成本	2	510101	职工薪酬	金额式	借		
成本	2	510102	折旧费	金额式	借		
成本	2	510103	水电费	金额式	借		
成本	2	510104	办公费	金额式	借		
成本	2	510105	其他	金额式	借		
损益	1	6001	主营业务收入	金额式	贷		
损益	2	600101	抗性消音器	金额式	贷		
损益	2	600102	铝合金油箱	金额式	贷		
损益	2	600103	有源消音器	金额式	贷		
损益	1	6051	其他业务收入	金额式	贷		
损益	2	605101	固定资产出租	金额式	贷		
损益	1	6101	公允价值变动损益	金额式	贷		
损益	1	6111	投资收益	金额式	贷		
损益	1	6301	营业外收入	金额式	贷		
损益	1	6401	主营业务成本	金额式	借		
损益	2	640101	抗性消音器	金额式	借		
损益	2	640102	铝合金油箱	金额式	借		
损益	2	640103	有源消音器	金额式	借		
损益	1	6402	其他业务成本	金额式	借		
损益	1	6403	税金及附加	金额式	借		
损益	1	6601	销售费用	金额式	借		
损益	2	660101	广告费	金额式	借		
损益	2	660102	展览会费用	金额式	借		

（续表）

类型	级次	科目编码	科目名称	账页格式	余额方向	银行账	日记账
损益	2	660103	职工薪酬	金额式	借		
损益	2	660104	水电费	金额式	借		
损益	2	660105	包装盒	金额式	借		
损益	1	6602	管理费用	金额式	借		
损益	2	660201	差旅费	金额式	借		
损益	2	660202	报刊订阅费	金额式	借		
损益	2	660203	办公用品	金额式	借		
损益	2	660204	业务招待费	金额式	借		
损益	2	660205	维修费	金额式	借		
损益	2	660206	培训费	金额式	借		
损益	2	660207	职工薪酬	金额式	借		
损益	2	660208	水电费	金额式	借		
损益	2	660209	折旧	金额式	借		
损益	2	660210	其他	金额式	借		
损益	1	6603	财务费用	金额式	借		
损益	2	660301	利息支出	金额式	借		
损益	2	660302	现金折扣	金额式	借		
损益	2	660303	存款利息收入	金额式	借		
损益	2	660304	其他	金额式	借		
损益	1	6701	资产减值损失	金额式	借		
损益	1	6702	信用减值损失	金额式	借		
损益	1	6711	营业外支出	金额式	借		
损益	2	671101	捐赠支出	金额式	借		
损益	2	671102	处置固定资产净损失	金额式	借		
损益	1	6801	所得税费用	金额式	借		
损益	2	680101	当期所得税费用	金额式	借		
损益	2	680102	递延所得税费用	金额式	借		

附录二

会计信息化实验报告

院系＿＿＿＿＿＿＿＿＿＿

专业＿＿＿＿＿＿＿＿＿＿

班级＿＿＿＿＿＿＿＿＿＿

姓名＿＿＿＿＿＿＿＿＿＿

学号＿＿＿＿＿＿＿＿＿＿

指导老师＿＿＿＿＿＿

学年学期＿＿＿＿＿＿

202 年 月 日

实验项目		实验日期	

一、实验目的

二、实验内容

（续表）

三、实验总结

四、教师评语	成绩	
	指导教师签字：	
		年　月　日